RUA SÃO
COLÉGIO Vinicios de Moraes
ASSOCIAÇÃO MORADORES
PRAÇA PAULO BIAR
rua 17
rua 19
rua 20
rua 21
RUA SANTO AMARO
RUA RIBAMAR
RUA 14 JULHO
RUA 13 MAIO
Rua Milton Esplinto Dias
IGREJA
IGREJA
Travessa 2
RUA ROBERTO SILVEIRA
Rua Roberto Silveira
Rua Sepetiba
Rua Sepetiba
Travessa J.Gulart
Rua do comercio
RUA SERGIO MADEIRA
RUA DA MINA
RUA DA MINA
Praça
Travessa Paulo Torres
RUA PAULO TORRES
RUA JOÃO GULART
RUA JOAQUIM TENORIO
Rua São Vicente
POSTO DE SAUDE
PRAÇA
JOSÉ DE JESUS
RUA
Igreja
RUA BADGER SILVEIRA
COLÉGIO Escola
ARECHAL

MEMÓRIAS DA VILA

MEMÓRIAS DA VILA

entrevistas com moradoras e moradores da Vila Operária

organização:

MAURO AMOROSO

LU BRASIL

Rio de Janeiro | 2022

PALLAS

editoras
Cristina Fernandes Warth
Mariana Warth

coordenação de produção, projeto gráfico e capa
Daniel Viana

assistente editorial
Daniella Riet

preparação de originais
Eneida D. Gaspar

revisão
BR75 | Clarisse Cintra

créditos de imagens
Paulo Breder: mapa geral da Vila Operária; Leandro Dittz: fotos de Djanira Lopes dos Santos e Maria Luiza Brandão; Lu Brasil e Mauro Amoroso: demais fotos dos entrevistados

Este livro segue as novas regras do Acordo Ortográfico da Língua Portuguesa.

CIP-BRASIL. CATALOGAÇÃO NA PUBLICAÇÃO
SINDICATO NACIONAL DOS EDITORES DE LIVROS, RJ

M487

Memórias da Vila: entrevistas com moradoras e moradores da Vila Operária / organização Mauro Amoroso, Lu Brasil. - 1. ed. - Rio de Janeiro: Pallas, 2022.
228 p.; 23 cm.

ISBN 978-65-5602-056-3

1. Favelas - Vila Operária - Rio de Janeiro (RJ). 2. Favela Vila Operária - Entrevistas. 3. Memória - Aspectos sociais. 4. História social. I. Amoroso, Mauro. II. Brasil, Lu.

22-78073 CDD: 307.3364
CDU: 364.682.444(047.53)(815.3)

Gabriela Faray Ferreira Lopes - Bibliotecária - CRB-7/6643

PROPRIETAS

Esta obra foi desenvolvida com apoio do INCT PROPRIETAS – Instituto Nacional de Ciência e Tecnologia História Social das Propriedades e Direitos de Acesso

PALLAS

Pallas Editora e Distribuidora Ltda.
Rua Frederico de Albuquerque, 56 – Higienópolis
CEP 21050-840 – Rio de Janeiro – RJ
Tel./fax: 21 2270-0186
www.pallaseditora.com.br
pallas@pallaseditora.com.br

Para Dona Djanira e seu Paulo
(*in memoriam*).

Agradecimentos

O nosso muito obrigado:

Aos moradores da Vila Operária, que abriram suas portas para nos receber nesta jornada de pesquisa e aprendizado.

Aos amigos bolsistas, pesquisadores e cineastas que aceitaram colaborar na produção: Heraldo HB, Sassa, Mauricio Vieira, Débora Oliveira, Isabela Leal, Ana Cristina Pereira, Nathalia Knopp, Ivanuse Miranda, Lohane Cristina de Castro, Juliana de Abreu, Leandro Dittz e Cris Brasil.

A toda a equipe do Colégio Estadual Vinicius de Moraes, direção, corpo docente, alunas e alunos.

À Janice Perlman, autora do primeiro livro que cita o início da Vila Operária, *O mito da marginalidade*, que, quando retornou ao Brasil, em 2004, nos concedeu uma entrevista para falar de suas lembranças do território no ano de 1962.

Ao Nuvisu, ao Proprietas e ao Cineclube Mate Com Angu, que cederam os equipamentos para as gravações.

À Faperj pelos diferentes aportes financeiros que viabilizaram esta pesquisa.

Mauro Amoroso agradece a Kellen e Heitor, "amores maiores que ressignificaram e ressignificam minha vida de forma sempre maravilhosa a cada dia".

Lu Brasil agradece: "Aos meus pais e irmãos, que sempre me apoiaram em meus estudos, em especial à minha irmã Cris Brasil, dona de uma memória impecável sobre personagens que fizeram parte de nossas vidas dentro da Vila Operária, e que vira e mexe embarca em minhas loucuras audiovisuais, não só porque sou irmã, mas por ter dentro de si uma historiadora/cineasta adormecida que um dia hei de ver despertar. Ao meu mestre e amigo Mauro Amoroso, pelo convite para escrever este livro que me trouxe muito conhecimento sobre o território que habito."

Sumário

Prefácio

Mario Grynszpan
Instituto de História – UFF

Embora relativamente pouco estudada, a dimensão simbólica das relações de dominação é fundamental, tendo nestas grande peso e eficácia. Ela se relaciona, entre outros elementos, com a exclusão ou a despossessão, dos grupos dominados, de recursos de produção, de reconhecimento e de reverberação de sua própria representação, para o que dependem dos dominantes. Nesta configuração, são estes que dizem o que são aqueles, que, por sua vez, incorporam imagens assim produzidas, reforçando sua subordinação. Isso se aplica aos grupos dominados, suas práticas, vínculos, e mesmo seus locais de moradia e convívio, seus territórios.

As favelas foram, durante muitos anos, e em grande parte ainda são, e assim também suas populações, representadas, a partir de fora, por um conjunto de imagens negativas, estigmatizantes, associadas à barbárie, à incivilidade, justificando sentimentos e atitudes de temor, evitação e, muitas vezes, apoio a ações violentas ali realizadas por autoridades e instituições do Estado. Qualquer olhar menos preconceituoso que para elas se dirija, porém, irá facilmente identificar que, por baixo de um cotidiano difícil marcado por condições precárias de moradia, de mobilidade, de serviços públicos como saneamento, água, energia, saúde, educação, pela presença de grupos armados ligados ao tráfico de drogas ou às milícias, por ações truculentas dos órgãos de segurança, pulsa, de forma vigorosa, a vida. Ela resiste às enormes dificuldades com as quais lida aquela parcela significativa da nossa população, e ganha a luz em um diversificado painel de atividades culturais, artísticas, comunitárias, furando aqui e ali o bloqueio da dominação, da subordinação, mostrando que as favelas têm voz, podem falar por elas mesmas, delas mesmas.

É disso que trata este livro. De vida. Ele traz as falas, algumas mais extensas, algumas mais estruturadas, de moradores antigos de diferentes localidades da favela Vila Operária, no município de Duque de Caxias, estado do Rio de Janeiro. O próprio livro é uma prova de vida. Foi organizado por um professor universitário de História, que conhece academicamente as favelas, seu objeto de estudo há vários anos, Mauro Amoroso, e por alguém que conhece de dentro a realidade destas e da Vila Operária em particular, por ser moradora, e que, rompendo a barreira da baixa escolaridade a que estão sujeitas as classes populares em nosso país, concluiu a universidade e tornou-se mestre em Educação, fazendo de suas experiências pessoais recurso de reflexão acadêmica, Lu Brasil.

O livro é resultado de dez entrevistas realizadas pelos organizadores e seus colaboradores, entre 2018 e 2020. Uma entrevista se iniciou em 2016. Em duas estiveram presentes, além da pessoa entrevistada, uma filha em uma delas e uma irmã em outra. Os entrevistados principais foram oito mulheres e dois homens, com idades que variavam entre 54 e 83 anos. Dois viveram na Vila desde o nascimento e os demais vieram de outros estados. Dos dez, somente uma entrevistada vivia fora da Vila no momento da entrevista.

A opção dos organizadores, ao nos apresentarem os relatos, foi de não registrar as perguntas que fizeram. Desse modo, buscaram dar mais leveza aos textos, retirando-lhes o caráter de entrevistas, produzindo no leitor a impressão de estar diante de uma narrativa contínua, fluida, como se a sua estrutura e a sucessão de temas abordados decorressem dos próprios entrevistados, do modo como se organizam suas memórias. Caberia uma reflexão mais detida sobre o acerto da opção, o que obviamente não é atribuição de um prefácio. Importa destacar, todavia, que é possível perceber a intervenção dos entrevistadores na estrutura, na lógica, no fluxo das narrativas, mesmo não sendo ela explícita. Mais, em algumas situações, poucas, a ausência da pergunta acabou por tornar a narrativa um pouco confusa.

Seja como for, ao dar voz a antigos moradores da Vila Operária, o livro contribui para reduzir a exclusão a que se fez referência no início deste prefácio. E é exatamente isso que o torna precioso.

As histórias aqui trazidas falam das vivências, das experiências não apenas dos indivíduos que as narram, mas de uma grande parte das classes populares que, em meados do século passado, migra em busca de emprego e de melhores condições de vida para cidades como o Rio de Janeiro, e que, sem recursos e na ausência de políticas habitacionais para populações de baixa renda, vai se estabelecer em periferias e favelas. Esses fluxos de populações, sobretudo rurais, vindas de estados principalmente do Nordeste, mas também do próprio Sudeste, como Minas Gerais, se intensificaram na década de 1930, ganhando mais evidência nas seguintes, com a consequente expansão das favelas na cidade do Rio de Janeiro. Isso despertou a atenção das autoridades e, certamente, ajuda a entender a preocupação em mensurar o fenômeno, com a conclusão, em 1948, do primeiro recenseamento das favelas do então Distrito Federal, que também passaram a ser contempladas pelo Censo Nacional a partir de 1950.

Mas se foi na cidade do Rio de Janeiro que essa população buscou emprego, não foi necessariamente ali que fixou moradia, ou não de modo definitivo. Muitos rumaram para localidades da Baixada Fluminense, como Duque de Caxias, onde não somente o preço da habitação e o custo de vida eram mais baixos como havia áreas disponíveis para ocupação. Obras de saneamento realizadas pelo Governo Federal a partir de 1930 – visando a reduzir doenças e propiciar a criação, que terminou não ocorrendo como planejado, de um cinturão verde ao redor da Capital, juntamente com a construção de estradas e a melhoria do acesso – acabaram por acelerar a transformação do espaço da Baixada de rural em urbano. Loteamentos e áreas de ocupação se expandiram na região, avançando sobre sítios e terras antes destinadas ao plantio, atraindo trabalhadores em busca de moradia acessível. Surgida nos anos 1950, a Vila Operária foi uma dessas áreas.

Deixar a região onde se vive desde o nascimento, mesmo diante da degradação das condições de existência e da miragem de uma vida possivelmente melhor em outro local, não é algo evidente, não é decisão fácil. A migração, tal como se lê nos relatos deste livro, pode ser um movimento individual ou familiar, ou o familiar pode se dar por meio de sucessivos deslocamentos individuais. Quer seja uma estratégia individual, quer seja familiar, porém, a migração sempre envolve redes de relações, de parentesco, de conhecimento, de amizade, de vizinhança, que possibilitam o deslocamento e a orientação e o estabelecimento nos locais de destino. É dessa forma que todos chegam à Vila, alguns passando antes por outras localidades no Rio de Janeiro ou mesmo em Duque de Caxias.

A migração se dá em diferentes momentos das vidas dos indivíduos. Alguns partem muito jovens, outros não. Alguns vêm solteiros, outros após o casamento. Aqui cabe enfatizar que, como fica claro nos relatos deste livro, as modalidades em que o casamento acontece, e as próprias condições de estabelecimento de laços, são distintos entre homens e mulheres. Segundo algumas, seus parceiros, ao menos os primeiros, foram não exatamente escolhas suas, mas deles, em acerto com as famílias delas. Da mesma maneira, as ocupações profissionais desempenhadas como forma de sustento na chegada, por homens e mulheres, eram bem distintas. Algumas destas, ao menos por algum tempo, foram babás ou empregadas domésticas em residências de classe média do Rio de Janeiro, profissões comuns entre mulheres com baixa escolaridade, como muitas das recém-chegadas.

Apesar da posição dominada em determinadas dimensões da vida, expressa por algumas delas, todas as mulheres deste livro exibem enorme força em suas falas, tendo sido delas, inclusive, em alguns casos, a iniciativa de ocupar um lote na Vila e dar a largada na construção da casa, vindo seus companheiros a reboque. A construção das casas, aliás, é algo que assume bastante importância nas narrativas de todos: como foi feita, por quem, seus materiais, como foram adquiridos, dimensões, organização do espaço, melhorias feitas ao longo do tempo. Muitos se referem a diferenças entre o padrão de habitação que passaram a ter com a chegada e o estabelecimento na Vila, com casas de alvenaria, e o de suas regiões de origem, de taipa ou pau a pique. E a construção em alvenaria, que seria uma exigência das lideranças locais, à frente José de Jesus Barbosa, ou simplesmente Barbosa, como é referido, também é enfatizada como uma tentativa, feita por alguns, de diferenciar a Vila Operária de favelas em geral, onde havia, particularmente naquele momento inicial, habitações de madeira, referidas como barracos. Mas, como também se pode verificar nos relatos, o controle sobre o padrão de construção tendeu a diminuir com o tempo, assim como a modalidade de ingresso nos lotes. Os primeiros moradores ganharam seus lotes. Já outros mais recentes referem-se à compra de terrenos.

Como se pode perceber, visões negativas sobre favelas circulam mesmo entre alguns daqueles moradores, que assim procuram delas se distinguir. O próprio nome dado à localidade tinha essa marca, apresentando-a como uma vila, moradia de trabalhadores. O nome Vila Operária, aliás, remete às residências que algumas fábricas localizadas no estado e na cidade do Rio de Janeiro construíam como moradia para seus trabalhadores, no início da industrialização, em começos do século XIX. Algumas persistiram até meados do século passado.

É importante destacar a figura de Barbosa, recorrentemente citado nos relatos, e o que representa. As ocupações de terras na Baixada Fluminense nos anos 1950 e 1960, tanto urbanas quanto rurais, tinham à frente lideranças individuais, muitas delas ligadas a organizações, como partidos, ou a políticos locais. As que tinham vínculos com partidos ou políticos de esquerda, o que foi recorrente nas ocupações rurais, foram perseguidas e sentiram o peso da repressão após o golpe de 1964. Mesmo alguns políticos que não eram de esquerda, mas que apoiaram ou promoveram ocupações, pessoalmente ou por meio de prepostos, visando a ampliar seu capital eleitoral, foram objeto de repressão. Foi o caso do deputado federal de Duque de Caxias Tenório Cavalcanti, cassado em 1964.

Com a ajuda de auxiliares, esses líderes mantinham um controle sobre as áreas ocupadas, buscando manter também sobre os ocupantes, seus hábitos e comportamentos. Eram eles que mediavam o acesso a terra, aos lotes, definindo quem os ocuparia e quem neles poderia permanecer.

Barbosa exercia esse controle, segundo se depreende dos relatos. Ele concedia os lotes, mas também podia tomá-los para dar a outros pretendentes, caso não fossem ocupados de imediato com a construção de residências e a efetivação da moradia. Além de vedar a construção de casas de madeira ou de outros materiais que não alvenaria, determinados comportamentos ou padrões de conduta eram interditados, rejeitados com base em moralidades tidas como legítimas e dominantes, podendo resultar na expulsão do morador.

Parecia, assim, haver uma relação de força entre o líder e seus auxiliares por um lado, e os moradores e pretendentes a moradores por outro. Isso ajuda a entender por que nem todos expressam uma visão exatamente positiva de Barbosa e de seus auxiliares. Em um dos trechos estes são mesmo referidos como capangas. Mas, ao mesmo tempo que se controla o acesso aos lotes e a permanência na sua posse, é preciso destacar, outras ações são atribuídas ao grupo que lidera, como a construção de uma igreja, uma escola e a aquisição de uma ambulância, bem como a obtenção, junto a autoridades, de melhorias para a infraestrutura da Vila.

Tendo seu nome associado a esse conjunto de ações e realizações, Barbosa ganhou reconhecimento e ossatura política, tornando-se vereador em Duque de Caxias pela Aliança Renovadora Nacional (Arena), partido governista durante o período autoritário. A política aparece em vários dos relatos, em referências seja a Barbosa seja a outros políticos locais, principalmente prefeitos, cujas ações são as que mais diretamente impactam as vidas dos indivíduos. Aparece também em menções a engajamentos de alguns dos moradores em campanhas eleitorais. Os relatos trazem, portanto, ricos elementos para se refletir sobre as visões e as modalidades de envolvimento de setores das classes populares com a política.

Há toda uma grande variedade de temas tratados nos relatos que poderiam ser aqui abordados, como noções e relações de propriedade, família, educação, lazer, cultura, religião, violência e o que era a vida antes do estabelecimento de grupos armados, e o que passou a ser depois. Os vínculos e os afetos dos moradores em relação à Vila são também diferentes. Há desde aqueles que manifestam satisfação em terem chegado e passado a viver ali, tecendo elogios, até os que, como o morador nascido em uma família de posses, mas que perdeu patrimônio e empobreceu ao longo do tempo, afirmam estar na Vila não por escolha, mas por necessidade. Adentrar todas essas questões, embora tentador, resultaria em estender demais este prefácio e extrapolar sua finalidade.

Para terminar, portanto, retomo uma de minhas formulações iniciais, isto é, a de que este livro trata de vida. Trata de uma vida que teima em resistir apesar de todos os percalços e todas as dificuldades, e que brota, pulsa nas memórias aqui relatadas, rompendo, pela voz dos moradores da Vila Operária, o silêncio que se busca impor às classes populares. São elas mesmas falando do que são e do que são seus locais de moradia e convívio, seus territórios. Parabéns aos moradores. Parabéns ao Mauro Amoroso e à Lu Brasil.

Um prólogo:

Vila Operária por Lu Brasil

Comecei a pensar sobre a história da Vila Operária três anos depois da chegada da minha família a este território, em 1985. Na verdade, eu escrevia em diários, e logo comecei uma escrita que se misturava ao meu cotidiano de menina na Vila. Um cotidiano que ora brincava no local que hoje é a Praça Renato Teixeira, ora me jogava debaixo da cama para não ser atingida por balas certeiras que eram atiradas durante os confrontos entre a polícia e os bandidos. Sempre tinha um ou outro buraco no muro da minha casa por conta desses confrontos, pois chegamos aqui em uma época em que o crime organizado estava se instalando na favela.

Nós, eu e meus irmãos, brincávamos em um local em que por diversas vezes descíamos o morro com medo de escorregar em dias de chuva e com sacos plásticos nos pés para que a lama não atingisse os sapatos da escola, ou quando eu subia o morro com meus irmãos. Este local é considerado "o coração da V. O." por estar no meio dos morros que compõem a Vila ou "Areal" de que, segundo os moradores, eram tiradas areias para aterrar outro bairro próximo perto da Baía de Guanabara.

Lembro-me do cheiro de pão quente que vinha da padaria do Sr. Djalma, o leite de saco que comprávamos e os sorrisos que recebíamos dele. Lembro-me dos primeiros dias na escola do Sr. Barbosa, que fica até hoje no início de um morro íngreme, o qual confesso ter medo até hoje de subir ou descer por parecer que irei cair.

Morei em três locais da Vila Operária: primeiro na Joaquim Tenório, onde ficava a casa da minha tia que nos hospedou quando chegamos de São Paulo, depois em uma casa muito grande, acredito que era a maior do local, pois era independente, cercada por um quintal enorme e protegida por um frondoso pé de abacate. Mas essa casa era alugada e três anos depois meus pais conseguiram comprar uma casa bem humilde na mesma rua, na verdade ela era a única casa do local que ainda tinha telha.

Em 1992 fui morar na parte baixa da favela, em uma rua que leva o nome do 24º Presidente da República, João Goulart.[1] Sempre fiquei imaginando o que tinha por trás de cada história dos nomes das ruas e como foi a construção de cada local da Vila Operária. Até que, em 2014, comecei o Mestrado em

1 João Belchior Marques Goulart, conhecido popularmente como Jango, foi presidente do Brasil entre os anos de 1961 e 1964.

Educação Cultura e Comunicação em Periferias Urbanas pela FEBF/Uerj. Minha pesquisa fala sobre o maior evento voluntário de grafite do mundo: o *Meeting of Favela*, que acontece desde 2006 na Vila Operária, logo, eu não poderia falar desse evento sem falar da história da Vila. Em minhas leituras descobri uma história política muito forte que ajudou a formar esse território. Já em 2016, embalada pelo curso "Redesenhando Duque de Caxias",[2] que era uma mistura de aulas de grafite com o grafiteiro Klebert Black[3] e história da região com o Mestre Alexandre Marques,[4] tive estímulos para iniciar uma ideia de documentário sobre o território em que eu morava desde a infância.

Mas essa ideia, esse sonho de dar visibilidade à Favela da Vila Operária, começou a tomar forma quando recebi o convite do meu mestre e amigo Mauro Amoroso para escrever sobre a questão de moradia dentro do território da Vila. Nossas ideias se uniram e comecei a fazer um mapeamento de possíveis entrevistados para nos contar desde o surgimento até os dias atuais da Vila Operária.

A primeira moradora a ser entrevistada foi a Dona Maria Luisa Brandão, nascida em Belo Horizonte em 1949. Eu a escolhi por indicação de um amigo que mora próximo dela. Ela é uma das moradoras mais antigas do Areal, e seus vizinhos normalmente a procuram para ter dicas de remédios naturais que curem algum mal físico. Ela contribuiu muito com a nossa pesquisa, principalmente por ter conhecimento de vários fatos importantes, como o próprio surgimento da Vila Operária.

Dona Djanira, nascida em Pernambuco em 1945, veio para o estado do Rio de Janeiro ainda muito nova, e foi a nossa segunda entrevistada. Sua história de vida já era do meu conhecimento, mas não a conhecia pessoalmente até bater em sua porta em 2017 para lhe pedir uma entrevista. Sua história está totalmente entrelaçada com a história do crescimento da Vila Operária, já que ela era mulher do Sr. Barbosa, fundador da Vila Operária. Tornamo-nos amigas

2 Oficina Redesenhando Duque de Caxias é um projeto inédito aprovado no edital de Microprojeto de Favela Criativa em 2016.

3 Klebert Gonçalves, conhecido no mundo do grafite como Black, é pastor e grafiteiro. Ministra oficinas de grafite na Baixada Fluminense.

4 Alexandre Marques é mestre em história e professor de história da rede pública municipal e particular de Duque de Caxias. Também é um dos idealizadores e executores do Centro de Referência, Pesquisa e Documentação das Culturas Populares de Duque de Caxias e do Museu Vivo da Capoeira de Duque de Caxias.

depois da primeira entrevista, passei a visitar sua casa para saber como ela estava, conversar e ajudar no que fosse necessário. Infelizmente, em março de 2021, Dona Djanira nos deixou sem conseguir ver este livro pronto, nem o documentário. Suas narrações sobre todo esse território foram de suma importância para traçarmos algumas metas em relação à pesquisa, ao livro e ao documentário. Sua história será lembrada não somente pelo nascimento da Vila Operária, mas por sua luta durante toda uma vida.

Nossa terceira entrevistada foi a Suelene, que acabou contando com a participação de sua irmã Vera Lúcia. Ela é nascida e criada na Baixada Fluminense, conhece a Vila Operária desde o seu nascimento. O que me chamou a atenção para a escolha da Suelene como entrevistada foi o fato de a imagem da sua mãe, já falecida, estar grafitada no muro de sua casa; logo procurei saber quem era aquela moradora e, ao descobrir sua importância para o território e a construção de moradia local, surgiu então o convite para entrevistar sua filha Suelene. O grafite foi realizado no evento *Meeting of Favela* de 2016; a moradora deixou o muro ser grafitado desde que fosse uma homenagem à mãe falecida havia quatro anos (na época). Esses primeiros depoimentos foram traçando novos caminhos, novos personagens para essa pesquisa.

Já o Sr. Emanuel Candido veio do Rio Grande do Norte, nasceu em 1939 e mora na Vila Operária desde 1985; eu o escolhi pela localidade em que ele mora na Vila, uma das ruas que dão acesso ao famoso "Buraco". Além disso, ele é uma das pessoas mais velhas do local. Sua vinda para o Rio eu diria que foi uma aventura, ou como quem joga e arrisca tudo por sua felicidade e intuição.

O Sr. Paulo Breder nasceu em 1953, em uma cidade de Minas Gerais, e veio para o Rio em 1959. Era uma vontade antiga entrevistá-lo, antes mesmo de imaginar que eu participaria de um livro sobre a Vila Operária. Estudei com a filha mais velha dele, a Luciana (falecida), e sempre tive um carinho muito grande pela Dona Luziê, mãe dela. A família mora em uma das principais ruas da Vila, e a parede da casa tem uma placa informando que a família Breder está naquele local desde 1962. O Sr. Breder é dono de uma história familiar e territorial muito forte. Por meio de sua família acabei conhecendo a próxima entrevistada, Dona Aliete.

Aliete nasceu 1937 no estado da Paraíba e veio morar na Vila Operária por volta de 1962. Sua simplicidade em contar os fatos me emocionou muito. Ela e a maioria dos entrevistados narram a doação de casas no local que seria, talvez, um motivo em comum da vinda de cada um para cá. Sua entrevista contou com a participação de sua neta Ivete.

A Dona Maria Cecília nasceu em 1941 e, assim como o Sr. Breder e a Dona Maria Luisa, também é oriunda de Minas Gerais. Essa entrevistada eu tive a grata sorte de conhecer na Igreja de Nossa Senhora de Guadalupe, mas foi difícil convencê-la a me conceder uma entrevista, pois é muito tímida. O fato é que valeu a pena o esforço, pois ela trouxe muito da história religiosa do território, além de me ajudar em outra pesquisa sobre a própria fundação da mesma igreja em que a conheci.

Jane nasceu em 1960 e completa a história da sua mãe, Dona Djanira. Fatos marcantes de sua história de vida, como era a infância na Vila Operária, seu afeto pelo Sr. Barbosa e outro olhar sobre as partes políticas e pessoais da vida de sua mãe e o Sr. Barbosa, e a relação com a Vila Operária.

Dona Terezinha veio de Salvador para o Rio de Janeiro em 1961. Dona de uma infância sofrida, nos conta como foi determinada em se instalar na Favela da Vila Operária. Ela narra como era a polícia na época e como a prefeitura atuava no território, e cita nomes políticos que foram importantes para a Vila Operária.

A Maria Helena foi a última entrevistada desse livro, pois interrompemos as atividades devido à pandemia. Ela veio de Sergipe por volta de 1959, ainda criança. A escolha dessa entrevistada se deu por ela morar em frente à praça do Cruzeiro: essa localidade, para muitos moradores, faz parte da Vila Operária, mas para outros, como a Dona Maria Helena, não faz parte.

E assim minhas indagações foram respondidas a cada entrevista, mas ainda temos muito que falar, muito que pesquisar e territorializar. Embora essa tenha sido a ordem das entrevistas, nós as organizamos no livro de acordo com as informações que foram passadas sobre a história política e social da Vila Operária.

Uma boa viagem no tempo desse território através das memórias transcritas desses ilustres moradores.

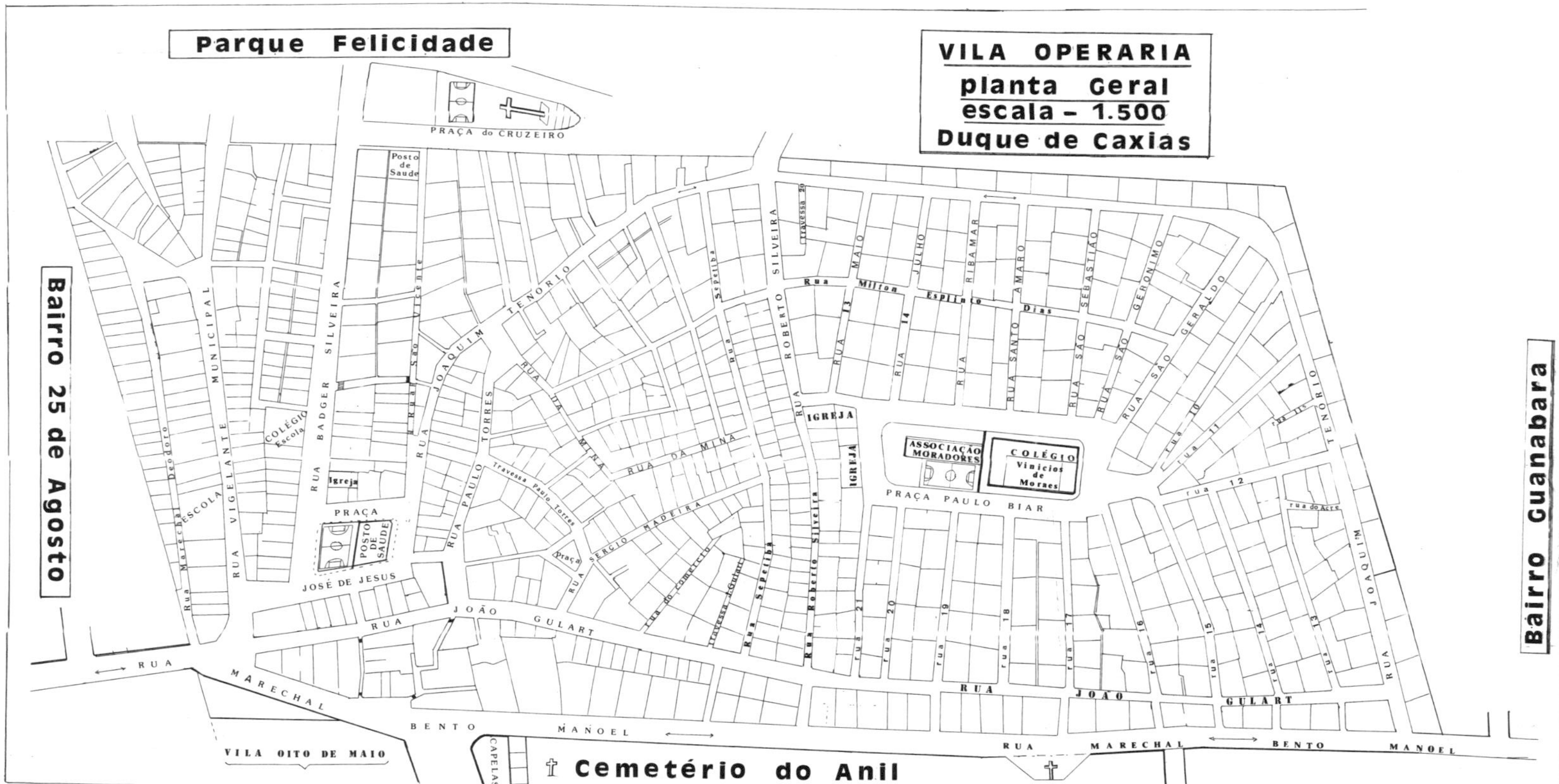

VILA OPERARIA
planta Geral
escala - 1.500
Duque de Caxias
Parque Felicidade
Bairro 25 de Agosto
Bairro Guanabara
Cemetério do Anil
VILA OITO DE MAIO
CAPELAS
PRAÇA do CRUZEIRO
Posto de Saude
POSTO DE SAUDE
PRAÇA
JOSÉ DE JESUS
Igreja
COLÉGIO Escola
ESCOLA
RUA VIGELANTE MUNICIPAL
RUA BADGER SILVEIRA
Rua São Vicente
RUA JOAQUIM TENORIO
RUA PAULO TORRES
Travessa Paulo Torres
RUA DA MINA
RUA SERGIO MADEIRA
Praça
Rua do Comercio
Travessa J.Gulart
Rua Sepetiba
Rua Roberto Silveira
RUA ROBERTO SILVEIRA
Travessa 20
IGREJA
ASSOCIAÇÃO MORADORES
COLÉGIO Vinicios de Moraes
PRAÇA PAULO BIAR
Rua Milton Esplinto Dias
MAIO
JULHO
RIBAMAR
AMARO
SEBASTIÃO
GERONIMO
GERALDO
RUA 13
RUA 14
RUA SANTO
RUA SÃO
rua 10
rua 11
rua 12
rua do Acre
rua 13
rua 14
rua 15
rua 16
rua 17
rua 18
rua 19
rua 20
rua 21
RUA JOÃO GULART
RUA MARECHAL BENTO MANOEL
Rua Marechal Deodoro

Introdução

Mauro Amoroso
Lu Brasil

Este livro é formado por depoimentos de alguns dos mais antigos moradores da Vila Operária, favela do bairro de Vila São Luís, em Duque de Caxias, Baixada Fluminense (RJ). Localizada em frente ao cemitério Nossa Senhora das Graças (Tanque do Anil), desde 2006 abriga o *Meeting of Favela*, evento internacional de grafite que reúne diversos artistas do mundo inteiro. Ainda assim, não é uma das favelas que, para o bem e para o mal, ocupam os espaços da grande mídia.

Sua primeira geração de moradores é em grande parte formada por migrantes e filhos de migrantes, marca de um fluxo populacional que resultou no aumento da população de grandes cidades brasileiras nos anos 1950, contribuindo para o aumento ou o surgimento de favelas na região metropolitana do Rio de Janeiro. Porém, suas histórias não são comumente preservadas em canais que não sejam o da oralidade, um instrumento vital para a circulação e a renovação dessas narrativas sobre essas trajetórias, diga-se de passagem. Com isso, temos o objetivo deste livro: criar pontes para que essas vozes ganhem suporte material que contribua para diferentes usos e novos caminhos para sua conservação.

Este trabalho possui uma inspiração direta. Trata-se da obra de Dulce Chaves Pandolfi e Mario Grynszpan (2003), pioneiros em publicar em livro depoimentos editados de moradores de diferentes favelas, como o Morro da Formiga, o Santa Marta, a Rocinha e as diversas localidades que formam a Maré. Resultou do projeto de pesquisa "Um estudo dos efeitos das ações de organizações governamentais e não governamentais em comunidades de baixa renda", que tinha como objetivo compreender os impactos de iniciativas do poder público e de ONGs em favelas, tendo como foco de percepção os habitantes dessas áreas e como eles se apropriam dessas ações.

Esse foco nos moradores abre um vasto campo de possibilidades interpretativas, horizontalizando o olhar sobre projetos da sociedade civil e políticas públicas. Essa característica também foi fundamental para se lançar um livro de depoimentos de lideranças de favelas. Na época, os organizadores do livro atuavam no Centro de Pesquisa e Documentação de História Contemporânea do Brasil da Fundação Getúlio Vargas (CPDOC/FGV). O CPDOC foi um dos centros que impulsionaram a metodologia da História Oral no Brasil, a partir de projetos sobre as elites política e econômica. Ao trazer lideranças faveladas para esse universo, temos não apenas uma inovação dentro da produção do Centro, mas igualmente um importante instrumento de preservação da memória das favelas, dotação de visibilidade e alcance dessas narrativas, assim como uma afirmação desses sujeitos como atores políticos relevantes no debate público.

Do mesmo modo, o presente livro também é resultado do projeto de pesquisa "Memória, propriedade e moradia: os usos políticos do passado como luta pelo direito à cidade em uma favela de Duque de Caxias", coordenado por Mauro Amoroso. O objetivo do projeto foi entender as representações que os moradores desta localidade constroem em suas lembranças, individuais e coletivas, das trajetórias de construção de suas moradias, a exemplo do impacto da situação jurídica e fundiária, e como esse processo influenciou os projetos de vida desses sujeitos sociais. Nesse quadro, também é objetivo da pesquisa construir uma percepção dos moradores de favelas como sujeitos políticos autônomos, a partir do processo de autoconstrução de suas casas e os caminhos de mobilização por ele encadeados, desconstruindo imagens negativas ligadas à violência e criminalidade associadas a esse grupo.

Os critérios para a seleção desses depoentes e colaboradores da pesquisa tiveram o objetivo principal de mesclar dois elementos: contemplar todas as áreas nas quais a Vila Operária se divide e reunir moradores que pertencessem à primeira geração que ajudou a fundar a favela, contribuindo para seu surgimento e consolidação. Com relação ao segundo parâmetro, quando não foi possível localizar morador da primeira geração de um determinado local interno, pelo fato de muitos já terem falecido, foram entrevistados seus descendentes que possuíssem lembranças da fundação da Vila Operária e da construção de suas primeiras casas, bem como do processo de mobilização de sociabilidades nelas envolvido.

Vila Operária é uma favela que surgiu entre os anos 1950 e 1960. Na bibliografia existente, seu ano de fundação é apontado como sendo 1954 (FERREIRA, 2012), 1959 (PERLMAN, 2010) ou 1962 (PERLMAN, 2002). As três obras são as principais referências bibliográficas que abordam o histórico da favela,[5] que é pouco pesquisada e possui escassos estudos que a abordam. Esses trabalhos citados são unânimes em apontar a década de 1960 como o período de consolidação da Vila Operária e a centralidade de José de Jesus Barbosa na organização do loteamento, divisão do terreno, distribuição dos lotes e liderança política sobre a mobilização desses moradores. O mesmo personagem histórico chegou a desempenhar mandato de vereador em Duque de Caxias entre os anos 1960 e 1970, auge de sua ascendência local.

Em suas pesquisas no local, que datam desde os anos 1960, Janice Perlman (2002, 2010) chama a atenção para o peso da migração na constituição da Vila Operária, fator observado nas favelas da região metropolitana do Rio de Janeiro como um todo em estudos contemporâneos ao da autora (LEEDS; LEEDS, 2015; PARISSE, 1969).

Os moradores entrevistados que fazem parte da primeira geração a residir na Vila Operária são migrantes majoritariamente nordestinos, sendo uma moradora oriunda de Minas Gerais: os principais locais de onde partiam moradores que formaram ou aumentaram populacionalmente as favelas da Região Metropolitana do Rio de Janeiro, conforme apontam as pesquisas dos anos 1960 e 1970. Outra importante contribuição do estudo diz respeito à escolha de mulheres como as principais depoentes para a análise.

A figura feminina possui uma grande importância no cotidiano das favelas, em um contexto em que muitas criam seus filhos sozinhas e são as principais mantenedoras financeiras de suas famílias, além de atuar como lideranças comunitárias em diferentes vieses. Essa configuração se consolida principalmente a partir dos anos 1990 (NUNES; MOREIRA, 2017), e se trata de um importante ponto de partida para entender as formas de mobilização, participação comunitária e ações concretas de resistência e transformação da mulher favelada dos anos 1950 e 1960.

Um ponto em comum de muitas depoentes deste livro é que elas trabalhavam em casas de famílias no Rio de Janeiro, em sua maioria na Zona Sul, como cuidadoras de crianças e empregadas domésticas, passando a residir no local de trabalho. Como exemplo, podemos citar o seguinte depoimento:

---

5 Além dessas três, destacamos a dissertação de mestrado de Lu Brasil (2016).

Minha infância não foi boa, não, minha infância não foi boa porque com 11 anos eu vim para o Rio de Janeiro. Foi uma senhora lá, conhecida da gente, conhecida dos meus pais, e queria trazer alguém para trabalhar aqui no Rio, aí ela falou assim: "Compadre José, o senhor podia deixar a Terezinha vir comigo." Aí meu pai falou: "Não, comadre, ela é muito nova." Daí ela falou: "Mas o que ela vai fazer é serviço de criança." Eu vim para ajudar a tomar conta de criança no colégio, na rua São Januário, em São Cristóvão, o colégio está lá até hoje, como eu era muito nova, o dono do colégio falou: "Não vamos botar ela para ajudar no colégio não." Então, como o filho dele tinha ganhado uma criança que estava com 3 meses, aí eu fui ser babá do menino, eu trabalhei nove anos lá, saí de lá e deixei ele com nove anos de trabalho, dali para frente eu aprendi a viver. (Terezinha, 29/11/2019)

Essa depoente nasceu em Salvador, e veio para o Rio de Janeiro antes de seus pais, nas condições narradas. Ela não foi morar diretamente na Vila Operária quando veio para o Rio, situação semelhante às demais entrevistadas com esse perfil. Chama a atenção o fato de ela significar negativamente sua infância, a partir dos 11 anos, por associar uma situação de trabalho opressora, alheia à sua vontade, ao fato de que sua "infância não foi boa". Essa depoente não chega a falar do período anterior, porém, em outras entrevistas, notamos uma valorização do início da infância em suas cidades de origem, sendo a mudança para o estado fluminense um marco de mudança de vida, significado negativamente ou como uma ruptura indicativa de um maior peso no cotidiano dessas mulheres (AMOROSO, 2018).

Entretanto, apesar de esse relato conter uma certa carga de negatividade, em um primeiro e superficial olhar, devemos tomar cuidado para não estigmatizar essa trajetória pelo viés da falta e da opressão, caracterizando-a unicamente pelo significado da perda em uma "história única" (ADICHIE, 2019). É necessário estar atento para a pluralidade de experiências que perpassam o histórico de vida dos sujeitos sociais, capazes de desempenhar múltiplos papéis e exercer diferentes formas de resistências. Tal olhar é fundamental para a valorização de diversos acontecimentos que não são presentes apenas no relato biográfico de pessoas diferentes, mas estão igualmente presentes na biografia de um único indivíduo, dando uma conotação positiva para a pluralidade dessas experiências (RIBEIRO, 2020).

Assim, ao pensarmos sobre as múltiplas experiências aqui relatadas, dialogaremos com o conceito de "movimento societal", de Raul Zibechi (2015). O pensador colombiano constrói essa noção de modo a possibilitar uma alternativa interpretativa ao tradicional conceito de "movimento social", formulado por pensadores como Manuel Castells e tantos outros de origem europeia. Zibechi alega que o construto teórico dos autores europeus não abarca a realidade de países do Hemisfério Sul, como os dos continentes latino-americano e africano.

Desse modo, algumas práticas fundamentais para a existência seriam esvaziadas de seu caráter político de resistência por não se enquadrarem no modelo europeu de pensar a mobilização política e a ação concreta de mudança dos grupos sociais. Na América Latina como um todo, são de suma e estratégica importância ações organizadas e desempenhadas por mulheres baseadas em práticas como a culinária coletiva ou o cuidado compartilhado de crianças. Esses atos podem ser considerados fatores de resistência cotidiana fundamentais, capazes de possibilitar a própria convivência de uma família, como relatado na trajetória de Jane dos Santos. Tal encaminhamento interpretativo é de grande contribuição por entender práticas do cotidiano como atos políticos, ressignificando esse campo e a ele integrando sujeitos até então não considerados.

Gilberto Velho (1994), em conhecida e tradicional análise, chama a atenção para a valorização de biografias individuais feita pelas sociedades ocidentais após a modernidade. Essa valorização abarca toda a trajetória de um sujeito, que passa a ter sua memória individual igualmente valorizada. Esse fato possibilitou que esses indivíduos passassem a construir projetos tendo como pilares justamente as lembranças dessa trajetória. Por projeto, conforme as reflexões de Alfred Schutz (apud VELHO, 1994, p. 101), o antropólogo se refere a "conduta organizada para atingir finalidades específicas".

Ou seja, trata-se de um planejamento de uma série de ações para o alcance de objetivos diversos, tendo sua relação com a memória biográfica como recurso para se entender a situação presente da qual se planeja e como exemplos de posturas para que se atinja as finalidades propostas. A relação entre memória e projeto possui outra semelhança, pois a primeira é uma visão retrospectiva, mais ou menos organizada, de uma trajetória, enquanto o segundo seria uma antecipação de circuitos de vida possíveis para se pensar os melhores trajetos para a realização de fins. A relação entre esses dois polos é um elemento de construção de identidades.

Em análise mais recente, Laura Passerini (2013) também pensa a relação entre narrativas sobre o passado e planejamento do futuro através das categorias memória e utopia. A historiadora italiana pensa a primeira não apenas como um discurso sobre o passado, mas uma ferramenta de conexão com o outro, uma manifestação de intersubjetividade. A ideia de utopia, para a autora, é entendida pelo mesmo viés. Passerini chama a atenção para o fato de que se trata de uma noção historicamente datada e que já foi utilizada por regimes políticos autoritários ao prever o que seria uma "era de ouro" a ser alcançada.

Porém, é debatido que, ao longo da maior parte do século XX, o "outro" era construído como uma espécie de oposto, sendo que o pensamento sobre a alteridade seria marcado por um dualismo combativo, no qual o diferente era visto como uma forma de oposição. Contudo, no período do pós-colonialismo, essa interpretação do "outro" cairia por terra, não sendo mais visto como um oposto dual, mas como um limite e um interlocutor. Entendemos limite de forma positiva, no sentido de até que ponto nossas ações, e suas consequências, deveriam alcançar de forma a não trazer impactos significativos, ou até negativos, para outro indivíduo ou grupo social. Dessa perspectiva, a historiadora percebe o processo social de construção de identidades locais como um local para erigir solidariedade, e desse ponto tem-se a relação com a ideia de utopia, pensando a carga de mudança que a palavra possui. Assim, a relação entre memória e utopia estaria baseada na conexão entre sujeitos, gerando solidariedade social e mudança.

Gilberto Velho, ao mobilizar a noção de projeto, aciona a ideia de organização para se atingir finalidades, mas não chega a alcançar relações com termos como conexão entre sujeitos/indivíduos e mudança, como a ideia de utopia adotada por Luisa Passerini. Porém, cremos que as duas categorias, projeto e utopia, podem ser vistas como complementares nos relatos aqui contidos. É possível perceber ações possuidoras de doses sólidas de busca por mudança social através do processo de construção das casas dos entrevistados, que eram vistas como próprias a despeito de sua situação jurídica e fundiária. Devemos citar, igualmente, o surgimento de uma rede de sociabilidade positiva que surge do processo de consolidação da favela e da construção dessas moradias, criando a intersubjetividade mencionada por Passerini.

Suelene, que faz parte da primeira geração de moradores a nascer na Vila Operária, relata o seguinte ao ser perguntada sobre o significado de sua propriedade:

> A propriedade é algo que é próprio seu, não é? Então, no caso, se você está se referindo à casa, acho que essa casa é nossa porque temos o direito a partir do momento em que pagamos imposto, fomos os primeiros a chegar aqui, a fundar aqui, pelo tempo que estamos aqui. Acho que é o direito nosso ela ser nossa moradia, entendeu? Acho que todos que chegaram aqui naquela época, não só eu e minha mãe, e fundaram isso daqui, construíram isso daqui, há anos e anos. [...] até porque nós construímos algo em um lugar que não tinha nada, não era de ninguém. A gente não invadiu. (Suelene, 10/09/2018)

O interessante de seu depoimento é que ela aponta diferentes fatores de legitimação da propriedade. Ela estabelece ponto com o universo jurídico formal e institucional ao apontar que "temos direito a partir do momento em que pagamos imposto". Mas o segundo elemento apresentado diz respeito à primeira geração de moradores ter construído "algo em um lugar que não tinha nada, não era de ninguém", logo depois deixando bem claro: "A gente não invadiu." Ou seja, ela evoca um significado de uma área sem utilização, que passou a ter funcionalidade após seu loteamento, passando a ter uma série de funções que, ao longo dos anos, ultrapassa a moradia. Comércio é desenvolvido na área, serviços passam a alcançar o local para beneficiar seus moradores, com esse desenvolvimento sendo fruto de sua mobilização e da construção da sociabilidade local.

Rosa Congost (2003) reflete sobre como a propriedade não pode ser resumida ao modelo institucional vigente atualmente ou a parâmetros estatais. Desse modo, as relações sociais que se desenvolvem a partir dela ultrapassam dispositivos institucionais e relações legais, e sua legitimação ocorre pelo corpo social. Podemos usar essa abordagem ao analisar o relato de Suelene, pois ela não nega a validade dos elementos formais de demonstração de propriedade, como impostos, mas aponta outro elemento de peso: a trajetória do grupo social que se estabeleceu na Vila Operária.

Ao remeter aos primeiros moradores, que lotearam e consolidaram a ocupação, ela deixa claro como esse ato foi responsável por dar funcionalidade a uma área vazia e sem uso. E tendo em vista tal concepção, chamamos a atenção para cada memória referente à trajetória individual desses moradores, cuja primeira geração fez um "projeto" (VELHO, 1994) para consolidação de moradia para seus descendentes. E ao narrar suas memórias sobre esse projeto, vemos como ele se funde com a ideia de "utopia" (PASSERINI, 2013), pois relata não apenas o atingimento de uma finalidade, mas uma possibilidade de transformação social e melhoria de vida para as gerações futuras de sua família.

Retornando a um debate mais teórico sobre os processos e formas de rememoração, Grynzpan e Pandolfi (2007) chamam a atenção para o forte caráter de disputas políticas presentes em processos de revisão que atingem a memória nacional. Os autores trazem exemplos de temas sensíveis como os debates em torno do antissemitismo na França de Vichy,[6] o *Apartheid* na África do Sul[7] e o fim das ditaduras militares sul-americanas, demonstrando os embates pelas narrativas de memória e seu papel na contenda buscando ocupação de espaços de poder. No caso brasileiro, a memória sobre o movimento negro exemplifica bem a questão. Temos elementos, como o artigo 68 do Ato das Disposições Constitucionais Transitórias da Constituição de 1988, que reconhece a propriedade de remanescentes de comunidades quilombolas, e a lei 10.639/2003, que torna obrigatório o ensino de história e cultura afro-brasileira e africana.

Esses instrumentos legais são alguns dos caminhos para a compreensão da luta pelo reconhecimento das violências sofridas, bem como da vital participação negra na sociedade e cultura brasileira. De certa forma,

---

6 Período entre 1940 e 1945 no qual a França foi governada pelo Marechal Philippe Pétain, cujo governo foi fortemente marcado pelo colaboracionismo nazista.

7 Regime de segregação racial adotado na África do Sul entre 1948 e 1994.

relacionam-se à questão das favelas, espaços marcadamente habitados por esse segmento populacional. Porém, é preciso que se construam mecanismos específicos que sublinhem a história dessas áreas de moradia popular e sua presença marcante na constituição das cidades brasileiras, quadro ainda incipiente e com tímidas iniciativas em termos de políticas públicas.[8]

É notório o quanto as favelas e seus moradores são ausentes dos discursos mais consolidados e tidos como oficiais sobre a história da cidade. No entanto, esse grupo social possui suas próprias narrativas sobre o surgimento de seus locais de moradia e sua relação com o espaço urbano, assim como locais e formas de preservação delas.[9] Mas essas iniciativas concorrem com uma longa e enraizada construção simbólica das favelas como o "outro" da cidade e de seu morador como uma ameaça em potencial.

Luiz Antônio Machado da Silva (2002, p. 223), ao comentar hipóteses sobre um menor risco de erradicação desses locais da "cidade formal",[10] faz a seguinte e conhecida provocação: "Em suma, 'a favela venceu', mas e os favelados?" Essa frase possui o objetivo, entre outros, de problematizar as inúmeras violações de direitos pelas quais passam os moradores de favelas, além de sua pouca representatividade em órgãos responsável pela elaboração e execução de políticas públicas. Ou seja, trata-se de uma parcela da população com pouco acesso a instrumentos de poder, o que prejudica sua colocação na hierarquia social.

Essa posição, por sua vez, explica o porquê de sua invisibilidade na história da cidade. Se essa ausência fosse revertida, haveria construções discursivas dissonantes das correntes, marcadas por estigmas negativos

---

8 No Rio de Janeiro, Bianca Freire-Medeiros (2006) chega a analisar o caso da transformação do Morro da Providência, apontada pelo movimento social de moradores de favelas como a primeira, em museu a céu aberto pela terceira administração municipal de César Maia (2004-2008).

9 Podemos citar o Museu da Maré, responsável pela preservação de acervo sobre suas 17 favelas. Possui inúmeras iniciativas e parcerias com escolas locais, sendo gerido pelo Centro de Estudos e Ações Solidárias da Maré (CEASM), ONG local. Apesar de contar com alguns patrocínios, alguns públicos, inclusive, é um espaço sob constante ameaça de encerramento de suas atividades por motivos diversos. Para melhor aprofundamento no debate sobre esse museu ver: Chagas e Abreu (2007) e Araújo (2012).

10 Destacamos que se trata de um trabalho escrito em 2002. Nos últimos anos, a remoção de favelas retornou à cena das políticas públicas, principalmente com os chamados "grandes eventos internacionais" que marcaram a década de 2010. Para conferência de dados sobre essa afirmação ver: Articulação Nacional dos Comitês Populares da Copa (2012).

muitas vezes ligados à ideia de criminalidade e ameaça social. Uma das formas de se definir a noção de poder é compreendê-la pela capacidade de contar uma história sobre outra pessoa e fazer com que essa versão seja vista como intocada e definitiva (ADICHIE, 2019). Dentro dessa definição, podemos compreender também o movimento contrário, feito por aqueles cujas histórias não são apenas contadas, muitas vezes como estigmatizantes e negativas, mas impostas como imutáveis. Nesse escopo, a busca por reconhecimento da memória de um grupo ocorre paralelamente à luta por seu alcance a direitos. São movimentos que se complementam. Esse universo caracteriza o direito à memória não apenas como reconhecimento dela, mas de que um conjunto de indivíduos possa ser visto como legítimo detentor das narrativas de suas trajetórias e gestor delas (GRYNSZPAN; PANDOLFI, 2007).

Chimamanda Adichie (2019) afirma que uma *história única*, contada e imposta como imutável por outros sujeitos sociais, sobre um determinado conjunto de indivíduos, acaba por criar estereótipos negativos incompletos. Ela diminui a dignidade das pessoas a quem se direcionam essas estigmatizações, pois sublinha apenas as diferenças negativas, e não os pontos em comum que nos permitem nos reconhecermos no outro. Ou seja, ela acaba por cumprir uma função social de isolamento e limitação, prejudicando a construção de projetos e expectativas futuras. Por isso, o direito à memória não diz respeito apenas ao direito ao passado, mas ao futuro pelo reconhecimento da existência de setores da sociedade (GRYNSZPAN; PANDOLFI, 2007).

Neste sentido, a partir dos anos 1990 temos o florescimento de uma série de projetos sobre memória em favelas.[11] A década anterior marcou uma mudança da abordagem estatal para as favelas no estado do Rio de Janeiro. Em 1983, Leonel Brizola assumiu seu primeiro mandato como governador do estado. Seu governo foi marcado por programas que apontavam direcionamentos importantes em busca de melhorias de infraestrutura e regularização fundiária, embora muitas metas sequer tenham chegado perto de serem alcançadas. Nos anos 1990, essa tendência se mantém, conforme

11 Para uma análise mais detalhada, além de Grynszpan e Pandolfi (2007), ver Amoroso (2015) e Portilho (2016).

se pode observar sobretudo na primeira administração municipal de César Maia (1993-1997).[12] Esses novos direcionamentos colocavam as favelas não mais como erradicáveis, criando uma conjuntura que possibilitou o advento dos projetos citados (GRYNSZPAN; PANDOLFI, 2007).

Para analisar essas iniciativas, Grynszpan e Pandolfi (2007) utilizam duas categorias: memória em favelas e memória de favelas. A primeira possui um caráter individual e familiar, como documentos e objetos pessoais, e se refere aos elementos que constituem a memória da esfera privada, presente em qualquer indivíduo ou coletivo de escala reduzida à qual pertença. A segunda se refere a uma forma mais organizada de evocação, preservação e veiculação de memória. Muitas vezes são propostas associadas ao discurso de geração de renda e capacitação de jovens, tendo igualmente como características uma profissionalização da gestão dessa memória e sua institucionalização, tendo as ONGs grande participação dentro dessas instituições. E muitas dessas iniciativas tiveram participação e gestão de moradores de favelas, incluídos na coordenação das instituições que as abrigaram, levando a um arranjo que os autores denominaram *memória de favelas em favelas*.

Nesse desenho, é preciso estar atento para o fato de que nem todas as memórias individuais atingem um compartilhamento de legitimação dentro da coletividade nas favelas. Devido ao caráter de seletividade da memória, nem aquelas que passam a ter compartilhamento coletivo possuem a mesma legitimidade. A rede que define esses posicionamentos e relações constitui um complexo sistema, variável de acordo com cada favela e sua especificidade de relações sociais. Dentro desse quadro, Grynszpan e Pandolfi (2007) chamam a atenção para a participação de agentes e instituições que podem ser apontados como "de dentro" ou "de fora".

Muitas vezes, ser considerado como "de dentro" ou um projeto com maior participação destes é visto como um elemento de legitimidade. Porém, é preciso estar atento ao grau de imbricação entre esses dois polos, uma vez que possuem uma série de atuações conjuntas e pontos de interseção, e o potencial de mobilizar um ao outro também acaba se convertendo em

---

12 Para um olhar mais aprofundado sobre as políticas públicas para as favelas dos anos 1980 aos dias de hoje ver: Pandolfi e Grynszpan (2002), Gonçalves (2013) e Brum (2018).

um elemento a ser explorado como estratégico. Podemos comparar tal configuração a uma interpretação, mais recente e semelhante, na qual o posicionamento social do qual um interlocutor emite seu discurso, elabora e executa planejamentos ou constrói seu histórico, não constitui um aparato comparativo para priorização de trajetórias e reivindicações. Antes disso, deve ser visto como uma possibilidade instrumental para articulação de diferentes mobilizações[13] (RIBEIRO, 2017).

Este livro percorre todos os caminhos teóricos apontados. Inicialmente, não se trata de uma análise de um projeto já existente na Vila Operária. Seu objeto é as *memórias em favelas*, uma vez que aborda os percursos familiares da autoconstrução de suas moradas. Essas trajetórias são extremamente ricas, e abordam pontos fundamentais de nossa história, como migração, crescimento urbano, mercado de trabalho e tantos outros aspectos que servem como plano de fundo para a construção dessas casas. Também não temos como não falar de acesso a serviços públicos e infraestrutura urbana, além da posse do terreno não apenas como direito, mas como elemento de planejamento familiar e busca de melhora das condições de vida de uma futura geração.

Porém, ao ser um dos resultados de um projeto de pesquisa previamente planejado e executado, a obra passa a ter a roupagem de uma *memória de favelas*, conjugando diferentes apoios institucionais, que vão desde a Faculdade de Educação da Baixada Fluminense à Faperj, e sujeitos, ativamente participantes não apenas na cessão e revisão final de seus depoimentos, mas na própria organização da obra. Com isso, retomamos o que foi escrito no início da produção: que o objetivo de construir pontes para uma maior preservação e circulação dessas memórias seja não apenas alcançado, mas que possa ser um estímulo para inciativas semelhantes.

13 Isso não exclui ou torna menos necessária uma saudável prática de percepção autocrítica de certos privilégios sociais possuídos por parceiros em situação social mais favorável (RIBEIRO, 2019).

Percurso metodológico

A participação das moradoras e dos moradores da Vila Operária se deu de acordo com a ideia de *colaboradores*, conforme construída por Meihy e Holanda (2018). Os autores caracterizam a relação de colaboração como um "processo de interação em *Lato sensu*. Ao conjunto das práticas que envolvem os dois lados, desde o começo do trabalho com entrevistas, chamamos de colaboração" (MEIHY; HOLANDA, 2018, p. 120). Tais considerações são feitas pela abordagem dos sujeitos responsáveis pela elaboração de uma entrevista em história oral: entrevistador e entrevistado.

Uma entrevista em história oral possui todo um planejamento empírico por detrás: ela é produzida para atender a uma necessidade de fontes para projeto de pesquisa de temática específica, ou para a constituição de acervo de livre consulta do público. Ela também pode ser realizada para a produção de materiais pedagógicos e culturais, como guia de entrevistas e documentários. Inúmeras são as possibilidades, inventariá-las pode se tornar um trabalho de fim inalcançável, principalmente na medida em que se aprimoram ferramentas de comunicação.

Porém, ainda conforme a abordagem de Meihy e Holanda (2018), é preciso ter em mente que o processo de construção de uma fonte oral constitui um sistema fechado. Tal afirmação se baseia na série de etapas e interações presentes em sua feitura. Para além da finalidade provocadora de uma entrevista, como no caso de projetos previamente elaborados abordados anteriormente, temos a interação entre o que realiza e o que concede a entrevista. Esta se dá em um ou mais encontros segundo princípios planejados e fins estabelecidos.

Quando uma pessoa concede uma entrevista, ela está reconstruindo um fato a partir de sua narrativa. Com isso, ela imprime a marca de sua subjetividade nesse processo. Por sua vez, o pesquisador igualmente traz as cores de suas impressões pessoais ao interpretar, analisar e escrever sobre o que foi contado. Diante desse desenho, impõe-se o desafio de se fazer com que o olhar do segundo não sufoque o do primeiro, algo a ser evitado com esforço considerável (COSTA, 2014). Para tanto, é fundamental o estabelecimento da relação de colaboração mencionada. Esta se consagra entre a sessão, ou sessões, dedicada à cessão do depoimento e a aprovação de seu formato final. Ela deve ser acordada e debatida, jamais imposta ou improvisada. Com isso, o objetivo é garantir espaços de participação ativa do depoente nas diferentes fases da construção da fonte oral, incluindo o formato final de seu texto (MEIHY; HOLANDA, 2018).

Tendo em mente esse formato, ocorreu a escolha e a edição dos depoimentos do livro. Assim como no trabalho de Pandolfi e Grynszpan (2003),[14] os depoimentos estão divididos em seções temáticas. Como se trata de entrevistas feitas para um projeto de pesquisa específico, ou seja, com questionamentos e hipóteses previamente estabelecidas, elas seguiram um roteiro flexível elaborado com antecedência. Com isso, alguns temas se tornam recorrentes nas falas editadas, referentes às questões que se pretendeu explorar e debater.

Assim, com ligeiras diferenças, comumente as entrevistas estão divididas em temas como: origens familiares e infância, vinda para o Rio de Janeiro, primeiros empregos no Rio de Janeiro, ida ou infância na Vila Operária, lembranças da casa ou da construção da casa na Vila Operária, política, mobilização e associativismo na Vila Operária, infraestrutura na Vila Operária e a situação jurídica da casa. Conforme dito, pequenas variações, inclusive alguns acréscimos, ocorrem entre esses temas, uma vez que eles são ordenados conforme a trajetória narrada pelo depoente.

Outra opção foi a de omitir as perguntas, de forma que o texto fosse organizado como uma fala contínua, respeitando-se ao máximo o ritmo da oralidade de cada entrevistado. Essa escolha se deu por acreditarmos dar cores mais vivas às falas, além de tornar a leitura mais fluida.[15] No entanto, gostaríamos de ressaltar que cada texto final foi submetido à aprovação

---

14 Deve-se dar o crédito ao trabalho de Lucia Hippolito pela edição das entrevistas dessa obra.

15 A inspiração para tal escolha ocorreu a partir da noção de transcriação, conforme elaborada por Meihy e Holanda (2018). Partindo de um debate que vem da poesia, realizado a partir de escritores como Otávio Paz e Haroldo de Campos, os autores constroem uma metodologia constituída em uma ação de recriação, e não apenas uma transcrição literal das perguntas, respostas e ruídos ambientes, muito comum em transcrições de História Oral. É importante frisar que uma das regras desse ato é a manutenção da intenção semântica dos narradores, respeitando os significados que eles quiseram implementar. Desse modo, foi utilizado como modelo para a edição das entrevistas deste livro a "transcriação" feita por Suzana Lopes Salgado Ribeiro em sua dissertação de mestrado sobre o Movimento dos Trabalhadores Rurais Sem Terra (MST) e apresentada por Meihy e Holanda (2018, p. 142-145).

de cada depoente, ficando a seu critério manter a versão apresentada ou sugerir modificações, sempre acatadas integralmente.

Cléria Botelho da Costa (2014, p. 48) diz que, ao se analisar uma entrevista de História Oral, o pesquisador faz uma "viagem dialógica pelo cotidiano do mundo afetivo, social e cultural do outro – o narrador". Nessa "viagem" há um debate entre duas subjetividades: a do próprio pesquisador e a do depoente, o que pode gerar um conflito de interpretação entre ambos. Documentar um determinado fato ou uma determinada trajetória pela metodologia em questão significa unir a prática da produção de um texto aos cuidados éticos de seu tratamento. Desse modo, não se deve dar foco excessivo apenas ao resultado textual, como uma transcrição de falas ou edições audiovisuais, para uma prática analítica posterior. Pelo contrário, é preciso compreender a prática de construção da fonte oral que forma um sistema e possui um significado social enquanto experiência (MEIHY; HOLANDA, 2018). Por isso, os aspectos éticos com aqueles que colaboram com a pesquisa enquanto depoentes devem ser elementos não apenas presentes, mas de suma importância.

Um projeto que desenvolve a metodologia da História Oral apresenta dois aspectos. Um mais objetivo e racional e outro permeado por subjetividades diversas. Nessa chave, Meihy e Holanda (2018) diferenciam a faceta empírica da experimental. O empírico é caracterizado pelo planejamento, controle e racionalidade. De certo modo, é o elemento factual na narrativa oral. Desse modo, escolher os indivíduos a serem entrevistados, viabilizar a realização da entrevista e coletar o depoimento são práticas que pertencem ao campo do empírico. Por ser um ato de produção de fonte, é preciso ser cercado de cuidados, principalmente éticos, conforme debate feito anteriormente.

Por sua vez, quando falamos do experimental, da experiência, estamos adentrando em um campo diferente da racionalidade pura ou intelectual. A narração de uma vivência de um fato é permeada por diversas sensações menos perceptíveis, e a empiria registra essas sensações, através da escrita acadêmica, e esse registro permite a ação da subjetividade do pesquisador. A experiência permeia o resultado final de um projeto, e seu texto final se enriquece ao refletir isso. Desse modo, aqueles responsáveis pela condução de um projeto de pesquisa devem estar abertos à possibilidade de tornar públicas as memórias dos processos e das etapas de uma pesquisa em História Oral. Trata-se, evidentemente, de uma exposição marcada pela seletividade, uma vez que é um processo de registro de memória por parte pelos responsáveis pela pesquisa, assim como o processo do entrevistado escolher o que estará presente em sua fala narrativa também é marcado pela mesma seletividade (MEIHY; HOLANDA, 2018).

Quando um entrevistado concede uma entrevista, através dessa narrativa ele constrói uma primeira interpretação sobre um determinado acontecimento, ou trajetória, pois o cimento dessa construção é a sua subjetividade. O pesquisador é responsável por uma segunda ao colocar seus pressupostos e esquemas mentais como ferramentas para interpretar o depoimento que lhe foi entregue. Nesse processo, conforme afirmado repetidamente, é fundamental que o segundo sujeito não eclipse o primeiro (COSTA, 2014). Para tanto, é necessária a existência de canais para sua participação ativa dentro de uma ideia de um processo de colaboração (MEIHY; HOLANDA, 2018).

Esse arranjo foi o pressuposto metodológico para a elaboração deste livro. Ao longo de toda a pesquisa foi buscada a relação de colaboração amplamente acordada, com os entrevistados participando ativamente de todas as etapas de tomada de entrevista. Temos consciência de que as entrevistas aqui presentes são edições, a captação parcial de uma *experiência* mais ampla que constitui o processo da construção da fonte oral. Sua versão inicial reflete nossa subjetividade, usando a consulta aos entrevistados-colaboradores do material a ser publicado como forma de se evitar que eles tenham uma atuação coadjuvante na publicização (em parte, ainda por cima editada) de sua visão de seus percursos pessoais, familiares e de construção de suas moradias.

As entrevistas aqui presentes foram feitas com um objetivo específico de pesquisa: compreender os significados e usos da mobilização da memória da construção das casas na Vila Operária. Contudo, é nosso objetivo que tais depoimentos sejam públicos e livremente utilizados não apenas por pesquisadores, mais quaisquer interessados em conhecer essas narrativas sobre o passado. Seja em projetos culturais, seja em atividades didáticas, ou qualquer outra iniciativa, é nosso objetivo a livre utilização dessa primeira edição das falas desses importantes sujeitos históricos. Com isso, é nosso objetivo que esse acervo oral constitua o que Meihy e Holanda (2018) caracterizam como "banco de histórias": um acervo que, por mais que seja constituído a partir de uma finalidade analítica específica, seja de livre acesso a diferentes públicos e usos.[16]

Bibliografia

ADICHIE, Chimamanda. *O perigo de uma história única*. Tradução de Julia Romeu. São Paulo: Companhia das Letras, 2019.

AMOROSO, Mauro. *Caminhos do lembrar*: a construção e os usos políticos da memória no morro do Borel. Rio de Janeiro: Ponteio, 2015.

AMOROSO, Mauro. Memória, propriedade e resistência: a trajetória da moradia como acesso ao direito à cidade na favela de Vila Operária. *O Social em Questão*, Rio de Janeiro, a. 21, n. 42, p. 23-44, set.-dez. 2018.

ARAÚJO, Helena Maria Marques. *Museu da Maré*: entre educação, memórias e identidades. Tese (doutorado em Educação) – Pontifícia Universidade Católica, Rio de Janeiro, 2012.

ARTICULAÇÃO NACIONAL DOS COMITÊS POPULARES DA COPA. *Megaeventos e violações de direitos humanos no Brasil*. [On-line, 2012]. Disponível em: http://www.direitoamoradia.fau.usp.br/wp-content/uploads/2012/02/Dossie_Violacoes_Copa_COMPLETO.pdf. Acesso em: 2 set. 2021.

BRASIL, Luciane Chagas. *Meeting of favela*: grafitando subjetivações na Vila Operária do látex às cores digitais. Dissertação (Mestrado em Educação, Cultura e Comunicação em Periferias Urbanas) – Universidade do Estado do Rio de Janeiro, Duque de Caxias, 2016.

16 É nosso objetivo que, posteriormente, a transcrição integral dos depoimentos, incluindo as perguntas feitas pelos entrevistadores, seja disponibilizada ao público através de um portal digital. No entanto, elas são de livre consulta através de acervo presente na Faculdade de Educação da Baixada Fluminense (FEBF/Uerj), instituição por onde a pesquisa foi desenvolvida.

BRUM, Mário. Breve história das favelas cariocas: das origens aos grandes eventos. In: MAIA, Rosemere (org.). *Rio revisto de suas margens*. 2. ed. Rio de Janeiro: Letra Capital, 2018. p. 108-135.

CHAGAS, Mario de Souza; ABREU, Regina. Museu da Maré: memórias e narrativas a favor da dignidade social. *MUSAS: Revista Brasileira de Museus e Museologia*, Rio de Janeiro, n. 3, p. 130-152, 2007.

CONGOST, Rosa. Property rights and historical analysis: what rights? What history? *Past & Present*, Oxford, v. 181, n. 1, p. 73-106, nov. 2003.

COSTA, Ana Clara; LEVINO, Rodrigo. A gestão atrapalhada do Baú. *Veja*, São Paulo, 12 nov. 2010. Disponível em: https://veja.abril.com.br/economia/a-gestao-atrapalhada-do-bau/. Acesso em: 6 set. 2021.

COSTA, Cléria Botelho da. A escuta do outro: os dilemas da interpretação. *História Oral*, Rio de Janeiro, v. 17, n. 2, p. 47-67, jul.-dez. 2014.

DIÁRIOCIDADE. Disponível em: https://www.diariocidade.com/rj/duque-de-caxias/guia/servico-de-assistencia-social-evangelico-sase-33974106000498/. Acesso em: 6 set. 2021.

DIOCESE, *CNBB*, Brasília, 4 set. 2018. Disponível em: https://www.cnbb.org.br/diocese-duque-de-caxias-rj-se-despede-de-missionarios-italianos/. Acesso em: 6 set. 2021.

FERREIRA, Denise Ramos. *Relatos orais*: o clientelismo e as relações de poder representados nas memórias de indivíduos ligados à favela Vila Operária, em Duque de Caxias no Rio de Janeiro (1960-1985). Dissertação (Mestrado em História Comparada) – Universidade Federal do Rio de Janeiro, Rio de Janeiro, 2012.

FREIRE-MEDEIROS, Bianca. Favela como patrimônio da cidade? Reflexões e polêmicas acerca de dois museus. *Estudos Históricos*, Rio de Janeiro, v. 2, n. 38, p. 49-66, 2006.

GONÇALVES, Rafael Soares. *Favelas do Rio de Janeiro*: história e direito. Rio de Janeiro: Pallas; PUC-Rio, 2013.

GRYNSZPAN, Mario; PANDOLFI, Dulce. Memória de favelas, em favelas: favelas do Rio de Janeiro e direito à memória. In: GOMES, Angela Maria de Castro (coord.). *Direitos e cidadania*: memória, política e cultura. Rio de Janeiro: FGV, 2007. p. 65-93

LEEDS, Anthony; LEEDS, Elizabeth. *A sociologia do Brasil urbano*. Tradução de Maria Laura Viveiros de Castro. 2. ed. rev. Rio de Janeiro: Fiocruz, 2015.

MEIHY, José Carlos Sebe Bom; HOLANDA, Fabíola. *História oral*: como fazer, como pensar. 2. ed. São Paulo: Contexto, 2018.

NUNES, Nilza; MOREIRA, Nádia. Mulher de favela: a feminização do poder e a luta social e política em defesa da cidadania dos moradores dos territórios populares. In: ALACIP. Congresso Latino-americano de Ciência Política, 9., Montevidéu, 26-28 jul. 2017. *Trabajos presentados*. Disponível em: http://www.congresoalacip2017.org/site/anaiscomplementares2#N. Acesso em: 2 set. 2021.

PANDOLFI, Dulce Chaves; GRYNSZPAN, Mario (org.). *A favela fala*: depoimentos ao CPDOC. Rio de Janeiro: FGV, 2003.

PANDOLFI, Dulce Chaves; GRYNSZPAN, Mario. Poder público e favelas: uma relação delicada. In: LIPPI, Lucia (org.). *Cidade*: história e desafios. Rio de Janeiro: FGV, 2002. p.238-255.

PARISSE, Lucien. *Favelas do Rio de Janeiro*: evolução – sentido. Rio de Janeiro: Centro Nacional de Pesquisas Habitacionais, 1969. (Cadernos do CENPHA, 5)

PASSERINI, Luisa. Memória e utopia em um mundo global. In: SANTHIAGO, Ricardo; MAGALHÃES, Valéria B. de (org.). *Depois da utopia*: a história oral em seu tempo. São Paulo: Letra e Voz; Fapesp, 2013.

PERLMAN, Janice. *Favela*: four decades of living on the edge in Rio de Janeiro. New York: Oxford University Press, 2010.

PERLMAN, Janice. *O mito da marginalidade*: favelas e política no Rio de Janeiro. 3. ed. São Paulo: Paz e Terra, 2002.

PORTILHO, Aline dos Santos. *Das "belezas que emanam dos jardins suspensos de Ipanema e Copacabana"*: políticas governamentais, demandas por memória e produção do espaço no Museu de Favela do Pavão-Pavãozinho e Cantagalo. Tese (Doutorado em História, Política e Bens Culturais) – Centro de Pesquisa e Documentação de História Contemporânea do Brasil, FGV, Rio de Janeiro, 2016.

RIBEIRO, Djamila. *Lugar de fala*. São Paulo: Sueli Carneiro; Pólen [Jandaíra], 2019.

VELHO, Gilberto. *Projeto e metamorfose*: antropologia das sociedades complexas. Rio de Janeiro: Zahar, 1994.

ZIBECHI, Raúl. *Territórios em resistência*: cartografia política das periferias urbanas latino-americanas. Tradução de Eduardo T. Teixeira, Rodolpho J. Netto e Timo Bartholl. Rio de Janeiro: Consequência, 2015.

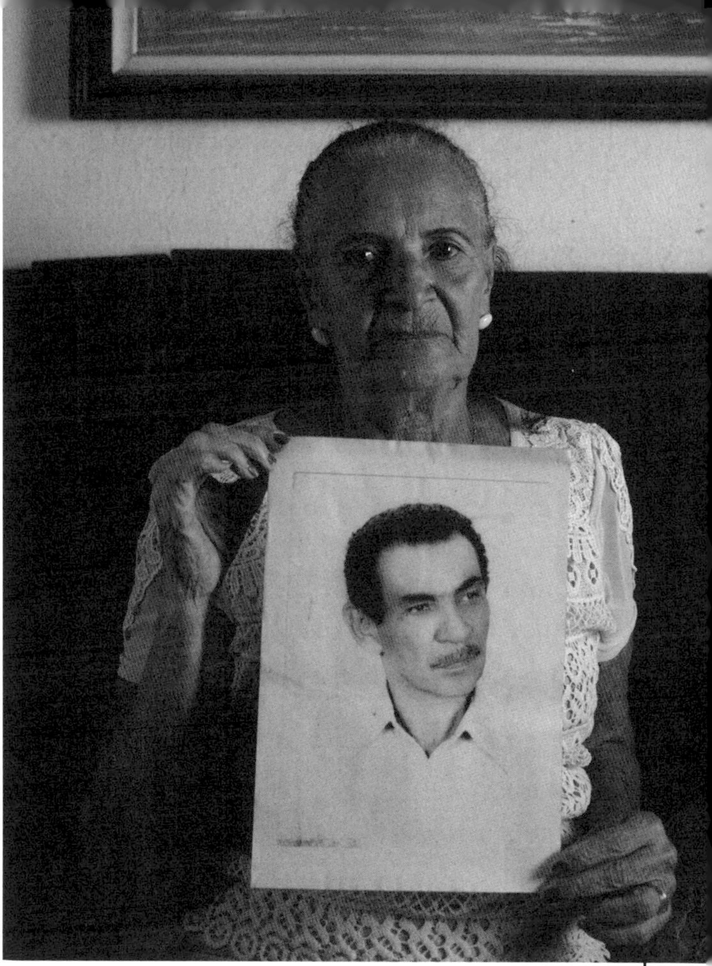

Entrevista com **Djanira Lopes dos Santos** (*in memoriam*)

Datas: 16/09/2017, 29/03/2018
Local da entrevista: Sua residência na Vila Operária
Entrevistadores: Mauro Amoroso e Lu Brasil
Vídeo: Lu Brasil, Leandro Ditt, Mauricio Vieira, Sassa
Áudio: Débora de Souza de Oliveira e Nathalia Knopp

Origens familiares e infância

Eu nasci em Pernambuco. Eu perdi minha mãe, eu fiquei com 2 anos de idade. Minha mãe e meu pai, porque foi uma diferença de um para o outro, 7 dias. Tenho outros irmãos, eram 25 irmãos! Morreram todos. Só, só restam agora dois. Os dois caçulas. O meu irmão caçula e eu que sou a caçula das mulheres. Aí, mas a nossa criação foi assim. Eu até os 2 anos, praticamente desde bebezinha, eu vivi num colégio de madre com minha mãe. Que minha mãe trabalhava no colégio e ela me levava para o colégio, eu e meu irmão. Então nós fomos criados assim, em colégio de madre salesiana, né? Então ali eu conheci minhas primeiras palavras, foi no colégio com as madres.

Para você ter uma ideia, meu apelido era "Pimenta." [risos] Era muito levada. Só queria saber de brincar. Era muito levada... Aí, ia para o teatro cantar, representar, falar poesias. Era assim no colégio. Cantavam isso, porque eu era muito levada: "Todos gostam, todos gostam de usar da Pimentinha, pois sem ela não tem gosto, mas bem feitas empadinhas" [música]. Então, e quando vinha assim, eventos que tinha que representar, aí: "Chama a Pimentinha, a Pimentinha, é a Jane, é a Jane!" Uns me chamavam de Jane, outros me chamavam de Deja, outros me chamavam de Dira. E assim, né? Porque meu nome é Djanira.

A Pimentinha aprontava muita coisa. A Pimentinha aprontava para as pessoas, né? O padre, quando ele chegava, ele batia na minha cabeça: "Como é Pimentinha, tudo certo? Não aprontou nenhuma hoje não?" Eu falei: "Não, eu estou boazinha. Estou quietinha." Me sentia em casa. Eu me sentia muito à vontade. Eu tive a infância muito boa, eu brinquei de tudo, de tudo que pode imaginar que uma criança tem, eu tive.

Nós morávamos na Rua do Rio, no mesmo bairro onde tinha o colégio. Mais um pouquinho, na cidade. Nós morávamos ali porque era uma área assim, muito pobre. Nós sempre fomos muito pobres. Então, nós morávamos na beira do rio. Rio Capibaribe, a gente atravessava aquele rio para lá e para cá, pegar mussum, catar piaba, essas coisas no rio, dava para essas coisas. E a gente morava ali numa casinha pobrezinha de quarto, sala, cozinha, feita de barro, né? Pau a pique. Então a gente morava ali. Ali minha mãe criou os filhos, meu pai era lavrador, ele vendia negócio de frutas, verduras na feira, e na feira mesmo ele caiu com derrame. Eu era muito agarrada com o meu pai e fiquei com minha mãe. Minha mãe lavava para o quartel, lavava para o colégio e ajudava na cozinha no colégio. E criou os filhos todo assim, nós todos, né? Até quando aos 42 anos ela faleceu, foi embora. Sete dias depois da morte do meu pai, foi minha mãe.

Nós ficamos com as minhas irmãs que eram mais velhas. A minha irmã que era mais velha, o meu irmão que era encostado, um dos mais velhos veio aqui para o Rio de Janeiro. Aqui no Rio de Janeiro ele arrumou emprego num colégio. Colégio Jacobina, que ainda existe hoje em Botafogo. Ele trabalhava nesse colégio e dali ele foi conseguindo ir trazendo a família para cá. Cada vez ele trazia uma, aí trouxe minha irmã.

Ah, essa minha irmã ficou com todos nós, assumiu todos nós pequenininhos. Aí viemos para cá. Aqui nessa cidade grande eu cresci, sempre lutando junto com minha irmã. Eu só não tive brinquedos em casa, essas coisas, porque a gente era muito pobre, minha mãe era muito pobre, então ela não tinha. Mas ela fazia aquelas bonequinhas de pano. A gente chama de "bruxa". Bruxa de pano. E aí a gente brincava com aquelas bruxinhas de pano. Eu não tinha brinquedo, eu nunca tive boneca. Hoje que eu tenho uma porção, que eu ganho, porque eu gosto de boneca.

Vinda para o Rio de Janeiro

Eu vim para cá com 9 para 10 anos. Primeiro veio um irmão trabalhar em um colégio em Botafogo. Ele veio através de um senhor chamado Jacinto que foi lá, minha mãe deu guarida ele, e lá ele começou a se apaixonar pela gente, pela família, aí, quando ele voltou pra cá, ele levou meu irmão. Ele era pernambucano também, trabalhava com serviços gerais. E ele trouxe meu irmão e meu irmão veio trazendo a gente. Ele ficou como tutor da gente, dos menores, né, a gente veio para cá e ele ficou como tutor, quando minha mãe morreu ele e minha irmã se responsabilizaram pelo irmão menor, aí ficou dividido, um bocado com minha irmã, um bocado com ele. Minha irmã arrumou um companheiro, ela era viúva, e foi viver com ele, nós ficamos com ele, fiquei com ela eu e meu irmão. Com meu irmão ficou mais uma turma lá.

Depois, com o conhecimento dele com outras pessoas, com mães de alunas, foi arrumando colocação pra gente, eu fui pra uma casa pra brincar com uma criança, servir de babá, pequenininha. Depois eu fiquei com minha irmã. Minha irmã trabalhava em fábrica. Aí, ela saía para trabalhar e cada um foi arrumando emprego, né? Eu, por exemplo, trabalhei de babá muito tempo no Flamengo.

Agora, depois aqui no Rio foi que começou a minha *via crucis*. Eu vim com um irmão. Da primeira vez vieram dois irmãos e uma irmã, depois veio uma outra irmã que ainda estava viva, né? Cada vez vinha um, dois vinham com um por causa da passagem, que era muito cara. Aí, vinha e a gente ia para essa casa do meu irmão.

Da viagem, eu me lembro, foi horrível. Nós viemos de navio e eu vinha vomitando muito, fiquei na cama, quase em coma porque eu não comia, minhas irmãs riam e a gente passava muito mal no navio. Aquele cheiro de maresia horrível e a gente não conseguia desfrutar a viagem, né? Quando chegamos aqui fomos para morar em Irajá na casa que já era da minha irmã com esse companheiro. E meu irmão já tinha minha cunhada pois já eram casados desde Pernambuco, e eu fiquei com ela, eram duas irmãs dela e eu.

Aí, depois a minha irmã foi trabalhar e a gente teve que cada um arrumar um canto para ficar, para trabalhar, para ajudar, né? Que a vida no Rio era muito cara, dependia muito, né? Alimentação, essas coisas, roupa. Em Irajá eu fiquei até adulta mesmo. Acho que até quase uns 20 anos. Mas assim, aos 15 anos eu já fui mãe. Aí já tive o primeiro companheiro aos 15 anos, aí fui mãe do primeiro filho. Depois, fiquei só trabalhando e me dedicando ao meu filho. Aí, resolvi que devia continuar a estudar. Eu trabalhava de dia como babá, meu filho ficava com a minha sobrinha, filha da minha irmã, e eu à noite, eu estudava na Anna Nery. Eu passei a estudar, né?

Depois que eu terminei a primeira série, que naquela época era série, não era grau, era série. Aí, eu achei que eu deveria ir estudar enfermagem. Entrei para a Anna Nery[17] para fazer o curso enfermagem. Aí, também achei

17 Escola de Enfermagem Anna Nery, da Universidade Federal do Rio de Janeiro, fundada em 1923 e localizada no bairro Cidade Nova, no Rio de Janeiro.

que não dava, porque tudo estava bom para mim, mas quando chegava nessa coisa de ver sangue, aquela coisa, eu ficava nervosa. Aí, não dava para mim. Foi nesse intervalo aí veio o segundo companheiro. Não deu certo, saí fora, fiquei com a minha irmã. Até quando veio o terceiro. O Seu Barbosa, com quem tive quatro filhos. Vim para aqui. Aí eu estava com 20 anos.

Mas sobre essa minha mudança para o Rio, eu não me acostumei, porque eu não tinha mais tempo para brincar, não era mais aquela vida, era uma coisa que modificou assim da água para o vinho. Eu passei a cuidar dos filhos das madames, ser babá, e quando não, passei a limpar casa também, ser copeira, ser arrumadeira, e enfim, de tudo um pouquinho eu fazia. Aí eu não tinha mais tempo para brincar. Não tinha mais tempo para passear. Então eu fui ficando triste, porque eu não tinha mais aquela vida que eu tinha. Aí, eu chorava, eu sentia muita falta da minha mãe, eu sentia muita falta da minha família, né? E naquela época a gente dormia no emprego e vinha de 15 em 15 dia para casa. Hoje não. Hoje a pessoa, as madames, só tratam agora durante o dia. Vai de manhã, de tarde vem embora para casa. A gente não, era de 15 em 15 dias. Eu trabalhei no Flamengo, trabalhei em Botafogo.

Os primeiros empregos no Rio de Janeiro

Daí para cá, eu trabalhei com uma patroa que foi uma mãe para mim. Foi logo quando eu estava com 11 anos. Ela é atriz de televisão e eu quase fui também. Aracy Balabanian. Ela cuidou de mim. Eu cuidava do Luís Felipe, o filho dela. Eu era babá do filho dela. E ela praticamente me vestia, me calçava, entendeu? Era muito boa comigo. Aí quando tinha assim, qualquer coisa sobre atuar, eu ia também para representar, que eu já estava tomando gosto com aquilo, né? Eu dançava muito frevo, muito bem. Aí, um dia eu fui chamada para o Theatro Municipal para apresentar o frevo por intermédio dela.

Aí eu fui, né? Quando eu cheguei em casa, tomei uma surra... [risos] porque eu cheguei tarde em casa. Tomei uma surra, meu irmão, que naquela época a pessoa sair e ficar até tarde da noite fora era uma coisa. Ainda mais eu “de menor”. Mas não ficou por isso não. Eu fugia! Eu fugia, porque aí eu gostei, né? Aí eu fugia e ia lá para casa dela. Eu tenho ela como se fosse uma mãe pra mim, que eu fiquei com ela muito tempo.

Depois ela separou do companheiro com quem ela vivia e o menino também não sei qual foi o fim que levou, e ela se dedicou a essa vida de atriz. Foi morar em frente à Galeria Menescal em Copacabana, morava com a mãe dela. Eu ainda fui ficar com ela, ainda fiquei coisa de umas duas ou três semanas com ela. Aí ela chegou perto de mim e disse assim: “Ah, Deja, eu não posso mais ficar com você, porque eu estou desempregada, não posso te dar um dinheirinho, não posso te dar mais nada e eu estou na casa de minha ‘mainha’, eu não posso ficar aqui com você.” Porque não tinha espaço.

Aí pronto, aí foi a tristeza para mim, né? Aí, dali que começou a minha *via crucis*. Eu trabalhei na *Gazeta de Notícias*, no jornal. Eu conseguia para o jornal propaganda do café, várias, várias eu conseguia para o jornal. O redator era Seu Boseia, mas sei lá...o Seu Boseia não gostava de mim. Não sei por que ele não gostava de mim. Eu fazia de tudo, né? Aí eu passei a ficar com um professor que era um homem que via o destino das pessoas na bola de cristal, aquelas coisas, aquelas mistificações, né? Aí eu gostava também de mistificações e gosto até hoje, e ele apresentava aquela bola de cristal e eu fiquei como secretária dele.

Nessa época eu ainda morava em Irajá com a minha irmã. Quando eu saí de lá que vim para a companhia de Barbosa, ele passou a tirar meus documentos, ele tirou todos os meus documentos, eu tinha a minha certidão de nascimento, e pela minha certidão de nascimento ele tirou todos os meus documentos e me colocou na prefeitura.

A ida para a Vila Operária

Eu estava na casa de uma tia em Niterói quando uma amiga dela falou da Vila Operária, que estava iniciando, ainda fazendo a divisão. Ela me vendeu o terreno dela, que eu pagava R$ 30,00 por aquele pedacinho, ali na rua Adolfo Davi, que não era aqui. O nome dela era Maria Albuquerque, mãe da

Dirce, do Wellington. Então eu vim aqui e fiquei num barraco, que ficava dois dedos assim de separação de tábua, quem passasse na rua via a gente.

Mas eu lutei, lutei, lutei, mas como eu disse a você minha vida foi sempre luta, eu me chamo trabalho, porque sempre ralei, sempre lutando, e eu não tinha vergonha de chegar nas casas de construção onde eles estavam construindo prédios e pedir as coisas, se não tivesse, se tivesse precisando, pra me dar, e eu trazia, trazia mesmo, no muque, na cabeça, às vezes até uniformizada do trabalho eu vinha com tábua, com as coisas na cabeça, para a casa.

Eu conheci o Barbosa pela inauguração aqui, pela vinda aqui na Vila Operária. Porque vim na festa, na festa da inauguração disso aqui! Tinha uma senhora que trabalhava na enfermagem, trabalhava, agora ela já faleceu. A Cetinha! E ela me trouxe e me apresentou ele, e aqui ela me arrumou uma casa, um cantinho que era dela, ela me vendeu por 300 reais na época, que era minha primeira casa, era um barraquinho, tinha uma sala e quarto, né? Com cozinha.

Quando eu comprei minha primeira casa, eu me senti a rainha da cocada preta, que o que eu mais queria era uma casa, porque eu estava cansada de ficar na casa de um, na casa de outro, na casa de outro, na casa de outro, que é coisa muito ruim, você ficar pulando assim, que na casa de um você não se dá bem e sai fora, aí vai para a casa de outro e é sempre hostilizada, né? Então eu ali estava me sentindo a rainha, porque eu estava no que é meu, batia no peito: "Porque aqui é minha, aqui eu mando, aqui eu faço o que eu quero!" E fiquei, até quando construí aqui, minha casa atual, aqui foi meu suor e lágrima.

Sobre o Barbosa, coisa de questão de dias ele, diz ele, que se apaixonou pelos meus belos olhos, que não sei o quê, que ele viu nos meus olhos [risos] e que eu tinha uns olhos muito bonitos. Ele tinha predileção por olhos claros e meus olhos eram clarinhos, clarinhos, agora não que eu estou velha, já estão escurecendo, está tudo feio e o corpo, né? [risos] A minha amiga que vendeu minha primeira casa, ela sabia de tudo que se passava comigo, ela sabia de todo o meu sofrimento com irmãos, com irmã, ela sabia, né? Ela sabia que eu estava com a minha irmã, mas que eu não estava satisfeita, né?

Eu sofri muito, eu apanhei muito, não tinha liberdade para sair, eu não tinha liberdade para ir ao cinema, eu não tinha liberdade para nada, porque quando chegava apanhava. Aí a minha família era uma família assim, muito rígida, minha mãe também não adotava certas coisas, meu pai também, então já era de família mesmo, né? E assim eu criei também meus filhos e graças a Deus estão todos formados, casados, todos, graças a Deus! Tem um advogado, uma pedagoga, tem uma secretária, tem um contador, todos formados, graças a Deus. Eram dez, então eu fui pai e mãe dos dez [risinho].

Lembranças da casa na Vila Operária

Eu vim para a Vila Operária muito no início. Eu praticamente fundei isso aqui junto com ele, o Barbosa! Mas eu também tinha muita tristeza dela, porque ela não era uma casa, ela só tinha de bom o piso, as paredes eram de tábua, era muito pobrezinha, não tinha divisão, os meninos tudo dormiam no chão, eu não tinha cama, não tinha nada, era pobretona mesmo, não tinha nada, a Erci, uma professora aqui da escola, que me ajudava muito, me ajudava, me ensinava, me dava roupa, para as crianças, dava roupa dela pra mim, entendeu, então eu fui muito ajudada pelos amigos, pelas amigas, pelas pessoas que me conheciam, sabiam que eu tinha muito filho e tal, então eu fui muito ajudada, sabe, roupa usada, peças para a casa, fogão, eu ganhei muita coisa que me davam.

Aqui a ordem é que não podia comprar nem alugar, e só podia construir de alvenaria, nem que fosse um comodozinho, de alvenaria. Porque o Barbosa pensava muito no amanhã, ele falava: "Vai que uma filha da senhora casa, aí tem condições de fazer uma casa em cima, outra". Ele sempre pensava em cada um ter a sua escritura, então tinha que ser de alvenaria, se fosse de madeira não ia ter, aconselhava que fosse um comodozinho sequer, mas que fosse de alvenaria. Aqueles que não podiam ele até comprava, tirava dinheiro do bolso dele e comprava tijolo para construir, mas não queria que fosse feito de madeira, ele tinha esse cuidado, sabe, ele tinha muito cuidado. Tinha medo de chegarem com draga para derrubar, tanto que aconteceu, eles vinham com draga, quando estava no início da Vila Operária, eles vinham derrubar, a gente construía de dia e eles vinham de noite derrubar, depois não conseguiram mais, mas teve muita gente que ficou sem casa porque construía de dia, vinham os outros de noite derrubar.

Essa casa aqui era um terreno que estava vazio e que o Barbosa pretendia fazer daqui um ambulatório. Eles resolveram fazer o posto ali, onde hoje é um postinho, então ele passou esse terreno aqui para mim. Nesse período que ele estava passando, aí apareceu os donos daqui, que era o Seu Genack Chadrycki,[18] que eu tive o privilégio de receber aqui o meu terreno das mãos do verdadeiro dono, do Genack Chadrycki, que era polonês, tinha vários minérios, dono de várias coisas, então ele não quis mais saber disso aqui, ele doou para o Barbosa distribuir para o povo. Esse aqui eu fiz a minha escritura, fiz minha, meu certificado de imóvel, fiz tudo e aqui estou.

Para construir essa casa, eu só paguei aqui o alicerce, eu paguei 480 reais ao Seu João Correia Costa, um morador daqui que era chefe de obra, para fazer o alicerce da casa. A minha casa aqui tem base para oito andares. Que na época eu tinha oito filhos e eu queria que cada um deles construísse em cima, então teve base para oito filhos, para oito andares. Tanto que eu tenho cinco casas aqui. Tem as três da frente e nos fundos tem duas, tem uma aqui do lado e tem outra lá nos fundos. Mas conseguimos o objetivo. Minha casa como eu queria.

Aqui que eu comecei, aqui que nasceram meus quatro filhos, aqui que nasceu todo mundo, está aqui. E estou aqui até hoje! Já botei placa para vender pra ir embora daqui... Mas o pessoal fala: "Dona Jane, a senhora não vai sair daqui não, porque a senhora é nosso esteio aqui." Então eles acham que eu aqui, eu imponho respeito com a turma aí. Mas a primeira base aqui da casa demorou só quatro anos, para você ter uma ideia, só quatro anos ela levou só para ficar pronto o alicerce.

De quatro anos em diante eu fui comprando, cada mês eu comprava tijolo, outro mês eu comprava areia, outro mês eu comprava pedra, outro

18 Genack Chadrycki foi um comerciante polonês de joias e terras nos anos 1950 e 1960 sobre o qual existem poucas informações oficiais, e que a memória local aponta como proprietário original de pelo menos parte da Vila Operária.

mês eu comprava ferro, cada mês eu fui comprando uma coisa. Por último eu comprei o cimento. Quando eu comprei o cimento, aí eu avisei os meus amigos, aí ele também avisou Seu Pedro,[19] aí é que eles vieram levantar. Aí levei mais ou menos uns três anos... Levantou a casa e ficou na taipa, foi quando eu fui buscar meus filhos. Três anos. Aí, quando chovia, eu ficava aqui no meio da sala com meus filhos, sabe a galinha quando deita que bota os filhotes tudo debaixo das asas, e era eu com eles, tudo pequeninho com o chapéu, porque na taipa pingava e eu ficava aqui. Nesse intervalo ele (Barbosa) abriu ali, lá embaixo, a sede dele, o Comitê.[20]

Deixa eu contar como eu construí essa casa. Aqui já contei da sala. Ih, a sala. Foi construído tudo de uma vez, quando terminou, terminou tudo de uma vez. Só que ficaram os acabamentos, a gente dormia com esse buraco aí [risos], não tinha janela, não tinha comprado janela, porta, nada disso. Então, como Vila Operária era tranquila, que não é o caso de hoje, a gente dormia com tudo aberto aqui, era um colchãozinho no chão, eu tinha porque eu não tinha cama, não tinha nada. Aí nesse colchãozinho mesmo nasceu o Roberto, filho do Barbosa, e nasceu a Raquel, minha caçula, os outros nasceram na outra casa. Aqui, depois disso tudo, foi que veio a janela, essa janela que ganhei é a que está aí até hoje. Aqui é a cozinha. Aqui nessa cozinha, na época, eu fiz um curso de doces, com bolo, essas coisas de cozinha, né? Então eu fazia bolo para fora, eu fazia bolo de casamento, para batizado, só bolo artístico com formato, formato de coroa, formato de laço [trecho inaudível].

Neste banheiro, este boxe foi minha filha que me deu, chuveiro foi um filho que me deu, cada uma me dava uma coisa e eu fiz o boxe, né? O chão, isso aqui foi eu que ganhei o piso, né? Aqui é a varandinha. Que, aliás, eu queria que essa sala, esse quarto viesse aqui, onde estava o alicerce, mas eles não quiseram, eles quiseram fazer uma varandinha aqui, né? Aí eles fizeram a varandinha. Esse muro aqui já fiz com a casa, ela estava pela metade, depois quando começou a surgir a história da marginalidade, eu levantei. Esse muro aqui eu briguei com a prefeitura. Eu disse até que

---

19 Não fica claro se ela se confundiu ao se referir a João Correia da Costa, ou se trata-se de outra pessoa.

20 Trata-se da primeira sede da associação de moradores da Vila Operária.

ia colocar a prefeitura na justiça se não tomasse providência, como não tomaram. Vieram aqui, filmaram aqui, tinha um buraco.

Aqui do lado tem uma escola. Então tinha um janelão aqui que eles fizeram e jogavam coisas para cá. O que acontecia, às vezes eu estava estendendo roupa aqui, aí as crianças jogavam copo de Guaravita, vinha na minha cara, casca de banana, maçã podre, tudo jogava aqui, saco de biscoito, eu estava cansada de varrer isso aqui todo dia [risos] e as crianças fazendo isso. Falei com diretora: "A senhora dá um jeito de levantar esse muro, se precisar eu ajudo, eu dou uma parte dos tijolos." Aí nada, nada. Um certo dia eu chamei o pedreiro, comprei tijolo, comprei cimento, comprei tudo, chamei o pedreiro, mandei fazer, aí levantei até lá em cima. [risos]

Eu passava por muita necessidade, muito filho, muita coisa. Ele (Barbosa) ficou oito anos sem receber que vetaram o salário dos vereadores, né? Então ele vivia com o salário dele, que ele ganhava no aeroporto. Então era assim que a gente viveu, com muito sacrifício, mas eu consegui, aos poucos fui colocando, fui colando, ainda falta acimentar aqui, quando chove dá infiltração. Aí fui chegando aos poucos, fui conseguindo minhas coisas, né? Eu sou guerreira, eu luto, luto, luto!

Política, mobilização e associativismo na Vila Operária

Aí eu passei a ser secretária dele. Aí era secretária e ajudava no serviço social. Aí procurava ver os problemas da Vila, e foi quando começou minha luta aqui. Era para conseguir, eu consegui com Aliança para a Paz[21] lá dos Estados Unidos, adubo, leite em pó para distribuir aqui para os alunos da escola, aí consegui com a Petrobrás oito caminhões de madeira para levantar uma igrejinha que é lá em cima onde tem uma torre. Não existe

---

21 Aliança para o Progresso: programa de assistência ao desenvolvimento socioeconômico da América Latina formalizado quando os Estados Unidos e 22 outras nações do hemisfério, entre elas o Brasil, assinaram a Carta de Punta del Este em agosto de 1961.

mais a igreja, existe uma torre. Naquela torre ali tem pergaminho ali, existe o meu nome, dentro do pergaminho. Depois que saiu aquela igreja dali, aí em 1986 inauguramos essa aqui. Aqui em frente tem uma igreja da comunidade.

Esse colégio aqui do lado, fui eu e ele quem construiu. Eu estava já trabalhando, ele tinha me colocado para trabalhar na prefeitura, me colocou na prefeitura, trabalhei quatro anos aqui nessa escola como servente escolar, fazia merenda, recebia os americanos, recebemos leite em pó, conseguimos aquelas coisas com a Aliança para Paz,[22] aqui para escola, quando era ainda concordado, não era ainda da prefeitura, era concordado, ele deu o prédio e a prefeitura fornecia os professores, entendeu?

Esse colégio foi feito com a gente, a turma, nós fazíamos mutirão, fazíamos as cerâmicas, que tinha muita cerâmica, doavam para a gente os tijolos, levantamos e nós trabalhávamos, as mulheres viravam a massa e ajudavam os homens a construir, a puxar balde com massa. Foi assim! E levantamos o colégio. E depois que a gente levantou o colégio, aí foi feito uma concordata com a prefeitura, não foi doada a escola para a prefeitura, foi feito uma concordata, a prefeitura dava os professores e a gente fornecia o prédio. Aí, em 1970, ele fez a doação para o prefeito. Ele era o diretor, e fez a doação para o município.

Como ele já estava decidido a deixar o mandato, que que ele fez? Ele reuniu do conselho fiscal, seis do conselho fiscal da comunidade, e mediante eles foi comunicado que ia ser doado e ele fez a doação do colégio perante a testemunha de seis associados. Aí ele fez doação, entendeu? Depois que a escola passou a ser do município, aí acabou o nome de Escola do Barbosa. Não passou a ser mais Escola do Barbosa e sim Escola Municipal Vila Operária. Aí ele fez questão que continuasse Escola Municipal Vila Operária, por quê? Porque ele era o patrono e queria o local com o nome da comunidade Vila Operária. Até hoje graças a Deus ainda não implicaram com o nome não. Continua Escola Municipal Vila Operária. [risos] Foi no mesmo período que a gente fez a casa e o colégio, a gente foi dando os pedacinhos

22 Aliança para o Progresso.

para cá, cada um, foi separada já o colégio. Quando foi em 1960... Em 1959 foi inaugurado o colégio.

O Tenório Cavalcanti[23] apenas teve participação em ajuda, em alguma coisa, ele teve participação em alguma coisa, mas ele só participava do que estava no esquema da gente. O colégio foi doado no governo do Coronel Américo de Barros. É que foi quando ele fez a documentação a Américo de Barros e doou o colégio. Aí firmamos o acordo com as professoras e continuamos a rotina das aulas. De 1969 para 1970 ele construiu o posto de saúde.

O Tenório, junto com a Leão XIII,[24] que ajudou muita gente, porque ele, na época, ele não era político. Ele era um simples trabalhador braçal, né? E depois que ele passou a presidente do sindicato e que ele foi fazendo as coisas dele, mas ele fazia e muita coisa que ele fazia, fazia com o próprio dinheiro dele, tijolo, remédio, para as pessoas. Aqui teve uma epidemia de tuberculose que foi uma luta para a gente combater. Pessoas com tuberculose... Foi uma luta. A gente ia nas casas fazer limpeza, limpar, desinfetar aquilo tudo.

A gente juntava mutirão de mulheres, homens para fazer isso e a gente conseguiu combater tudo isso. Então ele era um homem bom, alagoano, é de Alagoas ele, e teve essa mentalidade de invadir, porque ele via o pouco tudo ali, ninguém tomava providência, ninguém fazia nada. Caxias fedia! Isso aí era um mau cheiro que quando se entrava em Cordovil para entrar em Caxias, todo mundo já sabia que estava entrando em Caxias só pelo cheiro, porque tinha feira, eram aqueles legumes estragados, folhas estragadas, bicho morto. Era um abandono total. Aí foi quando ele passou a assumir, segurou com o pião na unha isso tudo. Ele, o Tenório Cavalcanti e a Leão XIII.

---

23 Natalício Tenório Cavalcanti de Albuquerque (1906-1987) foi um político que estabeleceu sua base eleitoral em Duque de Caxias. Conhecido como o "homem da capa preta", exerceu mandatos no legislativo estadual e no federal pelo estado do Rio de Janeiro nos anos 1950 e 1960. Criador do jornal *Luta Democrática*, era conhecido pelo seu estilo agressivo e envolvimento em uma série de disputas que acabavam em conflitos armados. Um dos elementos para sua construção como uma figura mítica foi sua submetralhadora alemã modelo MP-40, por ele chamada de "Lurdinha".

24 A Fundação Leão XIII, vinculada à Secretaria de Assistência Social e Direitos Humanos, foi criada no Rio de Janeiro em 1947 com o propósito de melhorar as favelas, nos aspectos urbano, da educação e da saúde.

Aí começou, aí depois foi surgindo as políticas, foi surgindo os políticos. Quando Vila Operária foi inaugurada que já estávamos com quase 3 mil e poucas família assentadas aqui, aí voltaram os olhinhos para cá! Aí todo mundo queria fazer, todo mundo queria ajudar, todo mundo que estava fazendo, entendeu? E teve um acontecimento nesta época, que não tem a ver com o Tenório, uma época que o Barbosa já era vereador e eu sua secretária.

Estava como secretária e o serviço de locução eu que fazia. Aí, estava nesta ruazinha que está aqui e veio uma comitiva de carros, todo mundo armado, né? E para querer invadir para atrapalhar a reunião que ele ia falar ao povo, né? Que já era sobre a Vila Operária. Porque estavam querendo invadir aqui, querendo construir prédios dizendo que iam dar um apartamento para cada um e a gente não deixava ir. E a gente falava, botava o povo consciente do que estava acontecendo. Aí, nesse dia eu atravessei a ruazinha, no meio da rua, indo só no microfone: "Vejam, moradores da Vila Operária! Esses são os elementos que querem se candidatar a políticos de Duque de Caxias. Olhem as condições que eles têm para fazer alguma coisa por vocês. Arma! Armados até os dentes para destruir o que vocês têm ainda aqui dentro da Vila Operária. Vejam só o que eles estão fazendo, olha os gestos indecorosos que eles estão fazendo aí no carro. Vejam!"

E tome pedra e tome pau e tome pedra e tome pau! Eles tiveram que fazer a volta e sair, saiu todo mundo correndo e eu atrás metendo o pau, metendo o pau e avisando o pessoal o que estava acontecendo. E conseguimos fazer, conseguimos fazer a reunião e ele contou o que estava acontecendo e a escritura que ele ia dar, o título de propriedade a cada um dos moradores daqui através do Hydekel de Freitas,[25] que era cunhado do Joaquim Tenório.[26]

---

25 Hydekel Meneses de Freitas Lima foi prefeito da Cidade de Duque de Caxias em seu 1º mandato, de 1982 a 1984, como interventor, e em seu 2º mandato eleito, de 1989 a 1992.

26 Joaquim Tenório Cavalcanti foi primo de Tenório Cavalcanti e vereador de Duque de Caxias. Foi prefeito deste município no período de 1963 a 1967.

A situação jurídica da casa

Esse título tinha validade, que tinha muita gente aí que tirou até empréstimo em banco com aquele título de propriedade, entendeu? Eu, por exemplo, não tenho esse título. Não posso te falar a mesma coisa, porque eu não recebi nada disso. Eu tenho a minha escritura. A minha escritura foi feita pelo Genack Chadrycki que era o proprietário daqui. Só a minha casa tem a escritura.[27] Eu fiz no 5º Oficio, né? Ele, o Chadrycki, levou todos os meus documento, identidade, CPF, tudo, todos os meus documentos na época e ele fez no 5º Ofício e tirou a minha escritura. Os filhos dele fizeram depois a entrega das escrituras, né? De quem tinha feito. Eu tenho um papel, é que eu não me lembro agora aonde que eu botei. Eu tenho um papel de título de propriedade, entendeu? Um papelzinho, inclusive assinado por José de Jesus ainda, viu? E graças a Deus nós vencemos, vencemos os inimigos todos, vencemos. O BNHD,[28] essa coisa que acabou. Não veio mais perturbar a gente para fazer apartamento aqui.

Esqueci o nome, BNHD, BNH. Porque nesse mesmo tempo teve uma turma do contra que queria se apoderar daqui, o BNH que não existe mais, e distribuir uma moradia para cada um e se apropriar do lugar. Só que ninguém aceitou, aí foi aquela guerra, aquela briga, confusão, foi uma luta, né, Seu Barbosa foi preso, eu também fui, e foi todo mundo que trabalhava com ele de secretariado.

A prisão na ditadura militar

Ficamos presos políticos, presos no... Como é que se chama? Que não é cárcere não, dá-se um nome lá, e nós ficamos naquele lugar ali, prisioneiros até quando foi para o Supremos Tribunal, quando ganhamos a causa de 7 a 0, foi na ditadura de 64. Vinham dando propostas que iam invadir aqui pra

27 Há as casas dos filhos que ela divide no mesmo terreno.

28 Trata-se do antigo Banco Nacional de Habitação.

fazer com escavadeira, com tudo, para derrubar tudo e fazer prédios para cada um dos moradores daria um apartamento, a cada um dos moradores.

Aí a gente não aceitou! A gente não aceitou! Se entrar aqui, a gente mete fogo. Deixa eu contar a melhor passagem, eu estava grávida, eles estavam tão cegos que entraram aqui e não me viram sentada na minha cabeceira de costura, vieram com Seu Barbosa me pegar, já não estava me sentindo bem, estava grávida. Quando cheguei lá na mesa do doutor, ele trabalhava comigo na Prefeitura, aí ele: "Minha assistente social, é a senhora." "É, doutor, sou eu." [risos] Foi só o que me lembro que eu falei, sou eu, eu era secretaria dele, não ia negar que era, aí minha bolsa estourou.

Aí me botaram nesse parla sei lá o quê, ficamos eu, Seu Barbosa, Genilda, que era segunda secretária, o padre, o eletricista que fazia todo o serviço da câmara, ficou aquela turma, no parlatório, eu agoniada vendo a hora do neném nascer, já tinha estourado a bolsa, aí mandaram chamar o Hydekel de Freitas Lima, era o vereador na época, era prefeito na época. Ele veio e falou com o delegado e me levou para a casa de saúde São José.[29] Tinha jornalista para me fotografar, não deixaram, doutor Silvio, que Deus o tenha, disse: "Não, ela teve um parto pélvico, não pode receber ninguém." Aí fiquei num apartamentozinho lá, mas à disposição jurídica, e eles ficavam no parlatório. E não me deixaram mais sair de lá, fiquei na casa de saúde até acalmar, de vez em quando aparecia uma imprensa "eu quero falar, quero ver a parturiente, quero ver a Jane", era assim, a Djanira vulgo Jane, aquele "auê" todo, doutor Sidney não deixou, porque de fato tinha sido pélvica, meu filho veio de pé, aí eu não estava em condições de receber ninguém, imprensa nenhuma.

Aí ficou por isso mesmo, nisso acalmou as coisas e tal, alguém chegou disse assim: "Ganhamos a causa de 7 a 0, estamos livres pode ir embora." Me deram uma certidão, que eu devo ter ela guardada, de nada consta, e ficamos com liberdade de trabalhar. Não costumava vir polícia com o pessoal do BNH, vinha não. Eles só fizeram a proposta e essa proposta veio no ouvido do Barbosa, mas esse assunto já estava pela prefeitura, pelo prefeito. Era arrumação de prefeito com prefeito, era arrumação de político com político,

---

29 Maternidade em Botafogo, bairro nobre do Rio de Janeiro.

sabe? Para querer derrubar o Barbosa. Aí, quando surgiu esse assunto, aí ele levou nome até de comunista. Tinha muita gente que dizia que ele era comunista: "Seu Barbosa é comunista." Não, ele nunca foi comunista. Ele era um homem muito católico, ele era um homem fiel a Deus, ele depois aderiu ao evangelho, morreu evangélico. Ele era presbítero da Igreja Adventista, entendeu? E morreu assim, fazendo bem às pessoas, entendeu?

Eu acho que prenderam a gente porque eles achavam que poderia falar alguma coisa sobre isso, mas nós não sabíamos nada disso, nós só sabíamos de moradores e ruas, as necessidades do bairro, nós não sabíamos de nada de política. Então nós não tínhamos o que falar, um me acusou de que eu quem fazia os atestados de pobreza, me botaram para escrever não sei quantas páginas "Duque de Caxias", para conferir minha caligrafia. Vila Operária depois de inaugurada, nós sofremos muito porque tínhamos prós e contras, então os contras, que eram os donos da elite, não queriam que aqui fosse apanhado pelos pobres, eles queriam se apoderar do lugar, então quando soube que era o Genack Chadrycki que era o homem, que era dono de brilhante, das pedras preciosas, que era um homem riquíssimo, então ele tinha tudo, mas ele não fazia questão disso aqui, então tanto que ele não fez questão que passou para os filhos passarem pra cada um de nós, tudo direitinho, comprovando que cada um morava aqui.

A vida política de José de Jesus Barbosa e lembranças da primeira igreja da Vila Operária

Teve manifestação assim, era a reunião que Seu Barbosa convocava, reuníamos no centro da escola, ou no Centro Pró-Melhoramento, e quando foi 1970, extinguiu o Centro, que ele não queria saber de política e abandonou tudo, e não quis mais saber da coisa, e foi o fim do Centro Pró-Melhoramento. Outros abriram de novo, mas não são nossos, são gente diferente que a gente não sabe nem quem é. Eu conheci o Seu Davino,[30] ele era bom,

30 Davino da Rocha (partidário do PCB, Partido Comunista Brasileiro) foi presidente da associação de moradores da Vila Operária de 1980 a 1985.

procurava muito saber, aprender com Seu Barbosa, muita coisa que ele não sabia ele ia aprender com Seu Barbosa, em produzir com ele sobre o bairro, mas depois que o Barbosa abandonou tudo, foi o tempo que ele saiu da política, porque já estava doente, já não estava bem, abandonou isso aí, agora todo mundo pode fazer o que quiser, foi quando a coisa começou a revirar aqui, foi ele sair e pronto.

Quando o Barbosa foi eleito, ele foi aceito aqui por unanimidade, ele foi o segundo da mesa da câmara em votação. Ele foi eleito parece que foi em 1959, porque 1960, 64 nós já sofremos a ditadura, foi por aí, 53, 54 por aí... Nada mudou na nossa vida quando ele foi eleito, porque ele era um homem tão simples, eu estou falando como pessoa, não como companheira. Ele foi presidente, patrono da Vila Operária, ele sentia o teu drama, ele sentia o drama de cada um daqui, um precisava de remédio, um precisava de buscar gás, precisava levar mulher parturiente, se ele estivesse almoçando deixava o prato na mesa pra ir servir, se batessem na porta chamando ele pra qualquer finalidade, ele era um homem assim, então ele como vereador não mudou nada, pelo contrário, ele dizia assim: "Moradores, nunca percam o seu líder, porque se nós perdermos nosso líder, vamos sair aqui com barrigudinhos na frente e os cachorrinhos magros atrás." Que eu já não podia falar, que era o problema da evasão que estava aqui, então eu falava assim, nunca abandone seu líder, então vamos lutar para eleger ele, tanto que ele foi eleito quatro vezes, continuou a mesma coisa, homem simples, ele passou a trabalhar mais.

Depois veio o posto de saúde, através da reivindicação dele veio o posto, depois o cemitério.[31] O cemitério já existia, mas não estava murado, não tinha gaveta, não tinha geladeira, isso tudo foi reivindicação dele. Já o posto de saúde, nunca foi no morro, ele foi construído aqui, é que agora o prefeito Alexandre Cardoso[32] colocou para reformar a quadra e fez a re-

31 O terreno em que fica localizado o Cemitério Nossa Senhora das Graças, conhecido também como tanque do Anil, pertencia ao judeu russo Genack Chadrycki. A prefeitura de Duque de Caxias cercou ilegalmente a área na década de 1960 e somente na década de 1970 o cemitério foi regularizado.

32 Alexandre Aguiar Cardoso foi prefeito da cidade de Duque de Caxias de 01/01/2013 a 31/12/2016.

forma do posto, e para não parar o atendimento, eles foram para o Dica,[33] ele forneceu a sala, o prédio para o Alexandre Cardoso, e o pessoal daqui estavam atendendo lá. Ele sempre foi aqui na Associação de Moradores.

O Barbosa, ele foi do pior partido, meu irmão, que foi o Arena, na época só tinham dois.[34] Ele sempre foi oposição, ele levou nome, algumas pessoas diziam que ele era comunista, ele não aceitava certas coisas, certas propostas, então ele sempre era do contra. No fundo, ele não tinha partido porque ele era simplesmente presidente do sindicato, ele era, trabalhava no serviço braçal, para você ver como ele era simples, empregou muita gente no serviço braçal, empregou muita gente na prefeitura, quando ele entrou como vereador.

Aqui eu conheci Irmã Paulina, que doava muita coisa para o pessoal daqui. Era lá no Cruzeiro,[35] se tinha de lona era com Frei Tadeu. Era uma igreja que não tinha nome ainda, era da Nossa Senhora do Socorro,[36] tinha um caderno para fazer festas, quermesse, arrecadar dinheiro para ajudar a construir a igreja, nós conseguimos até o toldo da igreja, a Petrobras nos deu 8 metros de madeira para construção da igreja, e quem ajudava ali eram os moradores da Vila Operária, e frei Tadeu que governava ali. Tanto que quando recebeu a arrecadação, muita gente deixou de ser católico, muita gente deixou a igreja, porque ele disse que a igreja do Perpétuo Socorro não podia ser ali porque ali não tinha condições de manter a igreja, então as pessoas foram saindo que nem os coelhinhos para as tocas, eu fui uma que fui ser evangélica e abandonei a igreja. Depois veio o padre lá da Santo

---

33 A Associação Beneficente Adilson Moreira Theodoro (ASBAMT) com sede em Duque de Caxias, foi fundada, de fato, em 01/05/1995, e só reconhecida em 17/01/1997. Considerada como Utilidade Pública pelo projeto de Lei nº 2075/2001, sancionado pela Lei nº 3644 de 20 de setembro de 2001, ficou apelidada de Dica, pois o registro da associação levava o nome do pai de Jorge Moreira Theodoro, o Dica (PMDB). Essa associação tinha uma filial no Parque Felicidade que atendia moradores da Vila Operária.

34 Refere-se ao período do bipartidarismo inaugurado pelo Ato Institucional nº 2 e que vigorou de 1966 a 1979, com a existência de dois partidos políticos: a Aliança Renovadora Nacional (Arena) e o Movimento Democrático Brasileiro (MDB).

35 O Cruzeiro é uma praça que é assim chamada porque o Sr. Barbosa colocou uma cruz no local para a primeira igreja. Após alguns anos (não conseguimos a data exata), a cruz foi retirada da praça e colocada na ponta desta. Embora tenha recebido intervenções do Sr. Barbosa, a praça do Cruzeiro não pertence no mapa ao bairro Vila Operária.

36 Trata-se da primeira igreja católica da Vila Operária, construída no Cruzeiro em 1951. Era uma igreja de madeira que não durou muito tempo.

Antônio, comprou a casa e fez a igreja, nessa igreja quem sempre esteve à frente de tudo foi a Irmã Paulina, ela trazia sacos de roupa para distribuir aqui, eu mesma ganhei muita roupa, até hoje eu tenho umas roupas que foram trazidas pela Irmã Paulina. O cruzeiro tinha esse nome porque quando botou a cruz, quando veio para a praça, Barbosa queria uma cruz bem bonita para colocar os pergaminhos, até tem uma caixa ali, tem o meu nome e o nome dele, para a igreja, nessa placa, placa de bronze que eles colocam.

Entrevista com **Maria Luísa Brandão**

Datas: 11/04/2016, 14/03/2018
Local da entrevista: Sua residência na Vila Operária
Entrevistadores: Mauro Amoroso e Lu Brasil
Vídeo: Lu Brasil, Leandro Dittz e Cris Brasil
Áudio: Nathalia Knopp

Origens familiares e infância

Nasci em Minas, sou mineira. De Belo Horizonte. Farei 84 anos este ano (2016). Tenho dez irmãos! [risos] Eu sou a terceira. Meus pais moravam bem no centro de Belo Horizonte. Tem muitos anos, né? Belo Horizonte era bem pequenininho, não é? Entendeu? Depois é que foi se formando, crescendo, não é? Virando uma cidade bonita. Só tenho um irmão morando lá atualmente.

A minha infância, olha, lá era muito bom, era uma cidade pequena, entendeu? A gente plantava as coisas, tinha um quintal muito grande. Eu gosto muito de plantas, não é? Que eu acho lindo, lindo, lindo. Se eu pudesse eu voltaria para aquele tempo. Apesar de não dar conta de fazer tudo que fazia, não é? Eu gostava de capinar, gostava de plantar, gostava de colher. Meus pais eram agricultores. Plantavam para vender, e também mais para a família. Para a família sempre era um gasto, né? Foram nascendo os filhinhos e aí foi a família aumentando e por aí se caminhou. Perdi meu pai com 13 anos. Novinha, entendeu? Infelizmente, né? Não tinha muito recurso, doença vem, já sabe, né? Agora mesmo você vê a dificuldade, né? Nós temos que cuidar da saúde. Isso eu faço.

Minha infância lá, não era bem uma roça, não é? Mas a gente falava assim, não é? Porque todo mundo comentava, né? Ah, eu gostava! Adorava. [risos] Tudo bem difícil, mas era muito bom. Bons vizinhos... A gente estudava, brincava, passeava, a gente fazia um monte de piquenique. Cada um levava as suas coisinhas, forrava uma toalha, né? No chão, no mato, sabe como é que é? Pegava aquela sombra ali e ficava trocando ideia com os mais velhos, não é? As crianças ficavam brincando, passava dias muitos bons. Eu sinto saudades! As lembranças que mais me marcaram mesmo foram as da infância, né? As brincadeiras, os passeios, a gente brincava de roda, entendeu? Cantorias, contava histórias... Inventava também as histórias, né? [risos] Então era uma época muito boa, muito saudável, entendeu? Muitos amigos, amiguinhos... Era ótimo! Eu estudeis só até a 4ª série, né, meu amor? Não tinha mais estudo não. Até a 4ª série só. Então, já tinha terminado. Terminei com 13 anos mesmo, não é? Eu já trabalhava lá também, tomando conta de criança, entendeu? Depois resolvi partir para outra e estou aqui até hoje. [risos]

Vinda para o Rio de Janeiro

Eu vim para o Rio com 17. Já vim bem formadinha, não? Já vim sozinha! Eu vim para ajudar a minha mãe, não é? Ela tinha muitos filhos menores, a situação foi ficando difícil depois que meu pai morreu. Então, quando a gente cresceu, foi saindo fora para arrumar trabalho. Em Belo Horizonte não era difícil. Eu trabalhei muito lá também, que eu sempre trabalhei com criança. Tomava conta de criança! Eu gosto, adoro criança! Eu gosto muito mesmo! E então eu sempre dei essa preferência, né? Quando eu vim aqui para o Rio também procurei tomar conta de criança. Aqui no Rio se pagava melhor, entendeu? Para ajudar minha mãe com meus irmãos, então vim eu e mais duas irmãs. Elas vieram primeiro, aí me chamaram para vir também.

Os outros mais novos ficaram tudo lá, eram pequenos, tinham que estudar. O estudo lá era ótimo! Vieram as três mais velhas! Eu sou a terceira das três, né? Então a gente teve uma vida bem melhor. [risos] Uma irmã veio, passaram dois anos, depois um ano, aí depois então é que eu vim. A primeira veio com uma tia, eu tinha uma tia que morava aqui, então ela chamou e acolheu. Eu vim para cá de trem. Porque antigamente não tinha ônibus, era trem. Estava combinado de eu vir para cá, mas ninguém recebeu a comunicação. A comunicação antigamente era difícil. Minhas irmãs ficaram aqui três anos, e depois eu vim. Elas foram conseguindo um trabalho melhor, um salário melhor. Aí eu vim para cá e conquistei, graças a Deus, boas amizades, bons trabalhos, ficava cinco, seis anos numa casa trabalhando, entendeu?

Eu comprei a passagem de trem para cá, eu trabalhava lá, aí juntei o dinheiro para poder vir. Então eu consegui, quando eu cheguei na Central, aí no trem eu fiz amizade com uma senhora. Aí conversando e tal, ela disse: "A senhora, você vai para lá sozinha?" Daí eu falei: "E Deus, porque eu não ando só." A minha companhia é Deus, que toda vida, desde criança, eu fui muito apegada à igreja, entendeu? Então eu confio muito no Deus, porque Ele é tudo, certo? E meus vizinhos em Belo Horizonte, ninguém conhecia o Rio de Janeiro. Para a gente era um outro mundo lá, você entendeu? Então eles falavam: "Vocês são loucas de ir para um lugar tão longe, não conhece ninguém, vai do nada?" Mas tem que tentar.

Mandei uma carta para as minhas irmãs, esperei, não deram resposta, mas aí eu tinha um tio que me levou na Central, na estação, me botou dentro do trem e falou: "Cuidado!" Aí eu encontrei essa senhora, como eu disse, né? Uma senhora muito bacana, aí sentei ao lado dela, né? Aí ela começou a conversar comigo e tudo, eu expliquei toda a minha situação. Aí ela disse: "Vou te ajudar." Eu falei: "Mas a senhora vai me ajudar como?" Ela falou assim: "Se não tiver ninguém aguardando você, eu te levo pra minha casa." É um risco, né? Mas antigamente não era risco, meu querido. As pessoas eram humanas. Aí eu falei: "Tudo bem." Chegamos a ir, procuramos para ver se tinha ou minhas irmãs ou minha tia, não tinha ninguém na Central. Aí eu falei: "Olha, não tem ninguém." Ela: "Então vamos apanhar um táxi, vamos passar primeiro no endereço da tua tia ver se a gente encontra alguém. Se eu não encontrar alguém, você vai para minha casa, porque eu moro perto de onde tua tia trabalha." Eu falei: "Tudo bem."

Aí quando chegamos, minha tia estava chegando da rua com minha prima. Aí de longe eu já conheci, né? Eu falei: "Olha elas ali na rua." Ia pedir um táxi, né, para dar uma buzinada, elas olharam, aí chamou, ela se aproximou, aí falou: "É minha sobrinha." E eu falei: "Ela é a minha tia." Aí agradeci muito à senhora, minha tia e ela ficaram até amigas depois. Ela era moradora lá de Ipanema. Ela morava num apartamento e tudo, depois fomos na casa dela, mas depois eu trabalhando eu perdi o contato com essa senhora. Só minha tia que tinha o contato.

Essa minha tia morava mesmo na casa de família. Ela trabalhava em casa de família. Então já trazia e já arrumava um trabalho. Então a pessoa continuava naquele trabalho. Pelo menos eu não me arrependo de ter vindo. A outra irmã também veio, depois eu vim também porque minha tia que arrumou. Essas casas eram em Ipanema, na beira da lagoa. [risos] As casas eram tudo perto! Entendeu? A gente se comunicava todo dia [risos], antigamente não tinha telefone, né? Não, não tinha mesmo! Comunicação era a própria mesmo, né? Se encontrando.

Os primeiros anos no Rio de Janeiro

Olha, no Rio eu esperava encontrar coisas boas, né? Porque eu ouvia falar, lugar bom para se trabalhar. Pessoal acolhedor. Coisas boas, assim, nesse sentido, né: tinha mais espaços para as pessoas viverem, não é? Que o Rio sempre foi bonito, sempre foi acolhedor. A família com quem trabalhei, eles não eram brasileiros, eram alemães. [risos] Aí tinha uma confusãozinha na palavra, não é? [risos] Mas eles se adaptaram e aí a gente se dava bem com eles. Foram ótimos, muito bom mesmo! Fiquei cinco anos com eles. Dos 17 aos 22. E depois eu troquei de emprego, achava outra coisa melhor e a gente ia trocando. [risos]

O segundo emprego foi de babá também. Eu sempre preferia criança. Depois fui trabalhar com uma família que morava em Ipanema também. Eles conheciam, viam o jeito da gente trabalhar, aí começava a conversar, pedir se a gente não queria ir para lá. E a gente sempre ficava morando nas casas. Na folga, eu gostava muito da Quinta da Boa Vista. Toda folga estava lá! [risos] Eu fui conhecendo o Rio pelos meus parentes mesmo, né? A gente se unia para sair. Minha tia, duas primas que também moravam em Ipanema. Todo mundo em Ipanema, era chique! [risos]

Eu nunca sofri preconceito em lugar nenhum, lidava com muita gente grande mesmo, embaixador, advogado, entendeu? Pessoas assim, eu procurava trabalhar sempre com pessoas mais, assim, com mais vivência, entendeu? Porque para trabalhar para tomar conta de uma criança, de uma pessoa, tem que ter responsabilidade, certo? Uma vez eu discuti com um advogado por causa da filha dele porque eu trabalhava em Copacabana e tomava conta de três crianças. Então, na hora de atravessar a rua eu dava a mão o menor, dava o braço à menina que era a do meio e o menino maior eu falava: "Dá a mão para ela e não solta, porque nós vamos atravessar uma rua e então não sabe o que vem." Criança é criança, né? Ali em Copacabana sabe como é que é, ali na Praça do Lido. Você conhece, o Lido?

Então eu saía com essas crianças pra tudo o que era lugar, mas de bonde, entendeu? Saía apanhando condução com eles, então eu tinha que ter muito cuidado. Quando foi um dia de atravessar a rua, a menina se soltou e correu.

Aí eu não falei nada, não briguei com a criança, porque com criança não se discute, né? Aí, ela quando voltou, ela já voltou sem gracinha, abraçou comigo e tal. Eu quietinha, não falei nada, subindo, quando subimos eu disse: "Vai para o quarto!". "Ah, por quê, babá?" Eu falei: "Vai para o quarto, não tem um porquê. Fica quietinha lá, hoje você não sai mais do quarto, nem para jantar, levo o jantar teu no quarto. Não vai cumprimentar teu pai e nem tua mãe, se eles quiserem, eles vão lá em você."

Quando o pai chegou, viu os dois meninos, aí queria saber: "Cadê a Sofia?" Eu falei: "Está de castigo." Aí ele falou: "Quem botou?" "Eu!" [risos] "Você não pode botar minha filha de castigo." "Primeiro o senhor tem que saber o motivo, o porquê que eu botei ela de castigo, eu não falei nada com ela, eu não briguei com ela, tá o menino grande aí de prova o que eu fiz isso com tua filha, porque ela tem que me respeitar, sabe por quê? Porque se ela é atropelada, eu ia fazer o quê? O senhor é um advogado." Eu toda a vida fui assim. Então eu discuti nesse sentido. Eu falei: "O senhor é advogado, eu não sou nada. Se a sua filha é atropelada, se acontece um acidente com ela, o senhor ia fazer o quê? Ia me condenar!" Então, antes de eu ser condenada, eu faço o certo. Ele depois me pediu desculpa.

Ah, nem me lembro mais até quando trabalhei de babá, foi até quando eu me casei, aí eu já não trabalhava de babá. Aí os filhos já eram grandes, então eu continuei na ajuda da casa, né? Era alemã também essa senhora, o nome dela era Ruth, entendeu? Pessoa superbacana, muito legal, eu saía muito com ela para passear, que ela gostava: "Ah, vamos passear comigo!" Ela falava que eu não era empregada dela.

O casamento e a ida para Duque de Caxias

Conheci meu marido na Quinta da Boa Vista! Passeando. [risos] Foi o primeiro e único! [risos] Que eu não era muito de ficar trocando não, sabe? Eu sou muito exigente, eu exijo muito. Todo local eu chego todo mundo fala: "Ó, mulherzinha exigente, tudo dela tem que ser ali o que ela quer." Não é por aí que eu quero, eu quero o que eu acho que é certo, não é? A gente não pode viver de qualquer jeito.

Na nossa primeira casa, ficamos morando por cinco anos. Essa casa era alugada, ficamos lá cinco anos e depois eu resolvi sair de lá para o Centro de Caxias. Nessa primeira casa tinha quintal, podia plantar alguma coisa, que eu adoro plantar. [risos] Aí eu plantava várias coisinhas lá, aí eu colhia, dava para vizinho, entendeu? Que eu também não dava conta de comer, né? E também não ia vender, aí eu dava para as pessoas próximas ali. Eu sempre dividia com os vizinhos. Lá eu alugava do Senhor Antônio. Era um proprietário, gente legal, ele era nortista.

Não tinha contato, nada, nada, era só de boca. Era muito bacana ele, mas também todo ano eu fazia reforma na casa. Aí eu pedia licença, conversava com ele, não é? Porque não era a minha casa, né? Se eu queria dar uma pintura, queria fazer algum conserto, aí eu chamava ele e conversava com ele. Quando eu mudei da casa dele de manhã, a filha dele mudou à noite.

A gente saiu de lá porque eu quis. Foi porque eu quis sair. Aí eu fui para o Centro de Caxias, alugado também. Lá no centro era melhor para a gente, tinha mais opção de comércio, não é? Criança, já estava com dois filhos pequenos. Então eu tinha uma situação melhor para comprar as coisas, para levar para médico, essas coisas tinham mais facilidade. Minha cunhada já morava no Centro. Ela falava: "Ah, vem morar perto, vem morar perto." Eu falei: "Arruma uma casa, porque eu não posso com duas crianças." Não pode sair assim procurando, né? Ela procurou, aí eu fui lá, conversei com a moça, também era só conversar e entrar. Aí dessa casa eu vim para cá.

A ida para a Vila Operária

Estou na Vila Operária desde 1960, que foi quando começou essa comunidade aqui. Eu fui uma das primeiras. Conheci meu marido, aí depois fiquei namorando ele trabalhando lá no Leblon, que esse pessoal morava no Leblon, aí eles não gostaram muito de eu ter arrumado namorado, né? Porque não queriam que eu saísse de casa. [risos] Falei: "Não, eu tenho que cuidar da minha vida, né? Porque eu já trabalhei muito, gostei muito de vocês, mas agora eu quero ir para o meu canto." Aí, eu casei e vim morar em Caxias. Não conhecia nada aqui de Caxias! [risos] Meu marido conhecia só uma parte, né? Até a Penha. Que ele morava lá com a família dele na Penha. Ele era ajudante de caminhão, mas quando eu casei com ele, eu falei: "Eu não vou casar e passar a minha vida toda com um ajudante de caminhão, né? Você vai ser motorista!" Aí obriguei ele a tirar carteira de motorista. E foi a vida toda de motorista. [risos] É motorista de ônibus.

Aqui em Caxias tinham os pais dele que vieram morar aqui, aí tinha facilidade de alugar uma casa. Com conhecimento, não é? Onde eles moravam tinha uma casa pra alugar e a gente alugou quando casou e fomos morar perto da família dele. Era no Centenário, aqui em Caxias. Bom, eu vim para cá em 1960, né? Eu morava numa casa ali embaixo, aí eu resolvi trocar. Eu morava no número 17. Aqui é o número 30. Aqui eu criei meus filhos, uma casa maior.

Eu morava na Rua Paraná, lá em cima no morro. Aí falaram assim: "Tem um senhor dando uns terrenos...". Aí um colega do meu marido foi lá falar com ele. Aí ele não aceitou... "Eu não vou querer nada de graça!" Ele era meio arrogante, não é? Aí eu pensei bem em casa depois que eu saí do trabalho: "Eu vou ver esse negócio, deve ser uma coisa boa, se não for boa Deus não vai me indicar." Aí eu vim conversar com o colega dele, me apresentou um senhor, o nome dele era José Barbosa. Até a praça tem o nome dele, né? José de Jesus. Ele era vereador de Caxias. Aí eu fui na casa dele, conversei com ele e ele: "Cadê o teu marido?" Eu falei: "Ah, meu marido tá trabalhando, não dá pra ele vim, depois ele vem." Aí saí andando com ele para procurar um terreno. Procurei vários e meu marido não aceitou. Eu falei: "Quer saber, com o primeiro que aparecer agora, eu fico." Foi um becozinho ali, foi o pior. [risos]

Aí peguei e já mandei começar a fazer a obra. Era uma pessoa legal, bacana. Até hoje eu admiro muito a atitude que ele teve com o povo, porque muita gente ainda condena ele até hoje. Muita gente fala assim: "Ele deu o que não era dele." Aí eu falei: "Gente, para e pensa! A gente dar o que é da gente é fácil, agora... O que é de outra pessoa, não. Ele deu o que não era dele, ele enfrentou polícia, ele foi preso e vocês ainda acham que o homem não presta? Isso é um grande homem! Ele fez tanto benefício para o povo e agora vocês condenam?" Porque eu ia em muita reunião aqui falar sobre as coisas, entendeu? Então eu dava o meu palpite. Eu sempre ia favor dele.

Sua primeira eleição, foi uns dois anos que demorou depois que eu vim para cá. Ele fazia campanha, ele ajudava as pessoas, ele corria atrás de quem não tinha para gastar, ele ajudava.

Ele não era rico, ele não tinha nada também. Coitado! Entendeu? Mas tinha um bom coração. Eu acho que isso é mais importante na pessoa. Uma ótima pessoa, e muita gente condenou ele, eu digo: a gente não pode condenar uma pessoa. Ele disse que aqui não tinha dono. Depois começou a aparecer donos, mas não apareceu ninguém. E a gente continua aqui, até hoje. A casa do Barbosa era uma casa pobre também. Bem pobrezinha mesmo, entendeu? Era bem fracassado, como se diz. [risos] Não tinha muita coisa não, mas tinha a bondade no coração, o mais importante, não é?

Política, mobilização e associativismo na Vila Operária

O partido do Barbosa, parece que era do PSD,[37] uma coisa assim. Ele trabalhou muito, ele foi preso por causa disso. Ele foi preso por causa do terreno que falavam que ele não podia ter dado um terreno que não era dele. Ele foi preso porque ele estava organizando tudo, então os partidos são diferentes, né? Mandaram prender ele e tudo, aí depois viram que não era nada naquilo e soltaram. Eu só não vi ele ser preso, né? Porque foi à noite, a casa dele era lá em cima, eu não tinha como ter acesso lá em cima. Eu ia lá quando tinha necessidade de falar com ele, resolver algum problema, eu ia lá falar com ele.

Quando eu precisava assim, de alguma ajuda, para alguma coisa dentro da comunidade. Por exemplo, por exemplo, a gente precisava de uma escola. Então nós nos organizamos e então fomos lá falar com ele se ele não aceitava a nossa ajuda pra fazer o colégio. Fizemos duas salinhas. Fomos eu e outros moradores antigos, mas quase todos já faleceram.

---

37 Partido Social Democrático, formado em 1945 e extinto pela ditadura militar em 1964.

Depois nós programamos uma associação de moradores. Mas foi com ele mesmo na casa dele, entendeu? Era uma associação boa, porque nós organizamos, nos programamos, nós compramos uma ambulância, um jipe, todo mundo se ajudando. Porque nós fizemos uma associação e compramos uma ambulância que era para os moradores terem mais acesso à saúde, à comunicação, para sair quando ficava doente, pra ter um socorro que aqui não tinha, não é? E aí começaram a desviar essa ambulância. Às vezes precisava, não estava. Inclusive uma vez eu precisei, não estava. Aí apanhei um particular para levar o meu menino para o Hospital de Bonsucesso.

Aí eu fui debater com ele sobre isso, porque eu falei que ele não podia fazer isso, porque a ambulância não pertencia a ele, pertencia à comunidade e eu precisei e ela estava fazendo serviço extra que não era o de doença. Essa ambulância, era uma ambulância mesmo, tinha escrito, tinha tudo. Ambulância, entendeu? Da Vila Operária, entendeu? Mas aí depois compramos um jipe também, dessa vez que eu precisei nem o jipe e nem a ambulância estavam presentes. O jipe era para fazer socorro em lugares mais difíceis, não é? Que a ambulância não chegava, o jipe chegava, que antigamente tinha isso, não é? Pagavam um tanto por mês para manter a associação. Então a gente foi se organizando, não é? Era um tempo muito bom! Foi logo no início de 1965, 3, 4, por aí.

Isso é porque aqui era muito carente. Caxias sempre foi carente na saúde. E então, para a gente ter um pouco mais de tranquilidade, marido trabalhando, filho pequeno. Então a gente teve a ideia de fazer, porque tinha o motorista, pagava o motorista direitinho. Precisava de um caso urgente, tinha a ambulância para socorrer. Aí levava para o Rio, entendeu? Então era uma coisa de utilidade.

Não tinha hospital. Inclusive eu tinha um filho que passava muito mal, porque tinha bronquite e ele era socorrido lá embaixo no Rio. Então, era muito difícil para mim. Então, eu achei isso uma coisa importante, né? Passava mal? Vamos embora! Uma vez ele caiu de uma ribanceira, se quebrou todo. Como é que eu ia levar essa criança? No colo? Era o de 4 anos. Brincando de mocinha. [risos] Aí a ambulância levou lá para o hospital ali de Bonsucesso. Era ali que era o atendimento. Então, era uma coisa ótima. Aí depois disso acabaram com tudo, venderam.

Sobre quem quis fundar a associação, ah, o próprio povo que morava aqui, entendeu? Porque achou que tinha que ter mais facilidade para o povo se locomover, porque o pessoal que vinha para aqui só era trabalhador, tudo gente de trabalho mesmo. Quer dizer, que os maridos saíam e as mulheres ficavam sem saber o que fazer que tem muitas mulheres que não tem uma opção assim de agir. Então, a Associação de Moradores tinha essa condição.

A Associação de Moradores também conseguiu luz, entendeu? Aí providenciaram uma cabine para as pessoas, eu já tinha, porque o nosso era particular. Era eu e mais cinco famílias, nos organizamos e pedimos um bico de luz que vinha lá do outro lado. Aqui era muito difícil as coisas, filho. Essa luz era da Associação de Moradores! Eu morei aqui dois anos sem luz. A gente usava vela, lamparina, entendeu? [risos]

Não tinha água, fizemos eu e meu marido, fizemos um poço, aquele poço da boca grande que agora não usa mais, agora é artesiano, entendeu? A associação conseguiu luz por intermédio dos moradores, porque cada um se associou e fez uma comissão e adquiriu. A luz passava nessa principal aí onde passa os ônibus, e dali puxava pra cá. Então a Associação de Moradores convocou os moradores que queriam ter luz, pagaram uma taxa, a pessoa que ajudava na administração foi na Light e fez o requerimento, foi aonde conseguiu luz para os primeiros moradores, mas não eram muitos não, não chegava a 100 moradores. E depois foi se organizando, né?

A construção da primeira casa

A gente construiu a casa, aí o Barbosa exigia: não podia ser barraco de madeira. Tinha que ser alvenaria! Aquele que pudesse fazer alvenaria fizesse, se não pudesse, não ficava. Eu tinha um trocadinho guardado, embaixo do colchão. [risos] Aí eu falei com meu marido, peguei o terreno sem ele saber, aí marcou direitinho tudo. Aí eu arrumei o pedreiro. Ele era daqui mesmo, era daqui mesmo, era até meu colega que falou do terreno, entendeu? Aí eu falei: "Ah, me ajuda! Meu marido não quer não." [risos] Aí, quando ele já estava fazendo, no domingo eu conversei com meu marido e falei: "Olha, eu fiz uma coisa, você não tem que brigar e nem tem que achar ruim, é para o nosso bem, sair do aluguel."

Eu mandei fazer um barraquinho, uma meia-água, quarto, sala e cozinha, o banheiro não tinha pronto. Falei para ele: "Só falta banheiro. O banheiro a gente muda para lá e dá um jeito de fazer logo." Ele disse: "Você é maluca mesmo, não é?" Falei: "Sou!" Aí ele veio e falou: "Ah, mas esse terreno aqui, não sei o que lá..." "Não tem mais palpite nenhum, é aqui que nós vamos ficar!" Aí era no meio da rua, ali embaixo, aí eu falei pra ele: "Não se preocupa não, porque aqui tem muita madeira por aqui." Tinha uma fábrica perto, e eu sempre fui comunicativa, então eu falei: "Eu vou perguntar se eles vendem." Se eles dão resto de madeira pra fazer uma cerca em volta da casa por causa das crianças, que eram pequenas.

O moço da fábrica falou: "A senhora é só pegar aí as plantas que a senhora quiser." Todo mundo me chamava de "a mulher maluca", porque eu não tinha vergonha de fazer as coisas. Aí o meu menino mais velho já tinha 4 anos, o outro tinha 2. Na mão do pequeno eu botava uma varazinha para ele puxar, no outro eu já botava duas: "Vocês vão ajudar a mamãe a fazer o cercadinho pra vocês não ficarem na rua." Eu não gosto de criança na rua... a gente cria criança dentro de casa, educa eles corretamente. Aí eles ajudavam. Para o meu marido era castigo, depois que chegava do trabalho, no sábado e domingo, ele serrava a madeira e fizemos a cerca. Cercamos bonitinho, fez o terreno certinho, eles estavam presos ali dentro.

A gente não tinha documento nenhum... O Barbosa só exigiu a casa de alvenaria. Ele era bom demais, por isso estava doando os terrenos. Eu acho o seguinte, se a gente tem uma coisa que possa doar, e o que eu sempre falo para todo mundo, o que eu achei mais importante nele, ele doar uma coisa que não era dele e ainda ser preso. Aparecia muita gente dizendo que era dono, mas não teve como provar. Eu acho que primeiramente a pessoa tem que provar, ter documento, não é? E não tinham.

Eu construí minha casa antes da Associação, porque ele falou que não queria uma favela, porque aqui falava que era só de moradores trabalhadores, não é? Então ele falou que aqui ele não queria favela, porque se começasse a plantar barraco, virava favela. Então começou a abrir ruas, né? Todo mundo fazia suas casinhas de um cômodo, mas tinha que ser de alvenaria, se fosse de madeira ele não aceitava. Todo mundo aceitou, respeitou o que ele falou que aqui era ser morador, não era favela.

A situação jurídica da casa

A Associação atuava na compra e venda de casas, aluguel, esse tipo de coisa acontecia sim. Primeiramente falava com ele e ia para Prefeitura pra fazer transferência. Inclusive eu dei essas casas aqui, tanto aqui como em cima, eu fui na Prefeitura, mas não aceitaram, porque eu só vou doar após morte. Então falaram que os meninos eram menores e eu não podia cadastrar eles na Prefeitura. Então se eu pagasse o imposto, bem. Se eu parasse, eles também não iam pagar. Agora, só vão ter direito a ter o nome na Prefeitura depois da minha morte. A Prefeitura dá um cadastro. Escritura aqui nós não temos. Eles falam que deu, mas não vale. Mas tem o papel.

Para alugar não tem problema não. Aluga de boca também. [risos] Chega para alugar, vem, conversa, aluga e pronto. Eu tenho aluguel aqui. Eu tenho uma lojinha aqui do lado. Essa lojinha eu tenho ela mais ou menos 20 anos ou mais. [risos] Sempre ficam dois, três anos. Esse menino que está agora já tem três anos. Também nunca aumento o aluguel dele, entendeu? Tudo o que precisar, eu ajudo. O primeiro aluguel que eu fiz foi para cabeleireira, a menina ficou três anos, mas depois ela cismou de sair daí, porque ela falou assim: "Ah, não tenho condições de receber o povo." Aí eu falei: "Ah, minha filha, isso é contigo. Dá, dá. Não dá, tudo bem." Saiu, foi ali para baixo e não deu certo. Arrependeu. Quando voltou, já tinha outro no lugar. Aí eu falei: "Agora já não tem mais jeito." A Prefeitura demorou muito a vir. Demorou muito, mas não fez muita coisa de obra para cá. Quem fez foram os próprios moradores.

O primeiro documento que eu lembro ter da casa, ah, foi um papel escrito FAVELA! [risos] Não tenho mais ele. Era um papel comum dizendo que era uma favela que tinha surgido aqui no 25 de Agosto.[38] Aí os anos se passaram e a gente não preserva aquilo, entendeu? Fica difícil, não é? Mas agora não.

---

38 Jardim 25 de Agosto é um bairro que pertence ao primeiro distrito de Duque de Caxias. Seu nome é oriundo da data de nascimento do patrono da cidade.

Agora, por exemplo, paguei o imposto. Desde que saiu esse papel escrito "FAVELA" eu pago o imposto. Tem, por exemplo, o negócio do imposto, mas assim, um documento sério, a gente ainda nunca teve, entendeu? Eu sou isenta do imposto já, eu tenho um papel, entendeu? Porque agora é que estão falando que vão dar, medir novamente os terrenos... Mas eu acho que só vai ficar no pensamento. Que eles falam, mas não agem, entendeu? Dizem que vai dar direito, não sei o que mais... Então eu estou aguardando para ver como é que vai ficar nossa situação.

Eu sempre fiz obra nas minhas casas. Fiz, porque era três quarto, três cômodos só, né? Depois eu fiz o quarto dos filhos, não é? Depois fiz um outro pedaço que eu tinha atrás, melhorei, botei azulejo em tudo. Só não botei laje, porque o marido não deixou. Aí falei: "Então não vamos morar mais aqui. Vou sair fora." [risos] Aí comprei aqui, mas a casa estava pronta, o rapaz ia mudar, aí conversei com ele e ele: "Ah, eu estou vendendo." E eu: "Eu estou comprando." A outra casa entrou em negócio...

Na minha primeira casa aqui eu morei 16 anos. Mas não gostei desse lugar aqui. Muita bagunça. Muito barulho. Minha casa agora está meia bagunçada, porque eu estou fazendo obra, né? E então quero dar um jeito nela, mas primeiro vou passear. [risos] Vou dar um passeio fora, descansar. Eu vendi minha primeira casa pela Prefeitura. É passado pela Prefeitura. Então, lá não é difícil de fazer isso não, você entendeu? A gente combina o comprador. O vendedor vai na Prefeitura e faz um documento e manda, entendeu? É tipo uma escritura, mas não é uma escritura. A primeira casa tinha documento, eu passei para o comprador. É por isso que eu não tenho papel da favela. [risos]

O cara que está lá hoje está fazendo um prédio lá, mas também não terminou. Derrubou a casa toda para fazer um prédio. Ele comprou do outro. Não, comprou de um outro que o que nós fizemos o negócio, ele não morou aí, ele vendeu para uma pessoa, essa pessoa que comprou já morreu, entendeu? Aí veio um outro. Esse outro vendeu para o Seu José. Ele mora num prédio em frente, mas ele começou a obra lá e não terminou. Essa obra já deve ter uns quatro anos já que está parada. Não sei se o dinheiro acabou, o que foi que aconteceu. Só tem a garagem embaixo onde guarda carro.

A Prefeitura veio para cá porque ela começa a explorar, né, meu querido? Ela quer dinheiro, né? Porque se não fizer isso, eles não arrumam nada.

E para fazer as coisas é difícil, muito difícil. Agora que resolveu. O Zito[39] começou, fez mal feito! Ele começou a fazer as escadas, né? Agora, foi essa semana passada que o menino terminou a escada aqui em frente. Eu dei parabéns a ele, porque a escada ficou bem feita. Que o pessoal trabalha na rua assim, mas eu vou, vou, vou pesquisar, vou falar, vou reclamar. [risos] Toda vez que eles passa, eu digo: "Ô, onde vocês estão? Quero saber aonde estão trabalhando! Eu sou fiscal." [risos] Eu arrumo amizade com todos para isso, né? Na amizade a gente arruma tudo. Agora eu estou cobrando essa praça aqui. Eles diz: "Calma que eu vou chegar aí." Falei: "E tem outra coisa, vai fazer do jeito que eu quero, não é do jeito que vocês vão fazer não."

Para mim não faz diferença eu ter o documento da casa! Eu acho que para mim não faz diferença. A diferença é para quem vai ficar, né? Porque eu já estou passada, já. [risos] Mas é importante ter o documento, né? Porque a palavra é uma coisa que passa. Mas o documento não, está ali.

O crescimento e a infraestrutura da Vila Operária

A Vila Operária foi crescendo, ah, foi um passando casa para o outro, né? [risos] Eu, por exemplo, eu vim morar aqui. Se eu conhecia uma pessoa falava sobre o local. De conhecido meu teve o Seu Antônio, mas ele não mora mais aqui. Já foi embora. Teve a Dona Maria, Dona Menininha, que já faleceu. Um dia conversava com as pessoas e trazia na casa da gente para eles verem a situação tudo. E eu conhecia essas pessoas na rua mesmo, assim, de comunicação. Porque eu converso muito com as pessoas na rua. Eu trabalhei muitos anos aqui também com as pessoas carentes. Até hoje ainda trabalho, né?

Trabalhei pela Igreja Nossa Senhora de Fátima, lá da 25,[40] por lá trabalhei com menor carente, trabalhei com os idosos, entendeu? As irmãs, essas irmãs que vieram da Itália, elas queriam se organizar, fazer alguma

---

39 José Camilo Zito dos Santos Filho foi prefeito da Cidade de Duque de Caxias por três mandatos, em todos eleito pelo voto direto: de 01/01/1997 a 31/12/2000, de 01/01/2001 a 31/12/2004 e de 01/01/2009 a 31/12/2012.

40 Referente ao bairro Jardim 25 de Agosto.

coisa. Eu trabalhei muito com elas, entendeu? Agora elas foram embora, porque tiraram elas daqui. Era um trabalho muito bonito, mas eu continuo fazendo o meu trabalho. Eu não dependo das pessoas pra trabalhar, porque eu conheço muita gente, o pessoal me procura muito, entendeu? Faço o meu remédio, entendeu? Trabalho muito com a medicina natural.

Eu acho que foi mais pela necessidade que as pessoas perceberam que estavam fazendo um bairro novo aqui, não é? Pessoal, aluguel sempre sobe, não é? É muito difícil a pessoa viver no aluguel, fica desempregado, entendeu? Então, o pessoal foi acordando e estavam vendo que era uma coisa boa. Então acreditaram, vieram para cá e se deram bem. Ficaram livres do aluguel, de várias coisas, né? Então isso é muito importante.

Sempre tentaram vender isso aqui! Na primeira vez, falaram que tinha aparecido um dono. Inclusive, um colega meu falou isso, não é? Então, que a gente era obrigado a comprar o terreno, mas ninguém sabia quem era o dono. Como sempre tem, né? Eles falavam que era um tal de "Chadrycki". Mas ninguém sabia quem era, nem ninguém nunca viu, ninguém sabe quem é. [risos] Aí sempre aparece uma liderança, com as pessoas, com os vizinhos. Aí eles me perguntaram o que que eu achava. Aí eu falei: "Eu não acho nada que ninguém perde. Agora tem o seguinte, eu não vou ser a primeira a comprar, eu vou ser a última. Depois que todo mundo comprar dos dirigentes, eu posso comprar."

Foi Seu Antônio! Ele morava aqui em frente. Era motorista de caminhão, entendeu? E ele se meteu assim. Arrumou um mapa onde dividia as coisas e tudo. Então, eu ia falar com ele. Aí eu falei: "Escuta, Seu Antônio que história é essa do senhor estar vendendo terreno? O senhor comprou algum?" Ele ficou rindo, né? E ele falou: "Não, não, é porque apareceu um dono aí." Aí eu falei: "Onde é que ele está? Se aparecer um dono, ele tem que ser uma pessoa. Eu não vou nessa onda não. De aparecer um dono? Comigo não! Eu quero primeiro conhecer a pessoa, saber quem é ele, como é que ele é, essa história. Como é que eu vou pagar uma coisa que eu não sei a quem eu vou pagar? A qualquer um? Não." E ele falou assim: "Mas a senhora é muito esperta!" Aí eu falei: "Não, eu não sou esperta. Eu tenho sabedoria, que eu vivi na sabedoria de Deus e vivo com ele, entendeu? Então eu não vou na conversa de qualquer um. E o senhor é o meu vizinho, é uma ótima pessoa e tudo, mas está querendo enganar o povo. Se o senhor comprar, pagar e eu ver o papel, eu sou a segunda a comprar! Pode ter certeza."

Aí ele estancou, né? Falei para elas, para as minhas colegas, falei: "Gente, não compra! Deixa o dono vir aqui. Como é que você vai comprar uma mercadoria de uma pessoa que não tem dono? O terreno é um terreno. Agora, o outro vem e fala eu sou o dono! Eu não estou provando nada. Só com a palavra? Palavras não valem." Aí o pessoal, cada um dizendo: "Será que é o certo, certo? Será que vão vir tirar a gente?" Se vier tirar, a gente está aqui pra sair. Na primeira a gente paga para ver. Aí foi aonde o negócio morreu.

Os prefeitos nunca ligaram muito para cá. Um descaso. O único prefeito bom que tivemos aqui foi um que foi suplente que foi o Américo de Barros.[41] Foi um bom prefeito na época. Tinha muito valão, muita vala aberta, ele procurou arrumar isso e isso é para a saúde, né? Mas ele ficou pouco tempo porque era suplente, né? Agora, outro que foi bom para aqui também foi o Washington Reis.[42]

Eu participei, eu e minha família, da construção do posto de saúde e da escola. Ah, menina eu já perdi a conta de quando foi. [risos] Meus filhos eram pequenos... Meu marido que trabalhou muito, porque trabalhava com caminhão, então ele transportava o material. Meus filhos pequenininhos carregavam tijolo, o Posto de Saúde foi feito em duas salinhas pequenas. Eu me lembro muito bem, o primeiro diretor foi Seu Carlos, meus filhos eram todos pequenos ainda, eu frequentava ali. Sempre foi um bom posto, bem administrado. Agora melhor ainda, não é? A escola também foi a mesma coisa, foram as formiguinhas que trabalharam criança. Era a Escola Municipal Vila Operária, agora não sei nem qual é nome que deve estar. [risos]

As pessoas chamavam a escola de escola do Seu Barbosa, porque ele estava na construção dela, você entendeu? Porque começou mesmo as crianças a serem alfabetizadas na casa dele que eu subia o morro e levava meu filho mais velho, depois é que acharam difícil, porque a casa dele era

---

41 O coronel Américo Gomes de Barros foi prefeito (interventor) da cidade de Duque de Caxias de 24/04/1979 a 02/05/1982.

42 Washington Reis de Oliveira foi eleito prefeito da cidade de Duque de Caxias por três mandatos, em todos pelo voto direto: de 01/01/2005 a 31/12/2008, de 01/01/2017 a 31/12/2020 e de 01/01/2021 a 31/12/2024. O terceiro mandato estava em início quando este estudo foi realizado.

pequena e tudo, dava uma dificuldade, né? As pessoas se doavam para poder dar aula, inclusive eu tive uma amiga que deu aula também de graça, aí resolvemos fazer a construção aqui embaixo. Aí começaram as formiguinhas a trabalhar, com doação e tudo fizeram duas salas também, não é? No começo era só duas salinhas de aula. Mas toda vida graças a Deus foi para frente, foi sempre melhorando.

Antigamente a água era de poço. Inclusive eu tenho um poço aqui. [risos] Porque água aqui, meu filho é muito difícil. Muito difícil. O banheiro era fossa! Quando entupia, tinha que desentupir inteiro. [risos] Para água encanada, comprava os canos e ia fazendo. Botava a bomba no poço, né? Eu tinha o meu poço, porque eu e meu marido fizemos, né? Ele entrava para dentro do buraco e eu ficava do lado de fora puxando a terra. [risos] Para a gente ter água encanada, a gente comprou os canos, fizemos o encanamento da casa, né? E compramos uma bomba. Botamos a caixa e ela enchia a caixa. Aí quando o pessoal precisava de água, eu deixava tirar dentro poço, por causa da luz também que gastava, viu? Dei muita água aí para esse morro todo. Eu falava: "Pode pegar à vontade." Entendeu? Tinha aqui também, tinha uma mina, era um poço, ele dava água que era uma maravilha. Com esse negócio de asfalto, essas coisas, acabaram com o poço, mas faz falta. E a água aqui ela é escassa. Eu dou água aqui ainda para as pessoas. Não me importo não, graças a Deus eu tenho. Também não pago água na Cedae. Eles vêm aqui, eu digo: "Não. Deus me deu a água. Está aqui." Eu ligo a bomba e eu tenho a minha água.

Entrevista com **Paulo Assis Breder** (*in memoriam*)

Datas: 16/09/2019
Local da entrevista: Sua residência na Vila Operária
Entrevistadoras: Lu Brasil e Juliana Abreu Neves
Vídeo: Heraldo HB
Áudio: Lu Brasil

Origens familiares

Meu nome é Paulo Assis Breder, 66 anos, eu sou de 7 do 4 de 1953. Cidade de Manhumirim em Minas Gerais, mas era o município da época. Eu fui criado na serra de Caparaó, no Pico das Bandeiras. A minha família tem muita história... Se a minha família for contar história tem que começar em 1822, entendeu? Quando nós viemos da Alemanha... Os patriarcas vieram da Alemanha, não é... Vieram da Alemanha em 1822, fugindo da guerra, do então ditador que tinha na época, o Napoleão Bonaparte. Eles vieram em navio, e vieram parar aqui no Rio de Janeiro em 1822. Foi recebido pelo governo de Dom João VI e eles ficaram em uma quarentena de 40 dias até achar um lugar para a família ficar, por que como a família era alemã o clima, e depois a família foi deslocada para Friburgo, aonde tem a maior parte da família, entendeu?

Os antigos foram tudo para Friburgo. E de Friburgo saiu devastando esse mundo a fora. Foram parar em Manhumirim. Em Reduto, naqueles lugares ali de Minas Gerais. E aí se espalhou. Daí cresceu a família. Inclusive, uma das matriarcas da família ela foi babá da princesa Isabel, eu só esqueci o nome dela agora, porque na nossa árvore genealógica tem o nome dela, e ela foi babá da princesa Isabel naquela época. E daqui para cá foram só surgindo, entendeu?

Antigamente era muito comum a família casar primo com primo. Então, a família foi crescendo dentro da própria família. Hoje, se a gente for ver as famílias antigas, o pai da minha mãe era irmão da mãe do meu pai. Quer dizer, eles eram primos primeiros... Entendeu? A família Almeida e a família Breder, eram tudo primo primeiro, era tudo ajuntado ali. E dali foi surgindo esse negócio, né? Em 1959 nós viemos para o Rio de Janeiro, a família era bem situada. Os meus avós eram donos de uma fazenda em Reduto, um município próximo a Manhumirim, e lá foi fundada a linha do trem do Rio de Janeiro para Manhuaçu, quando esticaram a linha do trem, eles fizeram uma estação dentro da fazenda do meu avô, chama-se parada Breder. Essa parada Breder foi a homenagem ao meu avô, porque naquela época a Leopoldina dependia muito de madeira para fazer dormente para seguir as redes ferroviárias, e eles queriam comprar do meu avô e meu avô falou: “Não, você podem pegar de graça.” E daí saía trens e mais trens para cá. Tanto que ele recebeu um título benemérito da Leopoldina. Hoje não existe mais, porque acabou a Leopoldina lá embaixo, né?

Eu nem sei se tem no museu... E o trem parava dentro da fazenda, essa fazendo ficou até em 1976, por aí. Mas meu avô vendeu ela em 1954 para a própria família, eles discutiram lá e venderam e foram para o Paraná, daí não gostou e voltou para Presidente Soares, aonde fica Jequitibá, aí criou a família e cada um foi para o seu lado, não é, ele indenizou os filhos e cada um foi para o seu lado. Daí acabou! As fazendas acabaram, mas tinha um “fazendão” lá, que era do meu avô, o Aristid Breder. Inclusive, esse nome Aristid Breder e Guilherme Breder, ele vem desde 1858, meu tataravô morreu assassinato na fazenda, mataram ele, ele se chamava Guilherme Breder. O meu avô chamava-se Aristid Breder, o meu pai pegou o nome do avô, Guilherme Breder, o meu irmão pegou o nome do meu avô, Aristid Breder, e agora meu sobrinho filho do meu irmão, chama-se Guilherme Breder. Então esse nomes, Aristid e Guilherme vêm de três ou quatro gerações, entendeu? Então, esse meu tataravô, eu acho que veio e chegou a vim da Alemanha, porque em 1858 que ele morreu, né? E de 22 para 58 ele tinha 36 anos. Eu não sei se ele veio naquele navio também, né? Mas a mãe dele com certeza, a mãe, o pai vieram.

A vinda para a Vila Operária e sua origem

A primeira família que veio fomos nós, entendeu? Nós viemos para cá em 1962, em julho. Era Copa do Mundo, tinha acabado a Copa do Mundo, daí nós viemos para cá... A casa aqui foi feita em uma semana, o meu pai. Só tinha operário, não podia vir mais ninguém de fora, eles ajuntaram aqui só para os operários, por isso do nome Vila Operária. O nome do lugar mesmo é Parque Felicidade, Vila Operária é um sobrenome devido aos operários que vieram.

Na época a associação daqui tinha um senhor chamado José de Jesus Barbosa, e ele que foi o mentor de distribuir essas terras. Primeiro, ele começou... Não sei se foi ele que começou, mas essa área aqui foi praticamente desapropriada dos antigos donos que não pagavam a prefeitura. Em 1959, eu morava ali naquela rua que sobe o cemitério, ela sai ali no Carandiru,[43] eu morava ali, foi o primeiro lugar que eu morei no Rio de Janeiro quando eu vim para cá. E o cemitério foi fundado em 1959, assim que fundaram o cemitério começou a Vila Operária, não como a Vila Operária, mas começou o pessoal ali nessa rua principal Marechal Bento Manoel ali no final, e ali tinha uma vacaria grande, e ali começaram a fazer os barracos lá e aquilo pingou uns seis meses e desmancharam tudo, o proprietário da terra colocou na justiça e não sei o que foi, desapropriou e saiu tudo.

Aí depois, passou mais um ano e pouco, começaram a dar com mais frequência. A Vila Operária começou de cima para baixo, não começou de baixo para cima, ela começou lá de cima, não é bem lá em cima, porque lá cima não tinha nada, era um morro assim, porque não tinha nada, foi mais do meado da rua da mina que começou, eles começaram a dar os pedações de terra para cada um. Então, tinha uma determinação, como era operário, e só tinham operário, eles não queriam fazer favela na época, o Seu Barbosa não queria fazer favela, então ele programou. Tinha Seu Luiz Barrigudo, que era assessor dele, que era o que marcava os terrenos. A pessoa tinha que ir lá e marcar os terrenos certinhos, tamanho por tamanho, tinham aqueles mais espertos que pegava mais uns metros para cá e para lá, daí começa a virar bagunça.

Mas, quando começou, tudo tinha seus lotes, mais ou menos num tamanho específico assim de 7 metros que era a média, 7 metros por 10 pelos lugares que davam, tinha uns lugares que davam até mais um pouquinho, mas a média era 7 por 10. Então, quando nós viemos para cá o Seu Luiz, esse vizinho aqui do lado, nós viemos no mesmo dia e fizemos as casas em uma semana, só que ele era um paraibano vivido já em favela de Parada de Lucas,[44] era acostumado com aquela vida de favela, e ele foi a primeira casa aqui, então como estava tudo aberto ele avançou o nosso terreno 3 metros, aí

---

43 O condomínio se chamava Vitória e depois passaram a chamá-lo de Carandiru. É localizado no Bairro Vila Oito de Maio, próximo ao bairro Beira-mar. O prédio foi abandonado pela Caixa Econômica e ocupado por algumas pessoas por volta de 2006.

44 Parada de Lucas é um bairro da Zona Norte do município do Rio de Janeiro.

já não ficou igual, o nosso ficou pequeno, aí nós fomos avançando também 3 metros para cá, entendeu?

Aí assim foi sucessivamente, por causa disso que não tem frente, mas era tudo certinho frente com frente, um com o outro, daí passou. Porque aqui do lado, era uma buracada tremenda aqui do lado aonde a Dona Aliete mora era um buraco que cabia umas três casas em baixo, na rua de trás tinha uma pedreira, tanto que o pessoal que fizeram as casas aqui depois da gente eles tudo pegavam pedra, para construir as casas, era pedra grande, tudo à vontade. Essa família aqui da frente da Dona Caboclinha eles demoraram um ano para fazer essa casa, todo dia, era igual uma formiguinha, vinham uns dez, eles iam lá e pegavam pedrinhas por pedrinhas, até fazerem, fizeram as duas casas.

Mas, a gente não, a gente veio com uma semana e era obrigado aqui só fazer casa de tijolo, não podia fazer um barraco, na Vila Operária não era permitido fazer barraco, se a pessoa visasse barraco eles chegavam na hora e eliminavam, dizia: "Sai." Entendeu? Tanto que o meu pai fez em uma semana porque ele comprou um barraco, nós tínhamos uns parentes lá em Manguinhos,[45] daí os parentes deram para ele um barraco, daí fizemos uma casa aqui com dois cômodos e aquele barraco serviu para o teto e o chão, porque o chão era feito de tábua, aí nós chegamos e depois de 65 eu passei para a alvenaria completa, né? Porque meu pai morreu, daí recebeu uma herança, porque morreu de acidente e aí minha mãe veio para cá.

Aqui só teve na Vila Operária um barraco, esse barraco ficava aqui na Rua Vigilante Municipal com Badger da Silveira, não era considerável barraco, era considerado uma casa de veraneio, e o rapaz que veio morar ali, ele na época era construtor, então eles faziam as casas como engenheiros, com dois até três quartos. Ele montou um lá, foi o único que deixaram fazer, fora isso disso não podia entrar barraco nenhum. E assim foi seguindo a 62, em 63 eu não sei se foi em 63 ou em 64 que fizeram a escola aqui, eu acho que foi em 63, porque nós viemos em 62 e logo no ano seguinte foi feita a escola na Vila Operária que está lá até hoje.

45 Manguinhos é um bairro da Zona Norte do município do Rio de Janeiro. Esse bairro se destaca por abrigar a Fundação Oswaldo Cruz (Fiocruz).

Essa escola Municipal da Vila Operária, ela foi feita por todos os moradores, aconteceu um mutirão e fizeram a escola, do mesmo jeito que fizeram está até hoje, fizeram umas melhorias naturalmente, mas a escola está lá até hoje, isso em 63, eu não estudei nela não. Eu estudei no Colégio Fluminense aqui em cima, mas eu lembro quando foi feita. Eu também ajudei a carregar pedra, todo mundo ajudou.

A relação da minha família com a Vila Operária é a seguinte: em 64 a família mesmo, a família em si, em 64 essa minha avó que era a dona da fazenda lá em Minas, eles moravam ali em Parada de Lucas, o meu pai morreu em 64 em um acidente de trem, como nós ficamos muito pequeno, eu tenho uma irmã mais velha de 4 anos, meu irmão de 2 , então quando meu pai morreu eu tinha 11 anos, e minha irmã 15 e meu irmão 13, então estávamos começando a vida, que era tudo operário. O meu irmão já trabalhava, eu praticamente já trabalhava, não em emprego formal, mas eu trabalhava vendendo coisa, engraxava sapato, eu fazia de tudo, porque nós tínhamos que arrumar dinheiro para sobreviver, porque todo mundo era pobre, meu pai ganhava um salário mínimo. Aí meu pai morreu e minha vó veio para cá, mas aqui na Vila Operária a minha vó veio para cá a nossa casa, o terreno não ia até a rua ali de trás. Todas essas casas aqui, só iam até a metade. Aqui atrás passava um rio que ligava com outro lá naquela rua principal, era um riozinho que era um córrego, né... Chamava rio, mas era um córrego, aqui atrás da mina, porque a mina dava muita água para o pessoal.

Aqui morava um velho aqui atrás, tinha uma chácara aqui atrás grande, uma chácara que morava um velho que se chamava Senhor Noberto... Dizia ele na época que ele era o dono disso aqui, que os donos mesmos tinham dado a ele, e ele ficava aqui comandando isso tudo aí. Ele dizia que tinha 117 anos, e aqui atrás, aqui, como passava a mina, era muito úmido e tinha uma plantação de bananeira que era dele, a plantação começava lá embaixo e ia até lá embaixo no final da rua... E ele do outro lado com a plantação de bananeira dele. E ele falava sempre com a minha mãe, que a minha mãe fazia muito bolinho naquela época aquelas coisas, daí ele falava com a minha mãe quando ele morresse, ele chamou a minha mãe, o pessoal mais antigo daqui e falou que quando ele morresse, nós podíamos levar [as casas] até lá embaixo, não tinha rua ali não, aí podíamos esticar até lá em baixo, aí nós pegamos o bananal dele, isso em 64, quando meu pai morreu.

Aí em 65 a minha vó veio para cá e fez uma casa que dava de frente para lá, a minha tia, que é uma paraplégica desde nascença, que veio de Minas, mora ali até hoje, tem um pessoal da família que mora lá, mas é de frente para lá. Era a minha mãe, meus irmãos, eu, era um total de cinco, nasceu um irmão aqui, e os outros vieram de Minas, né, mas em 63 o meu irmão nasceu aqui.

A gente veio para cá não foi por escolher, foi uma necessidade, entendeu? Quando nós viemos para cá, foi como falei, eu só morei em um triângulo aqui, eu morei ali, dali eu fui pra Minas Gás, de Minas Gás eu fiz um triângulo. Aí a gente vem para cá pobre na época, meu pai assalariado, eles tinham muita fama quando meu avô era vivo, tinha as fazendas, mas depois que acabou a fazenda acabou tudo. Cada um foi para seu lado, meu avô acabou o dinheiro, é o seguinte, se tem uma propriedade e você vende, acabou o dinheiro acabou tudo.

Foi o que aconteceu, o meu avô vendeu a fazenda, assim desgostou, vendeu a fazenda e foi para o Paraná, quanto ele e o pai da minha mãe, eles eram irmãos, né? E foram para o Paraná para comprar uma fazenda no Paraná naquela época, eles venderam a deles e foram comprar uma lá, vendeu para parente também. Passou para parente, foram comprar uma fazenda no Paraná, chegou ao Paraná a terra era tão grande que eles andaram três dias e não chegava ao final, aí ele desistiu. Na época do café que era aquela terra vermelha, aí desistiram e voltaram, eu acho que foi a primeira família que andou de avião de Minas para lá. Naquele tempo ninguém falava nem em avião, eles alugaram um avião para o Paraná para verem a fazenda, mas não gostaram e voltaram, aí voltaram e o que fizeram? Foram morar na cidade, um casarão na cidade. Aquele casarão acaba rápido, então foi o que aconteceu, meu avô morreu em 54, já morava na cidade no povoado e foi só acabando, aí os filhos na época ele comprou um caminhão para um, um caminhão para outro, uma casinha para um.

Daí acabou o dinheiro, aí eles separaram e cada um foi para um lado. Aí eu tinha uma tia em Presidente Soares, lá tinha um orfanato, era um colégio interno, famoso na época. Então, uma coisa eles fizeram de bem, eles formaram. Uma tia minha era farmacêutica, ela foi formada justamente em 1964, aí ela veio para o Rio de Janeiro, né... Ela com as irmãs vieram e se deram bem, mas queriam fica aqui na Vila, eles tinham condição de comprar uma casa em outro lugar, mas eu não sei por quê, vieram morar junto com a gente, fizeram uma casa nos fundos e vieram morar aqui.

E até hoje tem duas irmãs vivas, né, as mais novas estão vivas, né, mora aqui atrás e outra que mora em Ricardo de Albuquerque, essas duas ainda estão vivas dos Breder, né? Porque, dos Almeidas tem mais vivos dos antigos. Agora, a Vila Operária foi aquele negócio, foi crescendo de acordo... Quando viemos para cá, aqui na frente não tinha nada, só tinha a rua principal lá. Não tinha luz, lógico, né... Quem puxou a luz pra cá foi meu pai com Seu Luiz e mais uns dois, três moradores que moravam na época, eles fizeram uma vaquinha, compraram os postes, o relógio ficava lá de frente quase de frente ao cemitério, nessa reta daqui de frente, naquela rua que tem ali perto do cemitério, sem ser a do ônibus aquela outra de cá é a sequência dessa daqui, só que lá é um nome porque é outro bairro, mas aqui a Rua Joaquim Tenório tinha que ser sequência, mas depois eles fecharam tudo e acabaram com tudo, né?

Tinha um rio para separar, eles puxaram luz de lá, foi à primeira luz que veio para cá, também não demorou não, em três meses colocaram a luz. Aí depois, em 65, 66, 67 começou a melhorar a Vila Operária. Eu não sei se foi em 70 ou entre 72 e 75 isso aqui não era nada calçado, tinha um areal aqui embaixo tudo aberto, tinha um campo de futebol e minha tia, como eu falei, é paraplégica, uma vez veio o prefeito, ele era da época do militar, né, aí veio o prefeito, eu não sei o nome dele, acho que era Marcelo de não sei o quê. Ele era designado pelo presidente, e ele veio aqui na Vila para calçar, só que em volta da praça, só em volta. Aí a minha tia ali atrás, ela veio aqui para casa e nós ficamos esperando o prefeito, daí quando ele chegou e se sensibilizou com o problema dela, por ela ser paraplégica e não ter como se locomover, ali atrás, como passava esse rio, eles foram fazendo, mas não tinha nada de esgoto aberto, não tinha esgoto, tinha nada.

Ele se sensibilizou e calçou a rua dela até a casa dela para ela poder sair com a cadeira de roda e poder fazer as coisinhas dela. Então esse foi o primeiro prefeito que fez alguma coisa por aqui, aí depois começou o

Barbosa que se candidatou, chegou a ser vereador, mas depois ele quis ser deputado, eu não sei se ele se elegeu como deputado, e saiu da roda da política. Aí por volta de 74, 75, o próprio Barbosa propôs em vender a Vila Operária. Eu tenho até uns mapas que eu fiz (ele é maior que essa sala aqui) da Vila Operária todinha, eu tenho esse mapa que eu desenhei, e com os donos antigos os familiares da parte dele, eles fizeram na praça aqui um escritório de venda, para vender a Vila Operária para quem morasse, quem morava tinha que comprar seu lote, isso depois de 10, 12 anos que todo mundo morava, aí aquilo não vingou não, ficou, mas não vingou. Aí sumiu todo mundo e não apareceu mais ninguém e ficou assim, mas nós já pagávamos impostos aqui, a gente pagava impostos aqui desde 69, nós temos impostos pagos aqui desde 69, com o nome de todos, imposto e água nós temos aqui também desde 69 quando colocou a água da rua, ela vinha até aqui, rodava a praça.

Aí não sei o que meu tio fez, aí que ela vinha até aqui, em frente a minha casa aqui, tanto que aqui nós tínhamos água, para cima que foi depois que foram levando... Depois disso aí, em 70, 80, começou a melhorar a Vila Operária em termo de infraestrutura, até ali era tudo barro, né? Esses morros aí eram barro, as ruas eram largas, mas era barro, tinha um rapaz aí até hoje ele é vivo que vocês devem conhecer o nome dele eu esqueci... O Euclides.[46] O Euclides naquela época de 80 estava enfiado em política e toda eleição ele dava uma chegadinha, dava uma chegadinha para poder ir melhorando a parte dele política. E o último prefeito que teve na ditadura eu acho que foi o Hydekel, e ele apoiava o Hydekel, que se prontificou em melhorar a Vila Operária, ele não, todo mundo em geral. Foi feito uma reunião com os moradores, ele conseguiu na prefeitura uma máquina de fazer meio-fio, botaram ali na praça e a prefeitura cedia o material necessário, o pó de pedra, eu não sei se o cimento, eu só sei que também ajudava com o dinheiro financeiro e ajudava na mão de obra. Então, esses meios-fios que estão por aí tudo nessa rua daqui, nessa rua de lá, isso foi tudo feito pelos próprios moradores... Eles colocavam ali, tipo uma fábrica, abriam às 7 horas da manhã e às 5 horas da tarde fechavam, então eles faziam tanto

46 Euclides Viana de Oliveira é servidor público no município de Duque de Caxias como fiscal tributário.

meio-fios por dia, eles foram ajuntando e foram fazendo. Aí na outra eleição quem veio como candidato acho que foi o Zito.

Acho que o Zito foi o primeiro candidato que ganhou depois naquela época, e o Zito não era a favor dele, o Zito era contra, mas não colocou empecilho não. Nós fizemos a parte dele, não ganhou eleição, ele se associou depois ao Zito e ficou. Mas a Vila Operária ele começou a calçar, calçou essa rua daqui, aquela rua de lá de cima, entendeu? Aquele morro de cima aonde tem a associação dos moradores, aquele morro de lá não tinha nada, ali era um lugar panorâmico, que tinha uma visão, havia um campo de futebol que tinha um time de futebol, antes de a gente vir para a Vila Operária, que se chamava "11 Unidos", aquele time de futebol ele era muito conhecido em Caxias e todo domingo era uma festa ali em cima.

Eles tinham uma sede, era nessa rua aqui com aquela que sobe aqui em cima, então todo domingo ali era uma festa, o futebol, né? Não tinha casa nenhuma era tudo aberto, se chamava o carecão, não tinha grama, era só aquele campo. Lá em cima demorou muito para fazer a Vila Operária, em volta do campo demorou muito tempo, acho que demorou uns cinco, seis anos aí depois eles foram subindo, aí depois o time acabou e eles foram invadindo tudo, fizeram o que quiseram, mas a Vila Operária é isso aí.

A juventude na Vila Operária

Meu pai morreu cedo! Tínhamos que optar em estudar ou trabalhar. A vida era muito puxada e eu tinha 11 anos quando meu pai morreu e eu engraxava sapato, eu vendia laranja, daí eu acabava uma coisa e ia fazendo outra. Primeiro eu comecei a vender laranja, aí o pessoal chegava lá para comprar laranja, não tinham dinheiro, aí eu trocava por graxa ou laranja, a gente fazia troca. Aí chegou um ponto de eu ter o material todo para trabalhar como engraxate. Meu pai morreu, aí como a família era toda de igreja, em 1965 eu fui trabalhar no Sase.[47]

47 Serviço de Assistência Social Evangélico (Sase) é uma policlínica localizada no bairro Pauliceia, em Duque de Caxias. Começou a funcionar em dezembro de 1970 (DIÁRIOCIDADE, 2021).

Eu inaugurei o Sase de Caxias e os dirigentes eram o Sr. Ampliato Cabral,[48] que era um deputado da época, ele era um tesoureiro do Sase, e o Sr. Alberto, que era o presidente, e eu com 12 anos fui trabalhar lá. Eu fui trabalhar não para ganhar um salário, eles me pagavam, na verdade pagava não, porque lá eram uma associação beneficente, aquelas coisas, né? Eles pagavam meu colégio e me davam uma coisa irrisória. Hoje, por exemplo, um salário mínimo é 1000 reais, antigamente tinha um salário menor, seria hoje, por exemplo, 500 reais e eu ganhava um auxilio de custo de 200 reais, talvez... Eu acho que nem isso, mas dava para ajudar a minha mãe e pelo menos estudar, né? Eu fiquei lá dois anos com eles e depois eu saí e fui trabalhar numa fábrica de bateria. Da época que meu pai morreu, meu irmão tinha entrado nessa fábrica de bateria, meu irmão tinha 13 anos, era nessa rua aqui, ali aonde tem a peixaria, ali naquela esquina era uma fábrica de bateria grande do espanhol.

Aí meu pai morreu e o espanhol ficou com pena, deixou meu irmão lá um bocado de tempo, depois eu entrei lá também, lá que eu comecei a ganhar um dinheiro de adulto, né? Eu ganhava por semana, aí eu fiquei lá uns dois anos e dali para frente eu tive que sair da escola em 70, ou 69? Eu acho que foi em 70, estudei até o segundo ano ginasial, passei para o terceiro ano, quando iria começar eu não entrei, porque o trabalho não deixava, tinha que escolher entre trabalhar ou estudar. Aí eu entrei na Viação União ali em agosto de 69, fiquei ali até 2004, trabalhei ali 35 anos, me aposentei em 1997, só na União fiquei 28 anos e mais 7 anos aposentado, me aposentei com 44 anos de idade. Me aposentei novo porque tinha a profissão insalubre então era com 25 anos de serviço.

Um momento marcante sempre tem, a morte do meu pai foi muito marcante, porque a gente era novo e receber essa notícia, ele saiu para trabalhar como fazia todo dia, meu pai era pobre, mas era muito dedicado, todo aniversário nosso eu e meus irmãos ganhávamos uma caixinha de chocolate, era algo que marcava a nossa vida [choro]. Aí, quando meu pai morreu a gente sentia muito a falta dele, eu não senti mais porque realmente a família era muito unida, como eu falei, minha avó veio morar

---

48 Ampliato Sanches Cabral foi professor de história e geografia no município de Duque de Caxias. Foi eleito deputado estadual em 1970 pela Arena e em 1982 pelo Partido Democrático Social (PDS).

com a gente por causa disto, meus tios lá de Minas deram assistência aqui de quase seis meses, a família se regenerava, voltava ao normal, foi muito triste mas, depois disso, foi só alegria, todo mundo trabalhando.

A vizinhança na Vila Operária

Todo mundo aqui era uma família, sempre tinha aquela festa da família, juntava todo mundo, era muito animado, a Vila Operária sempre foi animada, era todo mundo antigo, a Vila Operária até 1980, não sei a época. A Vila Operária tinha guarda-noturno apitando de noite, ele passa em frente a sua casa e apitava você não via ninguém... E primeiro que era ditadura, o pessoal fala tanto da ditadura que é contra, eu não sou nem favor e nem contra, a ditadura tinha essas vantagens.

Quando eu fui trabalhar na União em 69 a primeira coisa que a gente fazia naquela época era ir ao juiz de menor, tirar uma identidade (eu tenho essa identidade até hoje), como você trabalhava depois das 10 horas da noite, se você tivesse na rua a polícia te parava e você tinha que ter um documento para dizer o que você fazia, entendeu? Naquela época eles não reprimiam muito não, mas era controlado, um respeitava o outro, você passava na polícia ali ele parava, falava com você e você com ele.

E como eu trabalhava na empresa de ônibus e lá você era obrigado a trabalhar 15 dias de manhã e 15 dias de tarde, porque não dava para estudar, então eu tive que parar. Você não via polícia assim não, o próprio guarda-noturno cismava com uma pessoa ele pedia o documento e: "O que você está fazendo na rua essa hora?" Não tinha toque de recolher não, mas tinha uma disciplina, para quem ficava na rua também. Hoje você vê aí as crianças de 9, 10 anos, 1 hora da manhã na rua, as mães tudo carregando no meio da rua aí. A Vila Operária foi criada assim, não tinha essa "muvuca" como tem hoje que faz o que quer, não tem mais esse respeito. Antigamente era um respeito com todo mundo, todo mundo respeitava todo mundo, chegavam e perguntavam: "Fulano mora aonde?" Todo mundo sabia, todo mundo conhecia todo mundo, era muito bom. E a Vila Operária cresceu, meus filhos nasceram tudo aqui, neto, bisneto e foi assim e vamos levando a vida, né?

A formação da família na Vila Operária

A minha família foi formada com três filhos, a Luciana, que já morreu há dois anos, infelizmente ela pegou um câncer e morreu, e tem o Cristiano, que mora na rua ali atrás, e a outra, e a Ana Paula, a mais nova, que mora lá em Jardim Anhangá, em Imbariê,[49] e ali foi surgindo, né? Cada um teve seus filhos, e a família foi feita. Hoje nós temos uma família razoável.

Conheci minha esposa aqui do lado mesmo, ela é filha do Seu Otacílio, a gente desde pequeno convivia ali mesmo, dai começamos a namorar praticamente em 1970. Casamos em 74, em 70 já namorávamos, ela tinha 14 anos e eu tinha 16, e dai pra cá ficamos a vida toda. Os meus filhos, na Vila Operária eles praticamente não vêm mais, ninguém mais mora aqui, só tem o dali (Cristiano) que trabalha como ajudante de caminhão, não é grandes coisas, mas trabalha, pelo menos vagabundo na família não teve. Aqui na família não teve nenhum vagabundo e aqui na época diziam que eu seria o pior, porque eu era o casca-grossa, não é?

Eles pensaram que quando meu pai morresse eu iria dar para coisa ruim, mas não dei não. Trabalho é trabalho, não é? A gente não tinha tempo para nada. A gente sai de casa, por exemplo, 6 horas da manhã para trabalhar, chegava às 6 horas da tarde e quase às 7 horas tinha que estar na escola, chegava às 10 horas, 10 e meia da noite chegava cansado na verdade e só tínhamos o sábado e o domingo, então na verdade não tinha essas más companhias como se tem hoje, as nossas brincadeiras era domingo na rua, esses piques, essas brincadeiras, as criançadas todas, muita gente e era isso, a vida foi levando.

O trabalho no Sase

Eu já morava na Vila Operária, todo mundo no Sase sabia, todos conheciam a Vila Operária. O local eles viam normal, porque aqui na minha casa, na casa da minha mãe e a casa da minha vó aqui embaixo quase todo mês ti-

---

49 Imbariê: bairro do município de Duque de Caxias localizado no terceiro distrito.

nha culto, o pessoal que vinham da igreja era todo mundo família, família e igreja eram consideradas uma coisa só... E eu entrei lá no Sase por causa disso. No Sase tinha o Geremias, o vice-governador, Geremias Mattos[50] foi o governador de 66, eu trabalhava no Sase. Ele saiu de lá para ser governador do estado, entendeu? Ele ganhou a eleição em 66, aí ele foi ser governador do Rio de Janeiro. O Rio de Janeiro era dividido, né, em Guanabara e o Rio de Janeiro, a sede do Rio era em Niterói, ele foi para Niterói.

Eu ainda lembro uma história que eu fui lá ao Palácio na casa dele para levar uns documentos para ele assinar na época, com uns 12 e 13 anos de idade, fui levar lá em Niterói, ele já era governador, ele foi assinar a documentação porque já estava de afastado do Sase, mas era ele, o Isaías de Sousa Maciel, o fundador do Sase que tinha vindo lá de Realengo, até há pouco tempo ele estava vivo, só não sei se ainda está vivo, se estiver está com os seus 100 anos. Esse Ampliato Cabral morreu nesse ano, se ele também estivesse vivo estaria com seus 95 para 100 anos, ele era da idade do meu pai, se meu pai estivesse vivo estaria com 95 anos agora, eles era tudo da mesma faixa, o Seu Alberto também. Mas, era tudo de igreja, era tudo unido, eu cheguei um dia lá na igreja e pediram para eu me apresentar lá no Sase.

Eu aprendi muita coisa lá, eu aprendi a bater máquina, o datilógrafo na época era profissão, hoje você nem se fala nisso, mas na época o datilógrafo era um cidadão. Eu aprendi a bater máquina, eu aprendi a fazer exame de sangue em laboratório, eles me ensinaram e eu comecei a minha vida ali. O Sase quando inaugurou era a maternidade, todo mundo trabalhava na maternidade. Eu fui história ali no Sase em diversas coisas, o primeiro trigêmeo que nasceu no Sase, eu estava lá trabalhando de jaleco e tudo, eles me deram um jaleco, eu era moleque, era abusado então eu era lá como o provador, eu era o provador da cozinha, né? A cozinha era o meu lugar favorito. Eu ainda lembro o dia que nasceu o trigêmeo lá, domingo era visita e eu estava de plantão, eu tinha uns 13 anos de idade, aí as cozinheiras tinha feito pudim de pão para os médicos, não é? Aí eu falei assim: "dá o meu pedaço para cá", eu tenho que comer primeiro, aí eles guardaram lá o pudim e elas foram embora para visitar os trigêmeos e depois ela iriam

50 Geremias de Mattos Fontes foi político, pastor e advogado. Foi indicado pelo regime militar para governador no ano de 1966. Governou no período de 31 de janeiro 1967 até 31 de março de 1971.

embora, eu peguei um daqueles pudins, raspei para o canto, escondi e comi sozinho um pudim inteiro, eu era muito bagunceiro na época [risos], eu gostei, não posso reclamar da minha infância não. A minha infância foi boa, com poucas exceções.

A relação entre a Prefeitura e a Vila Operária

A Prefeitura em si começou como eu falei, com o Euclides, foi um candidato, hoje ele é fiscal de obra de prefeitura, ele é fiscal de obra até hoje e ele nunca mais foi candidato, mas depois começou o Zito, aí começou a melhorar, a fazer esses escadões, a fazer quase todas as construções que tem aí. Porque a Vila Operária é um lugar movimentado, ela passa carro em todo quanto é lugar, os únicos lugares que não entra é o escadão, mas os carros entram aí em todo lugar. O Zito foi um dos primeiros que teve uma iniciativa em obras. O primeiro não, o primeiro mesmo foi aquele que eu falei, o outro prefeito Marcelo, que fez o negócio da minha tia ali, a pracinha, depois o Euclides deu sequência, e depois o Zito começou a fazer, e agora depois do Zito veio aquele que está aí agora, o prefeito Washington, quando entrou não fez nada pela Vila Operária, depois veio o Alexandre Cardoso e fez uma praça aí, consertou uma praça lá, já tinha as praças lá, ele fez uma melhorada. E esse posto de saúde foi fundado em 1982 por então prefeito Hydekel, até o nome é do pai dele, o doutor não sei lá de Freitas.[51] Era um deles lá, mas na época era o Hydekel que fez em 82.

Eu lembro, porque foi quando fizemos a casa do meu irmão lá embaixo no Parque Lafaiete,[52] foi feito aqui esse posto. Eles fizeram isso, depois foi gradativamente, todo ano vem uma porção de gente aí, depois veio o outro vereador, o Osvaldo, que morreu, deu uma melhorada pelo menos na parte de limpeza, essas coisas, porque já não tinha nada. Mas ficou bom, a Vila Operária em si é um paraíso, porque se comparar com outras comunidades a Vila Operária é um paraíso, a Vila Operária a gente hoje está vivendo uma

51 Trata-se do Posto de Saúde Dr. José de Freitas.

52 Parque Lafaiete: bairro do primeiro distrito de Duque de Caxias.

dificuldade por causa de um baile que estão colocando aí que não tinha, esse baile era lá em baixo, mas agora passou para ali,[53] toda sexta-feira tem esse baile ali para tumultuar. Fora isso a Vila Operária é uma tranquilidade, a polícia nem entra aqui. Não que não tenha as suas coisas, porque toda comunidade tem, mas você não vê atualmente gente andando armado aí, dificilmente você vê um, mas quando vê é porque está querendo aparecer.

Teve uma passagem histórica também aqui na Vila Operária, essa eu posso dizer que foi histórica aqui na Vila, eu trabalhava à noite, largava às 4 horas da manhã no dia que estourou aquela bomba ali no Riocentro,[54] no mesmo dia a sede da OAB[55] foi vítima de uma bomba também, que se estourou toda, e nesse dia a Vila Operária teve uma participação direta ou indiretamente. Eu estava trabalhando, larguei às 4 horas da manhã e fiquei fazendo umas horas lá, quando foi umas 5 horas eu vim embora, quando eu vim embora cheguei ali na praça, para cá isso aqui parecia uma praça de guerra, isso tudo em geral Caxias, não foi só a Vila Operária, mas Caxias em geral tinha polícia que não se acabava mais, aqui na praça era cavalaria, era de cães, tinha mais de 3.000 policiais. A Vila Operária aqui eles saíam naquela fila indiana em 200 e 200 assim andando de rua em rua perguntando como é que estava, ficaram o dia todinho na Vila Operária, na Vila São Luiz em Caxias, mas a Vila Operária eu lembro porque foi marcante na época. Aí, quando foi 13 horas estoura a bomba lá embaixo, ou seja, eles esvaziaram o Rio de Janeiro de policiamento, eles tiraram o policiamento do Rio de Janeiro como se dissesse para acontecer o que aconteceu, não tinha ninguém. Porque não havia justificativa para nada. Esses 2.000 policiais vieram lá de baixo, o Rio de Janeiro foi esvaziado, aí teve aqueles dois ataques, um lá no Riocentro e outro lá, na época meu irmão era da

53 Refere-se ao local da Praça José de Jesus, ao lado do posto Dr. José de Freitas.

54 Riocentro é um centro de convenções localizado na Barra da Tijuca, bairro do Rio de Janeiro. Sofreu um atentado frustrado com uma bomba no dia 30 de abril de 1981, durante um show que comemorava o Dia do Trabalhador. A iniciativa foi de responsabilidade de setores do Exército insatisfeitos com a abertura política e a redemocratização.

55 Ordem dos Advogados do Brasil (OAB). No dia 27 de agosto de 1980, uma carta-bomba chega à sede da OAB, matando a funcionária Lyda Monteiro. Entretanto, a correspondência era endereçada ao presidente da entidade, Eduardo Seabra Fagundes. O atentado foi praticado por setores do Exército insatisfeitos com a abertura política e a redemocratização.

PE e lembra aquele acidente lá, que tudo era amigo dele, o sargento que morreu lá no Riocentro. E aquilo lá ficou por isso mesmo, mas então eu digo comigo: a Vila Operária ela contribuiu para aquilo, porque não tinha motivo de tanto policial assim, se hoje não tem, imagina naquele tempo, era muita gente, isso aqui parecia uma praça de guerra, acampamento e tudo, eles ficaram até 16 horas, depois que estourou foi todo mundo embora, esvaziou, nunca mais veio ninguém. Ou seja, alguma coisa tem contato com outra, não é possível.

A construção da casa na Vila Operária

Meu pai ganhou um barraco com umas tabuas, nós trouxemos para cá e em uma semana nós fizemos ela, fizemos um mutirão, levantamos os tijolos, colocamos as telhas, foi feita de tábua, a nossa casa aqui não teve o chão batido, mas 99% das casas da época eram tudo de chão batido, porque o pessoal queria passar para dentro, para passar para dentro não podia gastar com dinheiro para o chão... Com meu pai aqui já ficou bom, nós a fizemos mais alto um pouco e forrou o chão com tábua, como fazia na roça, né? Aí foi levando essa vida, com fogão a lenha, fogão a gás depois, mas tinha fogãozinho a lenha.

Temos uma placa na entrada da casa dizendo desde quando estamos aqui. Isso aí foi só uma lembrança da família. Em 2012 fazia 50 anos, aí nós reunimos a família Breder. A primeira reunião que teve dos Almeida com a família toda eu tenho até uma fotografia aí, a primeira reunião foi feita em 1954, juntou meus avós, a família toda, a minha mãe, e quando foi em 2009, o meu irmão morreu, aí uma cunhada mandou um e-mail para a família querendo reunir a família de novo, porque a gente tinha passado mais de 50, 60 anos sem a família se reunir, e essa família hoje não é dos Breder, é a dos Almeidas, mas os Breder e os Almeidas é tudo uma coisa só. Eles, 90% dessa família moram no alto do Caparaó, em Minas Gerais, a família é sitiada lá, todos chegaram a Caparaó, não digo, porque cresceu muito Caparaó, mas na época era pequena Caparaó, praticamente só tinha umas 10 famílias e era tudo grande, essas famílias era tudo gente do local, e hoje lá nós temos da parte da minha mãe, hoje só tem a minha mãe e mais duas irmãs, mas da família dela os sobrinhos, os bisnetos, aquilo tudo, só no Caparaó deve ter mais de 500 pessoas. Só no Caparaó dos Almeidas, então eles fizeram uma nova reunião em 2010 e essa minha cunhada propôs se reunir de novo porque só tínhamos se reunido em 1954 com meu avô, porque meu avô ele pensava que: "Eu vou morrer agora." Então reuniu os filhos todos, ele reuniu todo mundo.

Aí nós começamos a reunir de novo em 2012, nós fizemos o primeiro encontro da família Almeida lá em Guapimirim, aí juntou mais de 100 pessoas, juntou umas 150 pessoas, ajuntou gente que não se acabava mais com a família toda. Nós fizemos no ano seguinte mais outro em outro lugar em Guapimirim, mas em outro sítio, em 2012 foi quando eu fiz aqui os 50 anos, aí eu bolei: vou fazer uma placa lá na frente e vou deixar lá só para lembrar que a família tem mais de 50 anos. Aí o pessoal passa às vezes curioso e dá uma olhada, mas está lá, não é por causa de vaidade não, é só para lembrar a família. Aí em 2012 em coloquei a placa e 2013 nós fizemos outro encontro, 2014 e 2015, nós fizemos quatro encontros seguidos, aí parou de novo, porque o pessoal de Caparaó para ir para cá fica muito difícil, o Rio de Janeiro você vai alugar um hotel, aí é uma nota, vai alugar um sítio, em 2015 fomos alugar um sítio, um lugar perto de Niterói, a minha prima levou até um calote de quase de 3.000 reais que ela alugou e depois desistiu, não pôde mais pegar o dinheiro, mas nós fizemos uns quatro encontros, dois aqui no Rio de Janeiro e dois lá em Minas, nós fizemos no sítio de Tatuapé, lá em Minas, foi uns encontros bons, juntava a família toda e ficava bom, foi o motivo dessa placa aí, foi um dos motivos de incentivar.

O pessoal que veio para cá, era tudo operário, a maior parte era do Rio de Janeiro mesmo, porque o camarada que era responsável por dividir os lotes era Seu Luís Barrigudo, morava naquela casinha, a primeira casa que tem ali subindo de azulejo na Rua Badger da Silveira, nessa reta aqui mesmo de frente aqui, eles moravam ali, ele era o responsável, ele foi a primeira casa na Vila Operária.

Ele era responsável por medir os terrenos, ele tinha uns parentes na época, o Milton Bororó, que era guarda-noturno, era muito ligado na feira, então o pessoal que veio muito para cá a maior parte era de feira, era pessoal que ia para feira quando começou a dar centro de Caxias, aqui era praticamente o centro como é hoje, o centro mais antigamente não era nada dali para lá da rua da padaria,[56] para lá começaram a dar, vê que ninguém invadiu nada, tem aquela Rua Vigilante Municipal, aquela rua principal. Ela foi o nome dela desde que começou, era esse Milton Bororó que era o vigilante municipal, aí botaram o nome dele, não botaram Milton Bororó, botaram Rua Vigilante Municipal em homenagem a ele, e ele controla tudo não deixando atrapalhar casa nenhuma do outro lado, do outro lado era fora da Vila, como o lado também lá em cima não deixou passar nada para o outro lado, só aqui dentro mesmo foi fazendo, só aqui dentro enquanto tinham eles fizeram.

Meus filhos nasceram aqui na casa. Minha primeira filha se chama Luciana, ela morreu faz dois anos agora, minha primeira filha nasceu em 14/02/1976, eu casei em dezembro de 1974, em 1976 tive a minha primeira filha, dois anos depois veio o segundo, Cristiano, em 1978, aí passou um tempinho, em 1981 veio a caçula, são os três filhos que eu tenho nascidos todos aqui, nasceram, criaram, casaram, tudo aqui. Uma mora ali na outra rua, a outra como eu falei mora lá, ela morou aqui também na Vila, mas depois mudou lá para cima, e a minha filha que morreu morava ali em cima, na última casinha lá de cima, hoje só mora o filho dela, meu neto. Ele mora sozinho hoje. Na Vila Operária só tem hoje eu, mulher, um filho da nora e esse outro aqui (apontando para a casa de cima), são seis ou sete.

O BNH e as remoções na Vila Operária

O BNH, ele na década de 70 foi o primeiro governo que começou a endividar a gente, segundo presidente da república, porque o primeiro foi Getúlio Vargas,[57] até eu escutei essa história há poucos dias, não tem muito tempo não, Getúlio Vargas foi o primeiro que acabou com a previdência, foi o primeiro, que na época, quando começou a previdência em 54, Getúlio

56 Trata-se da Rua Marechal Bento Manuel, que liga o bairro Jardim 25 de Agosto com uma das entradas para a Vila Operária.

57 Presidente do Brasil nos períodos de 03/11/1930 a 29/10/1945 e 31/01/1951 a 24/08/1954.

Vargas era presidente, 52, 53, 54 ele morreu, foi o primeiro que começou a comer dinheiro da previdência, começou a fazer as obras, o segundo Costa e Silva[58] por causa do BNH em 1970, 72 eles foram fazer a Transamazônica[59], eles pegaram dinheiro do NBS, naquela época não era NBS, naquela época cada profissão tinha um Instituto em 66, em 66 quanto eu estava no Sase eu participava de certas, eu não participava não porque como eu era mascote eles me levavam, naquela época quando teve essa reunião com esse governador Geremias de Mattos Fontes,[60] ele foi lá no Sase foi quando houve um negócio de INPS,[61] porque naquela época não era INPS era um negócio de IAPI,[62] IAPI que era da indústria e do comércio, tinha o IAPTEC[63] e outras, eram três, que pertencia alguma coisa e ajuntaram tudo e fizeram o INPS, isso em 66, 67 nessa época eles fizeram...

Aí o BNH pegou o dinheiro do INPS para fazer obras, casa popular na época, e fazer a Transamazônica, só que pegavam e não pagavam mais, né? Naquela época INPS só entrava dinheiro, só entrava. Porque ele, hoje o pessoal fala do INPS aí, mas não sabem da história dele, mas o INPS era o instituto mais rico que tinha, porque ele começou em 54 quer dizer, eram 35 anos de servido, o cara só ia se aposentar em 1988, 89, entrava dinheiro e saía, não pagava aposentadoria, a aposentadoria que eles pagavam eram só de quem morria, mas assim quando começou o pessoal a necessitar da previdência praticamente foi de 80 para frente, aí em 88 houve aquela constituição, né?

Esse BNH só tem a ver com isso, porque foi um dos que mais tirou dinheiro da previdência, aí eu ouvi falar há pouco tempo que eles estavam na previdência. Primeiro presidente que colocou o déficit foi Getúlio Vargas,

---

58 Artur da Costa e Silva foi presidente do Brasil no período de 15/03/1967 a 31/08/1969, durante a ditadura militar.

59 Trata-se da BR-230, que é a rodovia criada durante o governo do presidente Emílio Garrastazu Médici e inaugurada em 27 de agosto de 1972.

60 Geremias de Mattos Fontes foi governador do estado do Rio de Janeiro no período de 31/01/1967 a 31/03/1971.

61 Instituto Nacional de Previdência Social, criado em 1966.

62 Trata-se do Instituto de Aposentadorias e Pensões dos Industriários.

63 Trata-se do Instituto de Aposentadorias e Pensões dos Estivadores e Transportes de Cargas.

não, eu confundi, foi Juscelino Kubitschek[64] para fazer Brasília, pegou o dinheiro para fazer Brasília, dinheiro da previdência, o segundo foi Médici[65] e o terceiro foi esse agora. Esses três pegaram o dinheiro para acabar com tudo, hoje não tem dinheiro para nada. O BNH fez nenhum projeto aqui não, projeto nenhum! Só se foi no papel, entendeu, porque ninguém chegou aqui, não teve mesmo.

Remoção aqui na Vila Operária que eu posso falar para vocês foi antes de eu vir, entendeu, foi aquela que eu disse de 61 que era lá na Vacaria, aquilo ali foi a única vez que mexeram na Vila Operária, tiraram e ficaram um ano e pouco de novo, foi a única, entendeu, isso aí foi antes de 62, de 62 para cá não teve intervenção de BNH, a não ser que o BNH estava enfiado com aquele antigo nome aquele que eu falei aí, o proprietário com o Barbosa que queriam vender os lotes, a não ser que foi naquela época que eles fizeram uma mutreta qualquer para entrar , mas não conseguiram, entendeu?

Mas, é como eu estou te falando, pode ter acontecido por detrás dos panos, como estava naquela época eles queriam lotear a Vila Operária e pode ser que eles fizeram um acordo com o BNH. Para fazer isso o antigo dono, sei lá o nome dele lá, é "Alexandre Driss",[66] né, possa ser que nessa época eles entraram em contato com o banco para poder fazer um processo, mas o banco eu acho que não foi atrás não, porque não entraram, colocaram um escritório ali mas o escritório era do Barbosa, o Barbosa que estava fazendo o manejo, mas ninguém foi na dele não, ninguém foi na dele, mas fora isso não teve não.

---

64 Juscelino Kubitschek de Oliveira, também conhecido como JK, foi presidente da República entre 1956 e 1961.

65 Emílio Garrastazu Médici foi presidente da República entre 30/10/1969 e 15/03/1974, durante a ditadura militar. Sob seu governo ocorreu o período de maior repressão e autoritarismo.

66 Trata-se do primeiro dono das terras onde se formou a Vila Operária. Seu nome era Genack Chadrycki.

Associativismo na Vila Operária

A associação de moradores, para mim, não significa muita coisa. Primeiro, eles não se interessam. Eu acho que a associação de morador como essa daqui que foi feita na época com uma intenção, né? Então, quer dizer, esse José de Jesus Barbosa, tanto que ele já tinha uma intenção bem antiga, ele morava ali na rua de cima, saindo da Vila já naquela pracinha Marcílio Dias, né, a casa dele era lá em cima, para você ver, que isso daqui está em 1959, em 59 foi fundado o cemitério, isso tudo aqui era uma área só, o cemitério e aqui, o pessoal fizeram o cemitério ali e pegaram uma parte, fizeram o cemitério, naturalmente foi quando ele fez essa associação aí, ele abriu essa associação em cartório naquela época já com segundas intenções... Isso aí, isso aqui é um pensamento meu, de 59 a 68 começaram a Vila crescer lá em baixo, lá do outro lado não deixaram, aonde aconteceu a remoção saiu, em 61 ele fundou, legalizou em 61, então, quer dizer, foi quando eles começaram a fazer um remanejo, então eles fizeram com uma intenção.

A associação dos moradores não é muito presente, ela fica lá em cima, mas não é muito presente, entendeu? Para te dizer a verdade, eu nem entendo o que quer dizer associação de moradores da Vila Operária, ela só veio para prejudicar, porque para beneficiar eu acho que não. Porque ela autorizou a fechar os becos todos, as ruas foi o que eles fizeram. Eu acho que uma associação de moradores, eles têm que ter um sócio, o camarada tem que ser sócio, eles não procuram ninguém para associar, eu não sei como é feito, há pouco tempo na Vila Operária. Eu estava em Juiz de Fora há uns 10 anos atrás e meu irmão já estava doente para morrer, e foi um pessoal visitar ele lá e daí estávamos conversando e por incrível que pareça a mulher trabalhava na prefeitura e era responsável por esta área da Vila Operária, aí ela começou a comentar que o prefeito daquela época tinha indenizado, a justiça tinha batido o martelo de quanto foi a Vila Operária para os proprietários, uma indenização que a prefeitura tinha que pagar os antigos proprietários da Vila Operária.

Eu não sei se era 18 milhões na época e tinham feito aquilo em algumas parcelas, eu acho que foi em dez parcelas o pagamento. Aí eu peguei aquele boato em 2010, não tinha certeza, daí um dia, eu conversando com o vereador:[67] "Você não quer ganhar a eleição? Por que você não legaliza a Vila Operária? A Vila Operária já está disponível para virar bairro há dez anos e por que você não legaliza?" Precisa legalizar lote por lote, aí ele entrou com esse Alexandre Cardoso. O Alexandre Cardoso, o Pezão[68] que era governador do Rio de Janeiro, e eles fizeram as reuniões que a Vila Operária ia ser loteada, cada um com seu pedaço direitinho pegando os impostos, tendo direto a tudo... Aí o negócio ficou um ano, o pessoal ia marcar as casas, mas não vieram mais ninguém, naquela época ainda tinha a verba para eles fazerem, mas não fizeram e esqueceram de tudo, o vereador morreu e nunca foi feito.

Eu acho que não será mais feito nada, ficará assim a vida toda. O Osvaldo ainda fez umas cinco ou seis reuniões lá em cima na associação de moradores para lotear e colocar tudo legalizado, quer dizer, então o povo é muito egoísta, ele não quer o troço para si, ele não quer algo para legalizar, ele quer algo bagunçado, porque com a bagunça ele consegue tudo, mas legalizado ele não consegue nada, eu não digo todo mundo, mas 70% não paga luz e eu deixei de pagar a água em 2000, tem ali mas não está ligada, eu uso o poço, não caía água, eu pagava uma taxa quando a minha vó era lá de baixo, a taxa de água era feito por cômodos, quantos quartos tem uma casa, quantos metros quadrados, então a casa da minha vó era muito grande, tinha uns três ou quatros quartos, eu não sei, a taxa de água em 2000 eu pagava direitinho 112 reais, em 2000, os meus vizinhos tudo pagavam 12, eu pagava 112 e não caía água, aí eu fiz um poço e não paguei mais.

Hoje se for ver eu estou devendo a Cedae, não tinha água também, como eu ia pagar água? Então o pessoal quer isso, sem pagar água, sem pagar luz, sem pagar isso ou aquilo... Então a associação de morador, o certo era isso, hoje a Light vem aí, passa nas casas, não digo tudo, mas 20% das casas não têm nem relógio e eles nem se preocupam com eles não, eles só se preocupam com quem paga, quem paga se ferra, e o caso da gente,

---

67 Osvaldo Ferreira de Lima foi presidente da associação de moradores da Vila Operária por três anos. Foi eleito vereador de Duque de Caxias nas eleições de 2012 pelo Partido Social Cristão (PSC) e se reelegeu em 2016. Faleceu por insuficiência cardíaca e endocardite infecciosa em 18 de junho de 2017.

68 Luiz Fernando de Souza, conhecido como Pezão, foi governador do Rio de Janeiro no período de 04/04/2014 a 01/01/2019.

o marcador passa direto por eles, um dia eu perguntei: "Por que você não marca isso aí?" Ele disse: "Eu só marco aonde tem relógio, ali para cima ninguém tem..."

Sobre a venda, legalização, eu cheguei conversar com Osvaldo, ele sempre passava aqui e a gente sempre dava um "chega para lá", eu falei: "Osvaldo, você quer ganhar as eleições? Você vai lá ver com o prefeito, cara, o prefeito ou o governador." Aí eles se reuniram todo mundo e eles fizeram, há uns quatro anos atrás, foi feita uma reunião aqui, esse prefeito, veio o pessoal do estado e medição, não era só a Vila Operária, entrou o projeto para melhorar a Vila Operária, o Esqueleto[69] lá da Washington Luiz e o Carandiru para legalizar esses três, o pessoal estava com tudo pronto, trabalhando com maior vapor, aí começou aquele negócio de política em 2014, aquela roubalheira do caramba, aí começou a se afastar, mas já tinha ali na reunião o pessoal do departamento que media, eu mesmo me propus a dar a eles esse mapa que eu tenho aqui em casa que eu tenho da Vila Operária todinha. Eu tenho a Vila Operária marcada de ponta a ponta, de casa por casa, no meu mapa, "eu quero a casa de fulano", no meu mapa está, só que ele é muito grande, ele pega essa sala quase completa, entendeu?

Porque eu fiz por aquele papel vegetal, o que dava eu fiz ali, eu o fiz grande porque precisava escrever o nome de muita rua e escrever pequeno não dá, às vezes você faz pequeno mas depois amplia, mas para você escrever as letrinhas tinha que fazer algo decente. Eu fiz para eles: "Vocês podem pegar aí, tirar uma cópia." Era tudo da Vila Operária, o cemitério ali separado, tudinho... Eu o tenho, eu sempre tenho guardado como o da família que eu também tinha os retratos guardados, eu também tinha da Vila Operária, só que eu não tenho foto assim da casa porque antigamente era tudo diferente, até 1980 para você conseguir uma máquina fotográfica era uma dificuldade, né? Hoje não, hoje você pega um celular aí e faz qualquer coisa.

---

69 Complexo do Esqueleto, localizado na favela Beira-Mar, em Duque de Caxias.

A construção da escola, as igrejas e o lazer na Vila Operária

A escola foi o seguinte: o Barbosa, primeira coisa que ele fez em 62, eu estou falando 63 porque meu pai morreu em 64, então é entre 63 e 64, eu acho que foi em 63, porque foi o primeiro ano. Eles fizeram o mutirão e todo morador comprava tijolo, os outros compravam areal, o outro pedra, todo mundo se interessava em uma escola, havia uma união, entendeu? Quando o pessoal veio, eles vieram com expectativa de crescer, então a primeira coisa que oferecia o crescimento para a Vila Operária era uma escola, nem praça e nem nada, era uma escola.

Então foi feita ali a Escola Municipal Vila Operária, eu não sei quando foi fundada, se foi em 63 ou 64, eu acho que foi em 63 que meu pai era vivo, a gente era tudo pequeno e todo final de semana o mutirão pegava firme, o pedreiro, todo mundo pegava direto e eles fizeram aquela escola em menos de dois meses, então por isso que eu acho que foi em 63, para começar as aulas em 63, né? Porque, em 62, 63 já tinha escola para as crianças, foi a primeira que teve, depois de benfeitoria foi o posto em 82.

A igreja católica, eu sei! Ela foi feita na praça, na Praça Humaitá, eu acho que era praça e não podia fazer, aí ela ficou lá uns três anos, aí foram lá para matriz. Aqui na Vila Operária eles fizeram uma lá em cima no cruzeiro, quando saiu daqui aquela de madeira eles trouxeram aqui para o cruzeiro, mas também não ficou muito tempo não, entendeu? Ali em cima era uma igreja, tanto que se chama cruzeiro, ali era uma igreja, depois que fizeram praça e as coisas, eu não sei o porquê ela saiu de lá. E igreja de crente, a primeira que teve aqui eu acho que foi aquela lá de cima da Assembleia de Deus, perto da praça lá em cima, eu acho que foi a primeira assim de crente, depois foi saindo para ali e para lá, a católica era lá e eles fizeram aqui já teve ter uns 30 anos ou mais, entendeu? Mas lá cima foi feito uma mas foi pouco tempo, eu não sei se foi aquela da praça que veio para cá, eu acho que foi. Aquela da praça eles colocaram aqui na outra praça, mas tiraram de novo a igreja católica.

A vida social até pouco tempo, vamos colocar 1990, a vida social do pobre em geral, antigamente, era praia, cinema e futebol, eram os três setores.

Praia todo domingo, cinema todo sábado e domingo, era os divertimentos que tinham. Tinha cinema ali, tinha cinema na Catorze de Julho, Caxias tinha tanto cinema aí, né? Tinha Cine Brasil, Cine Central, cine não sei o quê... Então, todo lugar tinha um cinema, a nossa diversão era cinema, praia e futebol, para você ver que o Maracanã naquela época de 70, 80, Maracanã levava 150, 200 mil pessoas em um jogo, hoje ele lotado só leva 60 ou 70 mil... Eu lembro que uma vez eu fui a um jogo de Copa América, isso em 77, 78, eu trabalhava na firma, aí o Brasil foi jogar com o Chile, aí o pessoal da empresa, da chefia, fomos para o Maracanã com 148 mil pessoas no Maracanã, era muita gente. Hoje não vai quase ninguém, só 30 ou 40 mil. Mas o divertimento era isso.

As festas de rua tinham juninas, festas dessas coisas, sempre teve festa junina, o circo aqui vinha na época quase todo ano, chegou uma época que o dono do circo veio morar na Vila Operária, eu acho que tanto que ele rodava. Da última vez que ele veio, ele ficou com a família toda, foi morar naquela rua ali de trás, o circo dele era aqui na praça. Então, era o divertimento, as festas de São João, isso era uma festa grande, hoje em dia não tem mais isso, hoje é televisão e internet. Mas, naquele tempo, o divertimento era praia, cinema e Maracanã, futebol. Não tinha outro divertimento não.

Entrevista com
Terezinha Lopes dos Santos

Data: 29/11/2019

Local da entrevista: Sua residência na Vila Operária

Entrevistadoras: Débora Oliveira e Lu Brasil

Vídeo: Lu Brasil

Áudio: Lu Brasil

Origens familiares e infância

Eu tenho 83 anos (2019), vim de Salvador. Vim morar, mas parei aqui em 61, ficou 61, 62, 63, fiz um barraco de pano e entrei para debaixo. Minha família é de Salvador, lá só restam duas tias, o resto foi tudo embora, meu pai, minha avó, meus "bisos", que eu nem cheguei a conhecer. Então, na época lá em Salvador hoje é um quartel do exército, era sítio do meu avô... Ele morreu, né, meu pai torrou tudo e veio para o Rio.

Eu vim antes do meu pai, ele ficou lá ainda, eu ia visitar ele todo ano, depois que ele torrou tudo e veio embora. Meus pais se conheceram na roça, trabalhando com a enxada, capinando no trabalho, roça mesmo, capinando, derrubando mato, queimando. Minha falecida avó nem queria que minha mãe casasse com meu pai, porque meu pai era melhor de vida que eles, então achavam que meu pai não ia tratar bem minha mãe, mas eles teimaram e casaram. Tenho o que dizer não, meu pai foi muito bom, não posso dizer nada, deu tudo para a gente, tinha empregado para tudo, a gente não fazia nada, a gente se metia no meio dos empregados, eles botavam a gente para dentro, era uma fazenda, hoje só restam três terrenos, a fazenda.

Minha infância não foi boa, não, minha infância não foi boa porque com 11 anos eu vim para o Rio de Janeiro. Foi uma senhora lá, conhecida da gente, conhecida dos meus pais, e queria trazer alguém para trabalhar aqui no Rio, aí ela falou assim: "Compadre José, o senhor podia deixar a Terezinha vir comigo." Aí meu pai falou: "Não comadre, ela é muito nova." Daí ela falou: "Mas o que ela vai fazer é serviço de criança." Eu vim para ajudar a tomar conta de criança no colégio, na rua São Januário, em São Cristóvão, o colégio tá lá até hoje, como eu era muito nova, o dono do colégio falou: "Não vamos botar ela para ajudar no colégio não". Então, como o filho dele tinha ganhado uma criança que estava com 3 meses, aí eu fui ser babá do menino, eu trabalhei nove anos lá, saí de lá e deixei ele com nove anos de trabalho, dali para frente eu aprendi a viver.

Vim para cá sozinha, vim com a senhora, mas sozinha, meu pai ficou lá, vim com a senhora, não vim voada sozinha. Ela morava na rua Dona Francisca lá em São Cristóvão. Ela hoje é morta, final de semana eu ia para casa dela, não ficava em casa de patrão não. Final de semana que ela era empregada também do colégio.

Para a Vila Operária, viemos eu, meus filhos e marido. [risos] Morei em Inhaúma, morei no Catete, na verdade, virei o Rio de Janeiro, estudei sem ter documento, estudei, estudei, as escolas aceitavam. Estudei naquele colégio ali na Glória, está lá até hoje, meus patrões me colocaram lá para estudar. Fiz até a antiga oitava série, era o grau que tinha, não era que nem hoje, antigamente você fazia a oitava série e já podia sair fora, já estava formado.

Meus pais vieram para o Corte Oito[70] em Caxias, venderam tudo. Vendeu porque quis, torrou tudo, deu o que tinha que dar, vendeu o que tinha que vender e veio embora com uma mão na frente e outra atrás, para casa de uma irmã dele no Corte Oito, minha tia. Aí ele foi trabalhar no Porcão,[71] que antigamente era o Porcão, hoje é Cidade Alta,[72] e ali tudo era mato, meu pai foi trabalhar ali, trabalhou muitos anos ali, dali ele se aposentou. Comprou casa em Bangu, deixou uma casarona em Bangu, ele e meu irmão, todos dois são mortos.

Eu também morei no Corte Oito, na casa da minha tia. Só saí de lá porque ela morreu, e lá arrumei filho, por lá eu fiquei, e aí fui seguindo minha vida até arrumar meu falecido marido, que eu moro aqui. Lá com minha tia, fui morar com 18 anos. A casa da minha tia era terreno dela mesmo, que ela comprou e fez casa, três quartos, duas salas, hoje sala de estar, não, quero dizer, três quartos, três salas, cozinha enorme, maior que esse centro meu aí, é uma senhora casa, cabia todo mundo. Depois do Corte Oito, fui pra Inhaúma, de Inhaúma fui para o Catete, do Catete eu vim morar aqui hoje onde era cemitério, com um senhor que alugava uns quartinhos de barro, ali era mato, mas o falecido senhor Marcos era dono, tinha vacaria, tinha tudo, era mato mesmo, não era igual cidade hoje não, e aí eu encontrei esse senhor que casei com ele, eu com 21 e ele com 41, vivemos até a morte.

---

70 Corte Oito: bairro do município de Duque de Caxias.

71 Antiga e tradicional rede de churrascarias não mais existente.

72 Conjunto habitacional construído durante a ditadura militar para abrigar moradores removidos de favelas da Zona Sul carioca, localizado no bairro de Cordovil.

Eu vim para cá com ele, ele não queria não, mas depois ele veio. Ele achava que aqui não era lugar de morar, não era lugar da gente morar, a gente morava em casa alugada e casa dele, ele só alugava casa que tinha laje, forro, e banheira no banheiro, chuveiro elétrico, ele não alugava qualquer casa não, e para vir morar aqui sem nada, não é, fazendo cocô na lata e jogando [risos], é, minha filha foi difícil.

Meu pai era vivo ainda quando eu consegui isso aqui, ele também não gostou, ele era meio ranzinza, com esse negócio de morar, antigamente, favela, né, falava: "Minha filha criei você tão bem para morar em favela." Ele falava, minha falecida mãe dizia: "Quando você se mudar daí eu vou na sua casa." Minha mãe, ela veio uma vez aqui só.

A Vila Operária surgiu assim, o falecido Seu Barbosa, que fez aqui a Vila Operária, ele era estivador do cais do porto, morava lá em cima para lá da torre, ali onde é o posto hoje, era um "areal", campo de futebol, só tinha mangueira e jaqueira, não tinha mais nada, e tinha um valão que passava ali e, aqui do lado do cemitério, tinha um senhor chamado Seu Alberto, que plantava aipim, banana, tudo que era de verdura ele plantava. Ali a gente ia, lá ele dava para a gente, aí nisso Seu Barbosa apanhou isso aqui, Seu Barbosa foi até preso por causa disso aqui, foi até preso, aí apanhou isso aqui e eu, quando eu vim uma vez aqui trazer as crianças para apanhar peixinho, aqueles "barrigudinho" na vala, eu já vi uns barraquinhos, aí olhei assim e pensei: "Ah, eu vou falar com o João que tem um moço dando barraco lá no mato, lá na mata." Era mato, era mato, tudo mato, lá no morro isso aqui era tudo mato.

Aí vi aquilo, vi aquilo assim, aqueles barraquinhos, aqui perto do cemitério já tinha, aqui já tinha também uns, aí cheguei em casa, falei com meu marido, e ele: "Não quero não, vai sozinha." Vem daqui, vem dali, aí quando consegui vencer, ele já estava aqui, nessa altura, os barracos aqui, tudo de pano, de barro, não tinha ninguém de tijolo não, quem podia fazer de barro fazia, também fiz minha casa de barro, se chamava estuque antigamente, fiz a casa de barro aqui primeiro, botei um senhor para tomar conta, para morar aqui, que não podia deixar à toa, aí ele morou em dezembro de 61 até outubro de 63. Eu tinha 21 anos, vim para aqui com 21 anos.

Sociabilidade, infraestrutura, trabalho e associativismo na Vila Operária

Ah, minha filha, para falar a verdade, os moradores da minha época, do meu tempo, já foram todos embora, não tem mais ninguém que apanhou junto comigo, não tem mais ninguém. Ah, era um entrando, chamando o outro, de noite a gente reunia num lugar, não é, um perto do outro, que nem enxergava de tão escuro que era, e por aí foi fazendo, agora quem apanhou junto comigo mesmo já não existe mais ninguém, os proprietários primeiros já morreram todos, que a falecida Jeci, daqui dessa casa, Dona Maria, aqui de baixo, Seu José dessa casa aqui, Dona Ivã, dali de cima, Seu João, da casa da esquina, então todo mundo que apanhou naquela época, já morreram tudo... É , tempo bom gente, aqui Dona Ivã, mora a filha, os netos, bisnetos dela, aqui onde era da minha irmã, ela vendeu para esse vizinho meu que está aqui até hoje.

Sobre terem preconceito com a gente, não, não ouvia isso não, não tinha divisão não, de que era favelado, entendeu, não tinha essa divisão não. Não tinha nada disso, a gente era bem chegado em tudo quanto é lugar, esse negócio de racismo, isso é hoje, isso é hoje, no meu tempo não tinha nada disso não. A relação era boa com todo mundo... Todo mundo, vim para aqui, não tinha água, não tinha luz, não tinha nada, era lampião de querosene, lampião de querosene.

Nesse tempo, não tinha prefeitura, não tinha fórum nem nada, a única coisa que tinha nessa época, era uma delegacia, ali na rodoviária, lá do outro lado que vai lá para o Vale do Ypê, ali onde tinha o sacolão, ali era uma delegacia, a delegacia de quem governava naquela época era do Rodrigo, primo do meu pai, entendeu? Não tinha esse negócio de polícia igual hoje não, essa "robajada" que tem hoje não, qualquer coisa que acontecia, alguma briga assim, ele montava no jipe, ia lá e apaziguava, não tinha roubo, não tinha nada dessas coisas não. Depois de um tempo foi modificando, isso foi em 1959.

Quando eu casei, dia 16 de dezembro de 63, ainda não tinha prefeitura, tinha um fórum ali, onde tinha antiga funerária naquele prédio, tinha um senhor Abelardo que fazia casamento, e tinha ali do lado da delegacia um cartório do Gastão Reis, que registrava a gente, que está aí até hoje, ele é falecido mas o cartório está vivo, ele me registrou como nascida em Caxias: "A senhora tira um registro como quem nasceu aqui, não tem nada que ir lá para sua terra tirar registro não." Aí eu perguntei para ele: "E pode?" Ele disse: "Pode." Aí eu tirei o registro de Caxias, nasci em Salvador e estava morando em Caxias.

Em Salvador, papai tirou nada, meu pai não tirava documento da gente não. Antigamente não precisava de negócio de documento de registro não, minha filha. Os outros também registraram aqui em Caxias, todo mundo de Salvador e registrado aqui em Caxias, seu Gastão Reis é que fez, o falecido, não é, o velho, o cartório dele era do lado da delegacia.

Aqui passou muito político, aqui passou muito político, bom mesmo foi Moacyr do Carmo.[73] Ele era um senhor, tinha casa de saúde em Caxias, a casa de saúde está até hoje, ele morreu, mas as propriedades... Na época dele, não se bancava batizado, não se bancava casamento e não se bancava enterro, era tudo de graça, não tinha essa comilança que tinha hoje, morreu uma pessoa, que era só ir lá na casa dele, já dar o papel, dava lá na funerária, queria casar, bota os papéis no correio, ia lá, ele ia, não se pagava nada, cheguei a batizar meus filhos sem pagar.

Olha, o primeiro morador presidente da associação daqui foi o Seu Guilherme, um senhor que morava perto do cemitério, que parece que morreu também, não sei, então ele foi o primeiro que inventou negócio de presidente de associação, não era nem em cima, era lá na casa dele na rua do cemitério, aí de lá para cá, depois do Seu Guilherme, veio Seu Davi, aqui da rua do ônibus, e lá pra cá vem, vem Seu Davi, depois de Seu Davi veio outro aí que não estou me lembrando, depois, meu filho...

A relação com a associação era diferente da de hoje, o presidente vinha na casa da gente ver o que estava faltando, esgoto, luz, na primeira época não tinha, espalhavam uns "poste" de madeira e puxaram a luz, botavam na casa da gente, era luz que não enxergava nada, mas tinha. [risos]

Desde meus 11 anos até meus 33 anos eu trabalhei em casa de família, aos 33 anos que eu fui para o estado, sou aposentada hoje do estado, pri-

---

73 Moacyr do Carmo hoje em dia dá nome a um hospital municipal em Duque de Caxias.

meiro emprego meu do estado foi no palácio Guanabara. Na época que entrei, quando eu entrei, fui para a cozinha, para comida, para o bandejão, para o refeitório, para fazer comida, depois fiz curso, passei para copeira. Fiquei uns 37 anos. Meu primeiro contracheque no estado foi 11 cruzeiros. [risos] Aí, depois que saí de casa de família, não tenho os patrões todos, mas tenho algum que é o pai do Ari Peixoto, aquele jornalista, quando fui para o estado, saí da casa deles, trabalhei na casa dele 10 anos, fui para lá o Ari estava com 9 anos.

Todas as casas de família em que trabalhei foi bom, não tenho o que dizer, tenho que dizer mais do estado que das casas de família. Ah, porque o estado só era bom, hoje não é mais, eu me aposentei, e até hoje não recebi o... Já está em 400.000 cruzeiro e não recebo nunca. É, está na justiça, mas não sai não, minha filha, me aposentei, recebo minha aposentadoria direitinho, mas o grosso mesmo que eu tinha que receber, não recebi, na época era 300 e pouco, recebi 20 e pouco, é... E Sérgio Cabral[74] pintou... pintou. O processo está em Brasília, anteontem o advogado me ligou e falou que o processo está movimentando em Brasília, digo: "Quando eu morrer o processo sai." Ele morre de rir comigo.

A vida familiar, importância da casa e política na Vila Operária

É uma história para contar, viu, quando eu vim para o Corte Oito, esse senhor morava com uma menina, falecida Maria, e essa menina morreu, ele morava distante da casa da minha tia, mas eu sempre via ele passar, aí um dia ele passou, e ele falou assim para mim: "Boa tarde." Eu estava no portão da minha tia: "Boa tarde." Digo: "Boa tarde." "Você é filha de quem aí?" Eu disse: "Daqui, de ninguém." "E parente de quem? "Aí eu digo, "Minha tia, irmã do meu pai." Aí ele falou: "Edite?" Aí eu" falei: "É." "Vou vir conversar

74 Sérgio de Oliveira Cabral Santos Filho é um jornalista e político brasileiro, filiado ao Partido do Movimento Democrático Brasileiro (PMDB). Foi deputado estadual por três mandatos, de 1991 a 2003, senador de 2003 a 2006, e governador do Rio de Janeiro de 2007 a 2014.

com a Edite." E aí a gente vinha conversando, se conhecendo e não era namorado nem nada, aí chegou um dia e ele pediu em namoro para minha tia, aí minha tia: "Tome vergonha nessa cara, João, homem velho desse." Aí foi dali, nós namoramos e casamos, casamos mesmo, ele não quis morar comigo, quis casar, ele com 40 e eu com 21.

Moramos no Corte Oito por um tempo bom, depois viemos na rua São João, na Vila São Luiz, ali antes da feira, dali eu vim para aqui, ele era mestre padeiro, trabalhou 21 ano em uma padaria só, quando eu apanhei aqui, ele não queria, não queria, aí ele falou assim: "Tereza, a única coisa que eu posso te ajudar é fazer acordo na casa, pegar o dinheiro que tem lá, para gente fazer qualquer coisa aqui, porque com meu serviço não dá." Porque na época o dinheiro que ele tinha não dava para fazer nada, que ele ganhava 9 cruzeiros, como é que ia fazer nada aqui, só que as coisas eram baratas, um saco de cimento era 2, 3.

Aí ele fez acordo com patrão que deu a ele 5 mil cruzeiro, aí ficou três meses fora da casa, com três meses ele assinou carteira de novo, e aí fizemos uma meia água de tijolo e me enfiei por debaixo. Era bom, minha vizinha daqui, que hoje é morta, vinha aqui na cerca de arame dizia: "Tereza, já cheguei." Todo mundo trabalhava fora, as crianças ficavam aí à vontade, precisava ninguém tomar conta não, todo mundo da minha época trabalhava fora, e todo mundo em casa de família, Dona Maria, daqui do lado, Dona Maria daqui de baixo, Dona Francisca daqui do lado, todo mundo saía para trabalhar, a gente levava garrafa de água para lavar o pé lá na praça do tira-gosto, para apanhar o ônibus, era barro puro, então a gente ia com sapato daqui e levava um sapato na bolsa, lá onde era a praça hoje que era barro também, mas dava, que a gente lavava o pé, botava aquele sapato de barro na bolsa e calçava o outro, todo dia, saía 3 horas da manhã, mas era contado, era o meu barraco aqui, o barraco da Dona Nestina aqui atrás, era o barraco do Seu João na esquina, era o barraco de um vizinho meu lá do outro lado, tudo barraco de barro, mas se davam bem.

Ah, as casas onde eu morei, eram irmandades, nós éramos irmãos, éramos uma família, era o mesmo que uma família, todos que moraram por aqui era mesmo que uma família, nós nos dávamos muito bem, ninguém tinha nada, ia fazer o quê? Todo mundo era igual, aí depois cada um foi fazendo a sua casinha, não é, minha vizinha fez aqui primeiro, depois o meu vizinho fez uma, era um quarto, uma cozinha e um banheiro, e mais nada para poder progredir para frente a obra, a gente fazia isso. Aqui eu fiz um vão só, aquelas telhas pequenininhas que não existe mais hoje, não é... Olha, aqui tem uma casa, descendo a Rua Joaquim Tenório, lá para o lado do cemitério, que era uns vizinhos também bons à beça, vendia verdura, colocava verdura assim na porta e a gente ia lá comprar, quando não comprava eles davam: "Não precisa comprar não, Dona Terezinha, pode levar." Era tudo família, nós éramos família.

Eu pensava muito na minha velhice, porque eu só vivia de casa alugada, casa alugada não é da gente, condição de comprar um terreno a gente não tinha, não é não? Porque nessa época meu falecido marido ganhava 9 cruzeiros, e eu ganhava 4 cruzeiros na casa de família, era cruzeiro! Mas você fazia tudo, você com 4 cruzeiro você passava dois, três meses... Dava para tudo, você não vê, meu marido com 9 cruzeiros, ele pagava aluguel, pagava conta, fazia tudo, depois que as crianças foram para o colégio que foi apertando, não é? Mas com tudo isso nunca passou fome.

Porque eu pensava logo na velhice, eu digo: não sei, Deus, quem vai morrer primeiro, eu tenho uma mania muito de conversar com Deus, não é, eu não sei se é eu ou se é ele, mas se for eu, muito bem, ele está aí para pagar aluguel, mas se for ele? Eu vou viver como? Foi onde eu fiz mais força para apanhar isso daqui...

Ah, Lacerda, eu trabalhei com ele na política. Naquele tempo era Mão Branca, era Mão Branca[75] minha filha... Mão Branca é o miliciano de hoje. Lacerda, eu trabalhei para ele na política. Três anos em seguida. Andar em cima do caminhão falando no microfone igual doida, sem arrumar nada [risos], hoje é que a gente vê a bobeira que fez, não é, trabalhei tanto para a política e não arrumei nada, nada!

Os políticos de antigamente não prometiam nada para a gente não, a gente trabalhava para eles se quisesse, entendeu? Hoje é que tem essas promessas todas, você ia trabalhar porque você gostava daquela farra

75 Mão Branca: personagem presente no noticiário policial do Rio de Janeiro, ligado a grupos de extermínio. Contudo, há estudos que afirmam que ele foi uma invenção da imprensa.

da política. Eu gostava! Subia em cima do caminhão e ia ao microfone falando. Eu chamava o pessoal para votar nele, não é que ele era um bom candidato. [risos]

Sobre as remoções, ah, teve muito! Daqui apareceu um pessoal, foi quando em 1970, valorizando as localidades na época, o meu pedaço aqui foi valorizado em 11.000 cruzeiros, que tinha aparecido o dono daqui, foi aonde o Seu Barbosa tomou a frente e foi parar até na cadeia por causa disso, mas ele venceu. Porque isso aqui foi de uns portugueses que não existiam, mais ninguém, Seu Barbosa fez levantamento e não existia mais ninguém, então a terra estava por conta só, à toa, e foi aonde ele fez a Vila Operária.

Quando ele começou a dar os barracos, já colocou o nome, já estava lá embaixo Vila Operária e veio subindo o nome Vila Operária. O Seu Barbosa ele construiu a escola para as crianças, e o posto ali tinha que ser o nome dele, né, tinha que se chamar José de Jesus Barbosa, mas infelizmente o que ele fez não colocaram nada no nome dele. A primeira escola daqui foi ali, dava tudo, a gente não comprava nada.

A lembrança que eu tenho do Barbosa é que na época eu paguei isso aqui, eu perdi três vezes, perdi o pedaço, paguei o pedaço, larguei aqui e perdi, aí um dia eu cheguei aqui, tinha um senhor aqui em pé, tinha umas vinhas e ele estava em pé segurando na árvore, porque todo dia que chegava do serviço eu vinha aqui, mesmo não tendo nada. Aí um dia eu cheguei aqui e tinha um senhor aqui, aí eu digo: "Boa tarde." Ele: "Boa tarde." "Está fazendo o que aí?" Aí ele: "Não, é porque eu fui lá ao Seu Barbosa, aí ele me deu esse pedaço aqui, porque a dona desistiu."

Seu Barbosa tinha dito que eu tinha desistido, aí fui para lá na casa dele, onde tinha a pracinha lá em cima, a casa dele era ali, aí fui lá e falei com ele: "Seu Barbosa, tem um moço lá no meu pedaço falando que o Seu Fabiano e Seu Manuel." Que era os dois capangas de Seu Barbosa, aí ele mandou chamar o Fabiano e Seu Manuel: "O que houve que a Dona Terezinha está falando que tem gente lá no pedaço dela?" Aí eles falaram assim: "Ué, eu acho que ela desistiu, porque até hoje ela não fez nada." Aí mandaram o homem sair fora e deram não sei para onde. Na segunda vez, foi uma mulher: eu cheguei aqui, a mulher estava cavando para fazer a cava para a casa [risos], porque antigamente se fazia cava, você não sabe nem o que é isso, não é? [risos] Fazer cava para fazer casa, é barro aí faz uma cava assim, medi para fazer o alicerce, né, antigamente eram aquelas pedras grandes que botava, aí eu cheguei e está a mulher fazendo a cava, aí eu: "Boa tarde." Aí ela: "Boa tarde." Eu falei: "Você está fazendo o que aí?" Ah não, é porque o Seu Barbosa, Manuel me deu isso aqui porque a dona desistiu." Aí eu falei: "Vamos lá no Seu Barbosa, porque eu não desisti não." [risos]

Aí foi para lá o Seu Barbosa: "Fabiano e Manuel, pelo amor de Deus larga essa mulher para lá, essa mulher cismou que ela vai morar ali e ela vai morar, acabou! Não mexe mais com Dona Terezinha, se vocês mexerem com Dona Terezinha eu vou me aborrecer com vocês." Pronto! Aí eu já fiquei despreocupada. [risos] Foi aonde eu fiz primeiro um barraco de pano em volta assim, era pano mesmo, em cima plástico e uns paus fincados assim no canto para poder segurar, quando ventava levava tudo... Aí, quando chegou depois que meu marido pegou o dinheiro lá, nós fizemos um vão só, não tinha divisão não, aí eu vim morar aqui.

Um dos meus filhos fez parte da associação, seu nome era Jorge Rodrigues dos Santos.[76] Olha, minha filha, para te dizer a verdade, não é orgulho não, mas eu nunca participei de nada... Primeiro que eu trabalhava, né, saía 11 horas chegava 16 horas, mas no tempo dele foi muito bom para o povo aí, você pode ver que pode falar o nome dele em qualquer lugar aí que todo mundo fala bem dele, ele foi um bom presidente da associação, o presidente do antigo Sobe-Desce[77] que ele cismou que iria colocar o Sobe-Desce para desfilar, eu falei "Jorge vocês larga esse negócio para lá" aí foi enterrado a bandeira do Sobe-Desce, quando o Expedito ganhou que a gente desfilava na Rio Branco, que aí João Ceará matou Expedito, aí eles enterraram a bandeira do Sobe-Desce, enterrou a bandeira da vitória, acabou gente, nunca mais Sobe-Desce subiu. "Eu vou colocar o Sobe-Desce na Rio Branco." Aí o Expedito: "Vai não, deixa esse negócio para lá que não vai não." Ele pelejou mas não conseguiu nada.

---

76 Jorge Rodrigues dos Santos (1963-1994) era conhecido pela comunidade pelo apelido de Kida.

77 Bloco de carnaval que surgiu na Vila Operária na década de 1960.

Sobre a violência, não tinha não, não tinha nada disso, a única coisa que tinha aqui, que Seu Barbosa quando deu isso aqui ele ia na casa da gente, vamos supor, eu peguei aqui, mas moro lá na Vila São Luís, ele ia na minha casa com o senhorio ou com o dono do terreno fazer levantamento quem era eu. Aqui só podia apanhar quem tinha filho menor ou de 18 anos trabalhando, se não tivesse isso ele não dava não, ele foi muito boa pessoa para gente aqui e fez muita coisa, só que naquele tempo não tinha, se ele soubesse que meu filho era ladrão ele dizia: "Dona Terezinha, não dá para a senhora morar aqui não, tem uma queixa do seu filho aí." Ele vinha na porta da gente falar, mas naquele tempo não tinha isso, minha filha, nem ladrão tinha, porque não tinha cerca, não tinha nada, eram só aqueles trilhos feitos de boi.

O crime aqui começou depois do falecido Meio-Quilo e o finado Cabelo.[78] Dali para cá é que veio mudando a Vila Operária, Meio-Quilo aqui e Cabelo lá embaixo, então começou os daqui de cima não poder descer lá para baixo e os daqui de baixo não poder vir aqui para cima. Mas ninguém mexia com a gente não, o Cabelo se visse alguma coisa mal feita do meu filho, de briga de antigamente, era briga de criança com criança, não é, se atracava: "Dona Terezinha, eu vim te avisar que o seu filho está brigando lá embaixo." Só que eles dois não se chocavam, nem ele com o Meio-Quilo e nem Meio-Quilo com ele. Eles não faziam nada para a gente não, eles faziam para eles, não é? [risos] Faziam para eles.

Sobre a relação da polícia com a gente, é péssima, minha filha, mas eu não posso reclamar não, porque nunca fizeram nada comigo, não é, mas eu vejo os outros porque pode o mesmo acontecer com a gente. Minha filha, para dizer a verdade para você, a Vila Operária nunca mais vai ser a Vila Operária que eu conheci, que hoje eu não queria que tivesse luz, que não tivesse água, não tive nada, mas que fosse aquela Vila Operária que a gente em pé um ao lado do outro não enxergava, mas isso não vai voltar. Mas eu entro e saio e não tenho nada que reclamar, ninguém mexe comigo, "é relíquia pra lá, é relíquia para cá", é os mais velhos me chamando de vó,

---

78 "Cabelo e Boca, vindos do Morro da Formiga, localizado no bairro da Tijuca, na Zona Norte da cidade do Rio de Janeiro, invadiram o morro. A facção criminosa Comando Vermelho entrava para instituir o tráfico de drogas na localidade" (FERREIRA, 2012).

eu digo "Deus te abençoe" e vou tocando minha vida. Vila Operária para mim é um céu, até agora, né, porque o dia que eles cismar eu largo isso tudo e vou embora, eu não nasci com casa nas costas não, se puder pegar uma muda de roupa eu apanho, se não eu vou embora do jeito que eu estou.

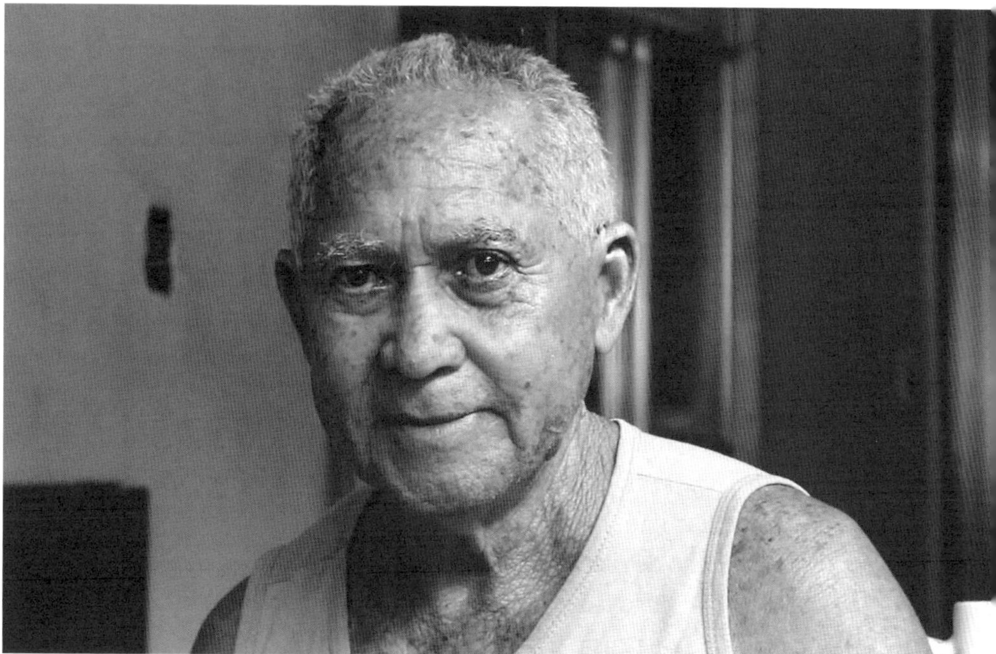

Entrevista com

Manuel Cândido (Maninho)

Data: 19/11/2018

Local da entrevista: Sua residência na Vila Operária

Entrevistadoras: Débora Oliveira e Lu Brasil

Vídeo: Lu Brasil

Áudio: Lu Brasil

Origens familiares, infância e vinda para o Rio de Janeiro

Meu nome é Manuel Cândido, nasci em 1939, na cidade de São Gonçalo do Amarante, no Rio Grande do Norte. Minha família de lá é uma família normal, muita gente [risos], é muita gente. Para mim, minha infância lá foi uma infância muito boa! Porque a gente tinha uma vida tranquila. Porque meu pai trabalhava na agricultura, e para ele a agricultura era o que mais ele achava que tinha futuro. E eu sempre falava com ele que a agricultura para mim não tinha futuro não. Primeiro que na época eu não gostava muito de estar trabalhando, para mim era jogar bola e não gostava muito de trabalhar não. Mas a gente tinha uma vida, talvez, a gente foi criado, talvez... Filho de rico e não tinha tanta coisa como a gente tinha com a vida de trabalhar na agricultura. Muita fartura e graças a Deus era pouca gente, só tinha 18 lá na casa. [risos]

Irmãos e muitas pessoas que a gente... Tinha três primos que a mãe deles morreram e ninguém tomou conta e minha mãe tomou conta até eles casarem. Minha família toda foi criada praticamente todo mundo em casa. O que mais viveu, trabalho assim que ninguém saía de junto do meu pai e minha mãe. E eu quando estava com 20 anos dei uma volta no mundo, passei dez meses sem voltar em casa nem mandava notícias. Eu andei tanto. Eu saí de onde a gente morava e fui para Campina Grande. De Campina Grande eu fui para Caruaru, Recife. De Recife eu fui para Maceió. De Maceió eu fui para Sergipe. De Sergipe fui para Bahia, Feira de Santana, Vitória da Conquista, aí, de lá eu fui para Belo Horizonte e de Belo Horizonte eu fui para São Paulo, e fiz só em dez meses.

Só que nunca trabalhei. Nesse período não trabalhei em nada, só passeando. Aí voltei, quando eu saí a minha mãe, que nunca viu um filho sair de perto. Quando eu saí ela pesava 114 quilos, quando eu voltei, ela estava com menos de 70.

Aí depois eu vim, aí eu casei. Eu casei no dia 23 de novembro, quando foi no dia 4 de março fui para Mossoró e fiquei lá oito meses jogando bola. Depois voltei para onde eu nasci e me criei, aí comecei numa vida de trabalhar vendendo na feira, feira muito grande no Rio Grande do Norte. Aí depois cismei de vir aqui para o Rio. Terminei lá a feira e botei na mente: 9 horas vou comprar uma passagem para o Rio de Janeiro. Aí eu fui lá, comprei uma passagem e nós estávamos vindo, gente em cima do caminhão. Vínhamos eu e mais dois irmãos. Aí eu cheguei no caminho e: "Olha, esse é o último dia que vão me ver aqui em cima desse caminhão." Aí meu irmão: "Ué." Meu irmão, que botou em mim esse apelido, Maninho, mas ele mesmo não chamava, só me chamava de mano. Aí eu falei e ele: "Mano, tu tá ficando doido?" Eu falei: "Não. Estou sóbrio para caramba." E ele: "Tu vai quando?" Eu falei: "Terça-feira, 2 horas estou metendo o pé." Eu vim para cá. Aí, depois eu era casado, cismei de vir para cá, aí eu vim.

Deixei, por um período três filhos lá com a minha esposa, aí o rapaz lá falou: "Você não fica nem um mês." Aí eu falei: "Se eu ficar aqui menos de dez anos, eu vou trabalhar um ano de graça para você." Só voltei quando completou dez anos. Aí depois eu voltei para minha família. Quando eu saí de lá, o meu filho mais novo estava com 3 meses de nascido, aí eu vou lá agora só para passear. Eu cheguei com aquilo na minha cabeça e fui lá e comprei a passagem. Sem combinar com a mulher, com família, com ninguém. Eu sou meio maluco. [risos] Da minha família eu sou totalmente diferente, os outros da família eram todos do lado do meu pai e minha mãe, e eu maluco, até hoje graças a Deus eu estou aqui.

Quando eu cheguei aqui, eu fui à rodoviária, eu estava lendo jornal e tinha um lugar que alugava uma quitinete. Aí fui lá, para lá que eu fiquei. E depois que minha esposa morreu, foi a pior fase da minha vida, ficar com três filhos sem parente, sem nada. Estou falando para você que sou meio doido. Aí depois eu arrumei uma senhora para tomar conta. Eu pagava a ela comida, água dela, luz, era tudo eu que pagava, mas para ela tomar conta dos meus filhos. Isso já aqui no Rio.

Aí um dia um rapaz falou: "Manel, vamos lá na feira de Caxias." Aí eu disse: "Sei nem onde é." Aí ele disse: "Nós vamos." Aí quando eu, andando ali na feira, eu avistei uma mulher que já era casada, que tinha vindo na minha frente para vir para o Rio, porque ela tinha família aqui. Aí cheguei nela e falei: "Alzira." Aí ela: "Oi, Maninho (o pessoal lá só me conhece por esse apelido), o que você veio fazer aqui?" Aí eu disse: "Você não veio para cá?" Aí ela me chamou para ir para casa da prima dela que a gente era tudo do mesmo lugar. Aí eu falei: "Não sei nem onde você mora, quanto mais ela." Daí ela: "Não, vamos lá." Aí fui eu, ela e o rapaz que estava comigo, aí quando chegamos lá, essa minha esposa estava lá. Aí a minha colega que foi lá, a filha dela estava fazendo aniversário, zoava muito! Sempre, desde pequena era um capeta mesmo, de perturbar. [risos] Aí você é solteiro, e ela é solteira. Aí eu: "Não, eu sou solteiro porque eu estou viúvo, eu tenho três filhos, tenho três filhos. Eu não quero que você goste de mim não. Se você gostar de mim, mas maltratar meus filhos, você vai entrar de manhã e vai sair à tarde." Aí ela: "As crianças não têm problema não. Aí domingo você vem conhecer a minha família." Aí eu: "Está certo."

Chegou no domingo, falei: "Não vou não." Quero ver esse negócio o que vai acontecer. Aí quando foi na quarta-feira, eu liguei para ela, que ela trabalhava em casa de família na Tijuca, aí ela: "Você me deu uma volta." Aí eu: "Não. É que deu um problema aqui, de trabalhar no domingo, mas domingo eu vou." E ela me esperando no Shopping Center. Daí com uns tempos, faz anos, já tem quase uns 40 anos ou mais que a gente está no casamento, graças a Deus, sem nunca um dia um ter falado em tom alto para o outro. Meus filhos, no primeiro dia que eu levei ela para conhecer eles, eles passaram a chamar ela de mãe. E até hoje. Eles sabem que ela não é mãe legítima, mas nunca eles faltaram com respeito a ela e trata de mãe como todo mundo.

Eu tenho um filho que está morando aqui, outro também que mora na casa do lado, e tem a Katia que é a filha legítima dela. E ela tem um filho que é enfermeiro da faculdade e mora perto da garagem da Reginas.[79] Aí depois que eu estava aqui, veio o primeiro, que veio foi o filho desse meu irmão que só me chamava de mano. Num ano só veio quatro, veio ele meu sobrinho, veio todo o filho do mano veio quatro e veio outra de outra mulher que era irmã. E até hoje a gente está aqui vivendo, até quando Deus quiser.

Meu pai nasceu ainda no tempo da escravidão, mas a mente dele desenvolvia com o passar do tempo. Meu pai gostava de festa, gostava de baile. Ele nunca chegou a fazer assim no filho [imita bater] que no tempo

79 Viação de ônibus que concentra a maior parte das linhas da região.

da escravidão era uma ignorância, ele não, nunca. A minha que era de vez em quando [risos], e o pior é que os outros apanhavam menos, eu que apanhava mais, porque ela queria que eu chorasse. Eu falava assim: "Oh mãe, a senhora vai cansar (porque ela era gorda), a senhora vai cansar, mas eu não vou chorar não". Aí que ela batia mais. Mas não era ignorante com a gente não, também a vida da gente nunca teve uma desavença, um irmão com outro, nem cunhado nem com cunhada, nem com meu pai, nada, ninguém. Era uma vida tranquila que hoje em dia tá difícil ver. Tá difícil ver uma família unida, e a gente sempre foi.

A minha casa lá no Rio de Grande do Norte era grande, mas não era de tijolo, era de, aqui chama de estuque, para a gente lá é casa de taipa, barro amassado. Mas tinha muita, muita fruta, muita... Só não tinha gado porque meu pai, a terra não era dele, tomou conta, aí ele não queria criar gado na terra dos outros. Agora, eu, minha vida lá era criar, era galinha, era porco, tudo a gente criava. E era uma vida tranquila. A minha alimentação, melhor do que era é impossível, é impossível! Talvez um filho de rico daqui, ele não se alimentava tão bem quanto eu me alimentei. Tudo se plantava, e era muita coisa, muita coisa! Primeiro, porque meu pai tomava conta dessa propriedade, em 23 anos o dono dessa propriedade foi duas vezes lá em casa. Uma porque minha mãe estava muito doente, ele veio visitar, e outra foi quando, ele tinha três filhos que estudavam em colégio de freira, vieram nas férias para tomar água de coco.

E a gente tinha muito era criação de galinha, você tinha que ver. Minha mãe saiu lá em volta, era mato, voltava com uma cesta com 30 a 40 ovos de galinha. A gente, a alimentação era muito fartura, meu pai dava para o pessoal. A gente tinha... Foi uma vida tão boa que se fosse melhor, estragava! Porque alimentação dentro de casa era muito. A gente tinha, todo dia minha mãe tirava uma média de 20 litros de leite de cabra, e só dava para o consumo de casa. [risos]

Agora, quando tinha vizinhos com criança recém-nascida, pequeno, que às vezes os pais não tinham condições de comprar o leite para sustentar a criança, a minha mãe mandava ele vir pegar todo dia. Sempre a gente, nunca dizia não... tinha dia que, era um *trailer* assim, a gente ia almoçar que minha mãe chamava e se passasse quatro ou cinco pessoa na frente de casa, parava todo mundo para ir almoçar, para almoçar! A gente, graças a Deus... Eu quando vim comer feijão já tinha 16 anos. A minha alimentação era leite de cabra e fruta, amora, laranja, banana, graviola, jaca, caju, jabuticaba, aí tinha muito, só coisa boa. Eu, graças a Deus, cresci, minha família é tudo alta que nem eu. Minha vida depois de 13 anos era jogar bola, jogava bola! Trabalhar não queria não.

Eu queria ser jogador de futebol, mas meu pai não queria. Comecei a jogar escondido porque ele falava que, na época, que cara que jogava bola era vagabundo, não ganhava nada [risos], não ganhava nada! Eu ia escondido, eu fui jogar bola escondido, aí, daqui a pouco, quando eu olhei, meu pai assim de braços cruzados, olhando, também ele não falou nada, meu pai não falou nada, nada, nada. Aí, para chegar em casa tinha o rio, tinha tipo como se fosse cerrado, quando ele se encobriu ali eu peguei a roupa, passei no rio e tomei banho [risos], quando ele chegou eu já estava, aí também não falou nada.

Quando foi na hora da janta, aí ele falou: "Se você quebrar uma perna ou braço, vai ficar lá." Eu sabia que ele não deixava, era só amedrontar. A única coisa que eu fiquei com pena foi, depois que eu estava aqui, ele chegou a falecer e meus irmãos, quando vieram me comunicar, já fazia três meses. Aí, quando eu cheguei lá, meu irmão: "Mano (ele só me chamava de mano), vamos ver onde nosso pai se enterrou." Aí eu falei: "Não vou não, não vou, porque só depois que eu soube." Aí eu perguntei quando tinha sido o enterro. Aí ele: "Não, ele já foi enterrado ali." Aí eu: "Não, eu quero saber, quero saber!" Botei pelo correio. Quando eu cheguei lá, queria mostrar onde tinha sido enterrado. Aí eu falei: "Não, eu queria chegar aqui, ele podia estar acamado, mas eu queria pedir a benção a ele." Que meus irmãos achavam que meu pai gostava mais de mim do que deles, e eles que ajudavam [risos] na capinada e eu não.

Lá, quando eu casei, eu fiz uma casa para mim, também não era de tijolo não, era de taipa. A casa com dois quartos, sala, cozinha, banheiro. Quando eu vim para cá, fui vender a casa, na época tudo era barato, vendi a casa por 400 cruzeiros. A mulher me deu 200, morreu e eu nunca mais vi o resto. [risos] Graças a Deus nunca passei necessidade. Agora, essa minha esposa aí, para mim ela vale ouro, foi quando eu mais precisava de uma companheira, porque não é toda pessoa que vai assim querer, solteira, querer assumir três filhos.

Que antes disso, quando eu morava em Vaz Lobo, teve uma mulher lá que ela já me conhecia desde pequeno lá em Natal. Foi numa quinta-feira, ela falou assim: "Maninho, você vai jantar sábado lá em casa." Eu conhecia ela desde pequeno. Eu cheguei para jantar lá na casa dela, mas tinha uma garota que aparentava uns 13 para 14 anos, era sobrinha do marido dela. Aí eu cheguei, estava jantando, aí ela falou: "Maninho, você sabe por que foi que eu chamei você para vir jantar aqui? É para você namorar com a Maria." Olhei para ela, falei: "Dona Gertrudes, eu não quero não. Não vou dizer que ela não vai ser uma boa dona de casa, mas a idade dela para assumir três filhos... talvez se fosse lá no Nordeste que naquela época, não tinha devolução de nada, era mais fácil, mas aqui, as próprias colegas dela vão começar a botar na cabeça dela que ela não vai para praia, não vai porque três filhos... eu não, já tenho três filhos, se eu casar com ela vou ter quatro, mas era a realidade."

Aí foi quando eu conheci ela, é mais velha que eu oito anos. Mas eu não queria saber a idade, eu queria saber a pessoa que fosse responsável por meus filhos. E até hoje... Eu morei ali na Pauliceia, quando eu vim para lá é porque ela morava com a irmã dela lá na Rua Pernambuco. Aí eu aluguei uma casa perto da casa da irmã dela e morei ali 12 anos. Falei: "Mas eu não vou ficar ali 12 anos pagando aluguel, não." Eu comprei essa... Isso aqui era um barraco, era só aqui, daqui para cá era a largura da casa aqui e a outra parte não tinha nada. Aí eu comprei, fiquei pagando.

A construção da casa na Vila Operária

A única coisa que eu trabalhei para fazer foi essa casa. Não sabia... Nunca tinha trabalhado para misturar cimento com areia, porque lá não faz casa de... Só faz de taipa. Aí, quando acabei de pagar, agora vou construir. Se eu tivesse, se eu comprasse o material, não pagava o pedreiro, se eu pagasse o pedreiro também não pagava o material. Aí eu fui comprando o material, comprei 5.000 tijolos, fui comprando pedra, areia, tábua para terra que não endurece. Aí, um dia, tinha um senhor que morava aqui, trabalhava até na prefeitura. Eu falei: "Sr. Luiz, como faz o traço para fazer casa?" Eu pensava que era só fazer as colunas e alinhar. "É três por um, três de areia e um de cimento." Aí eu: "Tá." A gente já estava morando, aí eu construí morando dentro da casa, porque se eu fosse pagar aluguel não ia... Aí nós fomos.

Era eu, Paulo, o rapaz que mora ali, que a gente veio a conhecer quando ele trabalhava junto com meu filho na marinha. Era eu, Paulo, o meu filho caçula do meu primeiro casamento, era o Luiz, a gente pegou amizade porque ele entrou na marinha junto com o meu filho, e a família dele morava em Teresópolis. Tinha que ir todo dia para casa e todo dia 7 horas na Avenida Brasil para pegar o ônibus da marinha, que ele servia lá em Marambaia e não dava vazão, ele ia desistir. Aí, um dia Paulo chegou aqui: "Pai, eu estou com um colega que vai sair da marinha porque não tem condições dele ir para casa e chegar, dá para ele dormir aqui?" A casa cabe, era só essa parte aqui, aí eu: "Dá, fala para ele que a gente é pobre, mas não passa fome."

Aí um dia ele chegou, Paulo estava de serviço, ele ficou, até hoje, até hoje que ele... Aí, quando foi um dia, eles chamaram a gente para conhecer a mãe dele e o padrasto, que era separado. Aí, quando chegamos lá na hora do almoço, o padrasto dele falou assim para mim: "Sr. Maninho, ou o senhor é muito bom ou então o senhor é muito ingênuo." Aí eu: "Por quê, qual o motivo?" Ele: "O senhor acolheu um homem em sua casa com uma filha já na adolescência, sem conhecer." Aí eu falei assim: "Jurandir, todas as pessoas merecem uma oportunidade, não é?"

Então, quando uma pessoa der oportunidade, ele tem que segurar com unhas e dentes. Já fazia uns três meses que eu dei a oportunidade a ele e eu não estou arrependido, porque ele... O respeito dele é tudo. Eu já tinha feito essa casa aqui, ia fazer mais duas casas em cima. Ia fazer uma para o Paulo e a outra para o meu irmão e filho que moram lá perto da garagem da Reginas. Aí ele comprou uma casa e disse: "Comprei uma casa para mim." Aí, Paulo morava na casa da sogra lá para o lado da Primavera.[80] Aí eu falei: "Luiz, se quiser fazer aqui em cima, faz." Aí ele fez essa casa aqui aonde a Katia mora. E a gente vive aqui tranquilo, todo mundo é amigo.

---

80 Jardim Primavera, bairro de Duque de Caxias.

Mas, voltando para a minha vinda para o Rio, foi assim, por planejar... Que quando você planeja aí se torna um negócio mais fácil, tudo planejado fica mais fácil. Eu não, eu falei para você, eu vendia na feira do Alecrim lá em Natal, mas não tinha nada na mente de vir para cá. Foi quando, só no sábado, para ir, no sábado já planejei para ir na terça-feira. O meu irmão ficou lá, nunca vi chorar tanto, parece que foi feito de gelo. [risos] Ele ficava: "Não tenho essa garra para chorar não, sinceramente não choro por quem morre, não choro não."

A minha esposa morreu... Ela morreu aqui, ela morreu lá em Jacarepaguá, enterrou lá no Pechincha. Aí ela chegou a falecer, depois que eu mandei... Ela chegou, porque o pessoal colocou muita minhoca na cabeça dela falando que, todo mundo falando que eu não ia mais procurar ela e tudo. Pessoa nascida e criada lá na roça, aí chegou aqui já chegou meia baleada, aí depois... Ela chegou aqui no dia 6 de junho de 71, adoeceu, passou mal no dia 2 de setembro e morreu no dia 8 de dezembro. Aí eu fiquei com os três filhos.

A vinda para Duque de Caxias e o falecimento da primeira esposa

Um amigo me chamou para vir na feira de Caxias. Eu falei assim: "Ah, rapaz, sei nem para onde fica." Aí foi quando eu fui lá, aí vi primeiro uma colega que a gente estudou juntos, aí depois ela foi morar na casa da irmã dela... Prima. Lá que encontrei ela. [risos] Depois que cheguei aqui já tinha aquele cara que era meio metido a valente. Era o Tenório, ele era metido... Metido não, ele era perverso, não era valente não. O valente, ele só briga no último recurso... Se você não sabe... O valente, ele só briga no último recurso. Enquanto dá para ele, aí ele... agora, quando a pessoa já passa do limite, aí já fica difícil.

Aqui em Caxias morei também ali na Pauliceia. Minha casa lá era sala, cozinha, banheiro. Morava de aluguel. Pagava aluguel. O dono da casa era um cara... Ele era do Norte, o dono dessa casa, ele era de Mossoró. [risos] A gente pegou uma amizade, a gente tinha amizade, parecia até que a gente era conhecido de muito tempo. Onde eu estive, os lugares que passei, os lugares que eu trabalhei aqui... Primeiro trabalho meu aqui foi numa... Montar transformador para pôr mercúrio para os postos para Eletromar. Da Eletromar, aí eu vim trabalhar no depósito de Brahma aqui na 25. Aí, daqui, depois fui trabalhar em coletivo. Do coletivo foi que me aposentei. Me aposentei, recebi a casa da aposentadoria na sexta-feira 4 horas da tarde. Só não parei lá logo no mesmo dia porque não deu para resolver, aí no sábado também não resolvia, aí na segunda-feira já fui, não terminei nem o dia.

Eu morei nessa casa, aí às vezes eu ia pintar a casa, já era para o final do ano... Tinha vez que eu começava no mês de setembro, chegava a festa e não terminava que eu só tinha tempo no domingo. Aí, eu estava arrumando material para pintar, aí daqui a pouco chegava a filha do meu senhorio: "Manel, meu pai está chamando para a gente sair." Aí guardava as tintas [risos], saía e só chegava de noite. Quando chegava natal e ano novo a gente tinha que ficar na casa dele, tudo era ele que bancava.

Aí começou mais a amizade, que o filho dele era muito bacana... A Katia, esse meu senhorio que é o padrinho dela e a mulher dele. Lá não tinha nada que falar deles. Às vezes minha sogra estava fritando sardinha, vinha ele e o Messias comer a sardinha. Lá parecia que era uma família só. Eu gosto muito de fazer amizade. Às vezes, uma pessoa... Às vezes pego amizade com uma pessoa que eu nunca vi, depende do jeito que a pessoa fica. Vou colocar uma faixa ali "a casa dos amigos". Sinceramente, amizade nunca é demais, amizade nunca é demais. Mas fazer amizade é boa, e coisa melhor que tem.

Quando minha esposa morreu, eu não tinha o pau para bater no gato nem o gato para apanhar, porque eu gastava comigo, com ela e com as crianças e o salário não era lá essas coisas. Quando ela morreu, eu fui pedir um vale lá onde eu trabalhava, lá na Eletromar, só que era 6 horas da tarde e o cara falou que não podia, que já era 6 horas. Aí tinha um rapaz que trabalhava comigo, que morava lá para o lado de... Aí ele virou para mim e falou: "Manel, gente boa...", ele só me chamava de gente boa do norte, "...gente boa, se preocupa não que eu vou arrumar um dinheiro". Foi lá dentro, tinha um cara que era agiota, ele foi lá e pegou o dinheiro para fazer o enterro, aí ele me deu o dinheiro e dali já fui direto para a funerária no cemitério.

Aí, quando chegou ele perguntou: "Você quer fazer o velório na capela do cemitério ou na capela do hospital?" Aí eu que nunca tinha visto o velório, aí eu falei que de qualquer maneira que se eu fosse no cemitério era eu só e na capela do hospital também só foi eu, não tinha conhecimento. Aí fiquei lá, ela já estava no caixão e tudo, enterraram ela 9 horas lá no Pechincha. Aí, quando deu umas 10 horas, chegou o outro corpo só embrulhado no lençol e eu estou olhando e o segurança lá do lado de fora... Daqui a pouco mais outro.

Aí, com poucos dias tinha lido no jornal que naquele cemitério do Corte 8, quando foram levar a mulher para enterrar que tiraram e botaram em cima da terra, abrir para o cara ver a última vez, quando tiraram a tampa a mulher sentou-se no caixão, pessoal meteram o pé e deixaram ela. [risos] Aí eu fiquei com aquilo na minha mente. Foi verdade, senão não saía no jornal. Aí botava aquilo na minha mente, digo: "Se um se levantar daí eu vou me agarrar com ele." [risos] Até o dia amanhecer com ela era quatro. Uns caras queriam que eu ficasse lá na casa deles para passar uns dias, eu falei: "Não, eu tenho filho pra criar, não vou deixar me levar por isso não." Graças a Deus! Aos trancos e barrancos, está todo mundo vivo [risos]. Para mim foi importante morar na Pauliceia! Tenho boas lembranças de todo mundo que tinha lá. Todo mundo era amigo, tinha mais a família dela. Tem que brincar enquanto está com saúde e está vivo.

A vinda para a Vila Operária e a situação jurídica da casa

Ah! Eu não tenho o que falar daqui. Sinceramente! Eu moro aqui há 38 anos. Tem esse pessoal aí que vive nessa vida errada, mas graças a Deus, até hoje, até hoje nunca chegou ninguém para me aborrecer aqui.

Logo no início, lá na Pauliceia, o meu senhorio dava um recibo de pagamento. Só que nós pegamos uma amizade, que ele tinha cinco casas alugadas com a minha. A minha ele recebia a metade. Só que começou os outros inquilinos a reclamar. Aí ele falava: "Não, ele não paga aluguel não, ele dá só uma ajuda." Aí depois, ele vivia doente, aí ele falou: "Não, o senhor vai pagar a mesma coisa, ainda vou ser o seu fiador." [risos]

Foram 12 anos. De lá tem quase, praticamente o pessoal que eram donos das casas, morreram quase todos. O inquilino, a mulher, tudo! Morreu quase todo mundo. Até o filho dele, do inquilino, no sábado que eles trabalham com negócio de conserto de televisão, essas coisas, aí ele saía, eu trabalhava ali na Brahma, vinha me procurar, se eu já tivesse lá dali a gente já ia beber. [risos] Quando eu estava de férias ele sentava na porta dos clientes... Até hoje o irmão dele tem na Duque de Caxias uma loja.

A casa aqui, graças a Deus é nossa! Vim para cá em 85. Eu comprei esse barraco em 84, mas só me mudei para cá em 85. Aqui só tem o documento de compra e venda, porque esses daqui não foi comprado. Foi o... Tinha um vereador aí que deu para o pessoal. Mas eu não estava aqui ainda, depois foi quando eu vim morar aqui que eu comprei a casa de um rapaz, eu dei uma entrada e fiquei pagando o resto. Aí quando eu terminei que eu vim trabalhar para fazer a casa.

A prefeitura aqui não tem é nada, porque eles não fazem nada. É, aqui eles só cobram o IPTU. E até agora, já faz três anos, que eu estou isento do IPTU. Não sei se é por causa da idade. Eu pagava todo ano, nunca deixei de pagar o IPTU. Aí quando foi no dia que eu fui pagar, cheguei na prefeitura a moça: "Ah não, o senhor está isento." Aí eu, quando foi no outro ano eu fui novamente para saber que não, aí novamente. Até esse ano agora, o Paulo ligou para lá para saber, está isento, você vai ficar pra toda vida agora. Quem teve essa conversa foi aquele vereador que morreu aqui, né? O Osvaldo. Antes disso, tinha um cara que trabalhava na prefeitura, o cara chegou, pediu para eu levar os documentos todos, o cara trabalhava na prefeitura, quando chegou no final ele falou que não dava por causa do salário que eu ganhava. Mas eu não fui atrás de nada não, depois foi que começou eles falarem que estava isento. Que Osvaldo estava com projeto de fazer os documentos de cada casa, documento para você poder fazer qualquer negócio. Aí o "Zé Maria" levou. [risos]

Com o Osvaldo era, ele chegava e se tivesse qualquer coisa para fazer, tivesse um bueiro entupido, essas coisas, ligava para ele e vinha. Ele vinha rápido, fazia e se tivesse serviço e ficasse entulho, ligava para ele e vinha.

Ele fazia bem, agora quem ficou foi a mulher dele, não, foi a irmã dele. Eu nunca vi político passar de pai para filho... Agora, ela faz papel de vereadora aqui, parente do Osvaldo. [risos] Mas ele não era má pessoa não, já fui umas três vezes, eu e o Paulo, lá em cima que eles estavam fazendo projeto de aqui cada um... Você ter direito à casa como se fosse comprada com tudo, mas não deu tempo [risos], cara fala que o que é bom dura pouco.

Agora, tentativa de remoção nunca teve não. Não, desde 1984. [risos] Até hoje, nunca teve isso de tirar daqui não. A casa era só o terreno, era essa a largura todinha desse aqui, daquela parede ali até cá. Mas casa só tinha uma parte, aí depois eu que melhorei ele para fazer isso aqui. Aqui nessa casa aqui teve, a moça tinha um cachorro, quando eu fui cortando a parede para botar... Aí era um cachorro de boca preta que acordava e ele estava dentro de casa. Mas, graças a Deus os vizinhos aqui, não poderia ser melhor. Nunca, sinceramente, quem sabe assim nesses lugares de comunidade igual cão com gato e aqui não, graças a Deus.

A associação dos moradores me deu só um papel de compra e venda, só isso. Mais do que isso... Não, só isso. Porque, na prefeitura essa casa aqui, o nome é Marechal Deodoro da Fonseca aqui, a minha casa é Armando Cerqueira. Desde que eu comprei essa casa e pago IPTU, só vem Armando Cerqueira. Da associação eu conheci praticamente foi só o Osvaldo, que antes do Osvaldo os outros que apareciam aqui não fazia era nada. Nem no passado, nem no presente e nem no futuro. [risos] Mas aqui é muito bom. Aqui ninguém se mete na vida de ninguém.

na foto, Aliete Silva Neves

Entrevista com
Aliete Silva Neves e Ivete Silva Neves

Datas: 14/09/2019

Local da entrevista: residência de Aliete na Vila Operária

Entrevistadores: Lu Brasil, Nathalia Knopp e Heraldo HB

Vídeo: Heraldo HB

Áudio: Lu Brasil

A vinda para a Vila Operária e a construção da casa

Meu nome é Aliete Silva Neves, 82 anos [2019]. Ah, eu casei com um senhor já de idade com cinco filhos, e já faz quase 50 ou mais de 50 anos que a gente mora aqui na Vila, e ele faleceu. Os filhos todos casaram, cada um foi pro seu canto, eu moro aqui sozinha e estou vivendo até hoje. Houve muitos problemazinhos no começo, um era dono disso aqui, outro não era, um queria entrar, a casa estava pronta, mas graças a Deus não houve mais nada.

No ano que eu casei, casei em janeiro, dezembro entrei no hospital, fui sair em setembro, no hospital uma pessoa me falou que tava dando terra aqui no lugar, aí eu falei com meu marido que ele arrumasse um cantinho, que fui morar no Centenário.[81] Vim lá do norte com cinco filhos, aquela base, sem nada, sem nada. Eu não sabia o que era favela, não sabia aquelas coisas, pensava que tudo era, né? Aí eu vim morar aqui. Pedi ao Seu Barbosa que era quem mandava aqui, né? Pedi um lugarzinho a ele, ele mandou arrumar aqui, aí graças a Deus meu marido foi construindo e fui vivendo até hoje.

Quando eu conheci o Barbosa, eu estava no hospital, aí veio um enteado meu e disse que tinha um vizinho que tinha ganhado um terreno aqui e ele iria ver se ganhasse também, aí meu marido quando foi me visitar eu falei: "Eu soube que está dando uns terrenos, vê se arranja uns terrenos para a gente sair." Porque eu morava no Centenário, mas era lá nos fundos, era uma avenida parece que tinha umas quatro casas e outra assim aprontando, aí a moça da avenida era esclerosada, tinha um menino que ninguém nem podia olhar para o menino, aquele menino era ouro para ela, aí eu sei que não vai dá muito certo não, aí eu saí dali porque eu com cinco filhos, aí tinha o Seu Lucas, o homem que tinha lá, aí ele disse: "Tem, lá tem, só que os pedaços lá agora é mais difícil e ninguém quer." Aí ele veio aqui e conseguiu, foi por intermédio.

Eu vim adulta, quando vim a casa já estava pronta, fiquei lá no Centenário, meu marido tinha muito conhecido e um patrão que era muito bom pra ele, foi que ajudou tudo ele aqui, aí ele foi tirando tijolo e tudo em folha, aí quando chegava o pagamento ele descontava, foi feito assim.

---

81 Parque Centenário é um bairro do primeiro distrito de Duque de Caxias e faz divisa com a cidade.

O pessoal foi construindo devagar, vim morar aqui, graças a Deus achei bom. No começo era bom, no começo nem tinha asfalto, não tinha nada, não tinha água, era tudo de poço, foi tranquilo, não tinha essa violência que tem hoje. [risos]

Minha infância[82] aqui foi boa. Aqui não tinha escola, né? Não tinha nada. E eu lá do norte era professora do ensino primário, então essas criançadas todas aqui, já tinha gente que era avô, ai eu montei uma escolinha. Tinha muita criança aqui, eu ensinava de manhã até às 11 horas, e meio-dia eu começava outra, e à tarde outra, e eu sei que a infância aqui foi boa, só foi isso, ensinar às crianças, ensinava a bordar, tudo era bom.

A relação com os vizinhos era boa. É até hoje graças a Deus. Não tinha problema nenhum com os vizinhos! Olha, eu saía e minha casa ficava aqui aberta, até hoje mesmo eu saio e deixo aberta, um dia eu saí, uma senhora veio aqui e perdeu a chave aqui no portão, aí um bandido achou e veio aqui e entregou na porta, só que eu nem tive coragem de dar água pra ele, aí ele saiu.

Eu vim do estado da Paraíba, de Pirpirituba. Eu morei em "Cafeles", de "Cafeles" saí da roça, era seco lá. Eu plantava, limpava, trabalhava de capinar, aí vim para a cidade, aí a vida aqui na cidade não gostei muito não, aí minha mãe morreu, aí meu irmão me levou para "Guarabira", em "Guarabira" também não foi também lá essas coisas, aí arranjei emprego, trabalhei, e em pouco tempo apareceu esse viúvo, perguntou se eu queria casar com ele, e ele me trazia aqui pro Rio. Eu pensava que o Rio encontrava tudo de bom aqui, eu vim, mas me dei bem.

Eu vim para cá com 20 pros 21, eu fiquei sem pai, sem mãe. Eu vim para o Centenário. Encontrei outros paraibanos aqui, tem muita gente aqui, no Periquito, lá em Henrique de Albuquerque tem uma sobrinha que mora pra lá, e... Aqui em cima também no morro tem uns primos, sobrinho também. Agora, filho eu não tive, mas o meu marido trouxe cinco filhos, agora as filhas dele, tem uma filha que me deu três filhos, Ivo, essa daí,[83] Ivete e

---

82 Nesse momento, Dona Aliete se refere à infância dos alunos para quem ela deu aulas, já que relata na resposta anterior que veio para o Rio de Janeiro já adulta.

83 Ela se refere a Ivete como filha, pois assim foi criada por ela, mas ela é sua neta.

Iraci, me deu esses três, mas eu tenho neto, bisneto, tataraneto, eu não sei mas nem o que é mais, tudo deles, mas filho meu mesmo não tive não.

Sobre essa casa aqui, eu joguei muito aqueles negócio do Baú[84] do Silvio Santos, aquelas coisinhas, né, aí quando eu recebi, não ganhei nada, nem fui premiada nada, mas aí eu fui com aquele dinheiro, eu fui tirar de mercadoria, aí eu vendi a mercadoria que tirei do Baú, com aquele dinheiro comecei a comprar na rua da Alfândega. Nessa época estava calça jeans, jaqueta, estava na moda, aí eu comprava, recebia dinheiro, comprava panela de pressão, prato, tudo que tinha lá. Parece que na época deu 7, 7 contos, não sei mais. Eu sei que na época era muito dinheiro, aí eu ia lá e tirava, aí o rapaz disse: "Se a senhora vendesse uma jaqueta eu queria uma jaqueta." Aí eu pegava a jaqueta e passava para ele, recebia a entrada, aí eu... Aí eu...Por aí eu fui fazendo, com um mês ou dois meses eu já estava com, parece que era 10 contos... Eu não lembro assim o dinheiro, aí eu guardava 5, o outro 5, digo: "Vou botar.". Aí meu marido precisou de dinheiro, que ele tinha uma questão, aí o advogado pediu parece 6 ou 7, depois que eu vendi dei os troços do Silvio Santos, aí dei os 6 contos para ele e fiquei com 1.500, 1.500, aí eu disse: "Esse eu vou jogar, se eu ganhar esse é meu." Aí fui vendendo roupa, aí adoeci e fui pro hospital e não consegui mais vender nada. Tem 39 anos que eu moro aqui, e aqui eu construí com esse dinheiro que eu ganhava na rua, assim a prestação.

Casei em 61. Vim direto para o Rio de Janeiro em 8 de janeiro. Não chegou nem a dois anos. Vim para cá em 63, mais ou menos. Meus filhos, um faleceu, um faleceu, foi o Severino. Um mora em São Vicente. A Maria José mora em São Paulo e tem duas que são gêmeas, mora em Parada Angélica, tudo bem, tudo nas suas casas, casa própria.

---

84 Baú da Felicidade: rede de lojas de utilidades domésticas fundada pelo empresário e ator Manuel da Nóbrega, que em 1958 a deu ao radialista Silvio Santos. Tinha um carnê que, depois de pago, dava direito a retirar mercadorias nas lojas da rede (COSTA; LEVINO, 2010).

Mobilização e associativismo na Vila Operária

Para resolver os problemas, os moradores faziam reunião, dava certo, outras vezes não dava, até parece que ano passado outras vezes teve reunião pra conseguir um documento aí, o usucapião, mas não deu nada [Ivete, sua neta: "Foi até o vereador Osvaldo que estava a frente dessa situação. Ele faleceu e o pessoal não comentou nada sobre o assunto."] Quando começou logo foi o Seu Barbosa. O Barbosa foi quem deu isso aqui, ele ainda foi vereador, mas na outra campanha não ganhou mais, atrapalhou-se um pouco.

Para mim ele foi um homem bom, ele auxiliava sempre as pessoas, inventou de comprar uma Kombi, as pessoal doentes que precisavam aí ele levava para o hospital. É isso que eu lembro dele. Hoje em dia tem associação, só que não participo não. Sempre teve associação, mas não achei futuro.

A infraestrutura na Vila Operária

A única mudança que noto aqui é porque fizeram asfalto, colocaram água, luz, que aqui era tudo sem nada, água, foi que fizeram isso aqui. Ivete, esse negócio de asfalto foi no tempo do Osvaldo, né? [Ivete: "Foi antes, foi no tempo do Zito"]. Melhoramento que fizeram foi essa quadra, esse posto. Eu peguei três netos, esqueci de falar pra ela, peguei uma de rua, né, ela mora lá no lixão,[85] ontem ela teve aqui. E só, não lembro muito não, menina, eu criei tanto filho, 5 enteados, criei 3 meninas, parece que foi 11. Ó, eu estou doente, precisa de um não tem, aí diz assim: "Logo eu, chama outra pessoa aí." É assim.

Só ela[86] mora aqui, também sobrou pra ela, pra tudo, pra médico comigo, fazer compra. Tudo! Aí, quando preciso de outra, diz assim: "A senhora não anda mais, Ivete, por que não chama ela?" Mas graças a Deus nenhuma me deu trabalho, elas lá e eu aqui. É difícil vir aqui, só dia das mães, ou então quando faço algum um almoço e chamo todo mundo que vem, é difícil vir

85 A Favela do Lixão é localizada no primeiro distrito de Duque de Caxias.

86 Está se referindo à Ivete.

aqui. Tem quem não vem porque está trabalhando, mas quem trabalha em comércio não tem tempo pra nada, né, tem umas três pessoas que trabalha no comércio, essas três eu dispenso, porque não têm tempo mesmo.

Alexandre Cardoso, que fez uma reunião aqui em cima, falou que ia fazer uma mudança aqui e todo mundo ia ganhar esse documento, Ivete, que ia fazer usucapião, e vai e vai não resolveram nada e foi outro plano que ele inventou que ele disse que ia dar nem foi usucapião, foi outra coisa, não lembro o que, eu sei que eu fui pra essa reunião... Antigamente que a gente pagava imposto, já faz uns quatro anos que não pagamos. Foi considerada área de risco.

As ruas eram todas esburacada na época, as casas não eram assim tudo pintadinho, tudo bonitinho não, era uma favela mesmo, só que naquela época eu não sabia esses negócios de favela não, tinha até um nome que chamavam, Vila, sei lá um nome estranho, mas não era tudo bonitinho assim não, mudou muito. E o dinheiro naquele tempo era curto, não dava não, para fazer um melhoramento. Foi melhorando depois, cada um pintou, emboçou sua casa, colocou tijolo, aí teve uma ordem aí que se tivesse casa de tábua tinha que tirar e pôr tijolo, que não queria mais tábua na vila, e foi assim.

O pessoal chegava aí no Seu Barbosa e pedia um chão, um lugar para construir, se tivesse ele dava, foi no início que abriu, isso aqui era um buraco, meu marido, deu um trabalho danado pra tampar isso aqui, tinha uma pedreira ali atrás que ele quebrava pedra pra tampar esse buraco. Vinha gente de todo lugar, só que foi melhorando e foram comprando terra fora, eu cheguei a comprar um terreno, mas achei pior que aqui, aqui eu tinha cinco enteados, tem que... Comprava uma casa que eu ia dar essa casa pra eles, mas lá eu não gostei, aí vim pra cá de novo.

Tem a igreja de Nossa Senhora Aparecida. Essa igreja aí surgiu do Padre Orázio[87] que comprou. Lá estava vazia e meu marido ajudou muito, agora está toda bonitinha. Antes da igreja era uma... Mataram até uma senhora na própria casa. Aí, o filho, o próprio filho, parece que chamava Lisete ou

---

87 Padre Orázio Zecchin veio da Itália nos anos de 1960 em missão na Baixada Fluminense (DIOCESE, 2018).

Elisete, ela era cabeleireira e tinha um filho assim meio paraquedista que ele era. Aí essa morte foi, inventaram de vender, aí falaram tem uma casa, era boa, a casa era boa mesmo, aí o padre comprou esse terreno e fez a igreja Nossa Senhora de Aparecida, mas primeiro houve esse lance. Minha filha, nem sei quantos anos faz, já houve festa, já houve aniversário, mas não gravei, faz mais de 20 anos, eu acho.

Eu falo, trabalhava assim, nunca trabalhei fora não, eu tinha a escolinha, só isso que eu tinha, trabalhava aqui embaixo. Eu dava aula lá em casa mesmo, tinha um quartinho, eu tinha um primo que fez as carteiras para mim, fez o quadro, toda organizadazinha. No passado, passava gente da cidade e dizia: "Menina, quanta casa boa por aqui, casa grande." Aqui era calmo, aqui era muito bom. Eu ainda comprava leite, o garoto vendendo leite assim no cercado que tinha ali pra baixo, leite daquelas garrafas, passava aqui vendendo leite em garrafa, era muito bom.

A vizinhança na Vila Operária

Aqui tinha festa, é, tinha festa assim, noite de São João, cercavam aqui, aquela quadra ali, vinha casamento de todo é lugar, casamento de caipira, né? Era muito bonito, era muito animado mesmo, não tinha essas mortes que tem hoje não, ninguém pode mais nem fazer uma festa, que está arriscado invadir e também participar, mas naquela época não, era aberto, as portas abertas da nossa senhora aqui de frente, e de noite de Natal, noite de Ano era baile, era comida, era bebida, era quintal, tudo ela fazia [Ivete: "Dona Severina"]. É... Tinha baile ali toda sexta-feira, era divertido, é tanto que hoje, eu tenho comadre que saiu daqui e foi morar lá em Nova Iguaçu, mora quase no centro, mas não tem padaria perto, não tem mercado perto, não tem esse negócio de vender cerâmica, né? Para você ver, aqui tudo tem, tem até cemitério, o pessoal fala pra mim: "A senhora vive bem lá?" Eu vivo, lá é padaria, é escola, mercado, tem até o cemitério pertinho. [risos]

Aqui sempre teve loja para comprar tijolo, areia. Tinha um mercadinho, meu marido comprava, muito não era nem casa, era assim no campo, muito, areia, tijolo, tudo, depois que foi que começaram a construir e fazer o lugar de vender. Ainda existe aquele ali perto do cemitério, o Big? [Ivete: "Não! Acabou, o Big era a casa de material de construção mais antiga, mas o dono faleceu e aí a mulher vendeu e acabaram fazendo aquele mercadinho"].

Aqui, as pessoas trabalhavam assim, em casa de família, vizinho, muita conhecida minha até hoje mesmo trabalha. [Ivete: "Tinha fábrica, né? Meu avô mesmo trabalhou"]. É, ele trabalhava em fábrica, fábrica de serra. Aqui não tinha igreja não. Padre Orázio, ele era italiano e comprou essa casa que te falei e tinha outra aqui em cima que é Nossa Senhora de Guadalupe, padroeira, tudo pessoas assim, fazendo vaquinha e construindo. Aqui mesmo, essa Nossa Senhora de Aparecida, porque não é terreno próprio, o papa não cedeu ajudar, quem foi ajudando era esse padre, a gente fazendo festa, a gente fazendo festinha era bom, era animado, era uma beleza, e fomos construindo a igreja.

Tinha um senhor aí, que ele se chamava Senhor Ribeiro, ele era até meio doente assim de uma perna, ele que fez, ajudou, fez tudo, mas também quando terminou de construir a igreja ele me chamou assim e disse: "Olha, Dona, a igreja está pronta, graças a Deus, se eu morrer, morro tranquilo." Pouco tempo depois, ele morreu, começou a fazer exame dessa dor que tinha nas pernas e era câncer do osso, aí ele faleceu. Mas ele deixou a igreja prontinha. Eu doei o sino da igreja foi eu que doei: "Aqui, seu Ribeiro, vamos comprar o sino."

Os evangélicos não tinham não, era difícil. Essa casa aqui[88] era o centro de umbanda. Não, só teve esse que eu lembro, na época que eu cheguei, logo para aqui, só tinha esse. Ela morreu também, Dona Francisca, Francisquinha.

Eu tenho uma comadre que morava aqui no fundo na outra rua, eu gostava muito de conversar com ela, os assuntos daqui ela falava, assim, morte, quando matavam um bandido ela falava assim: "Vamos olhar." Aí eu dizia assim: "Vamos." E a gente ia olhar, quando cheguei lá o homem estava assim, com as pernas assim, aí botaram um lençol por cima. Minha filha, deu um vento aquilo, balançou, debaixo do lençol e eu pensava que era o homem que estava vivo, querendo se levantar e me mandei [risos], me

---

88 Refere-se a outra casa, e não à sua.

mandei correndo, nunca mais fui olhar gente assim, o povo que morreu, mas todo mundo que o povo matava eu ia com ela olhar quem era.

Ela foi roubada, ela era roubada, ela montou um barzinho ali atrás e ela era sempre roubada, às vezes coitada, faturava durante o dia, de noite ele vinha buscar, aí ela teve que sair daqui, aí por fim mataram ele, mataram e quando o povo passou do enterro, uns olhavam assim para a casa dela, até parava e ficava olhando, aí ela desconfiou, ficou com medo. Aí o Padre Orázio falou com ela: "Se mude, saia daqui, se trabalha, roubam seu dinheiro." Ela foi e está muito bem, minha filha, está em Nova Iguaçu, as filhas tudo bem, casou tudo, cada uma com seu apartamento, carro e tudo. Foi uma bênção ela ter saído daí.

Quando começou logo ali na frente, esse bom preço, começou pouquinho, né? Mas sim, sim, coisinha pouca, tinha padaria também, tudo aos pouquinhos, depois que foi crescendo, também quase 50 anos, foi evoluindo... Sobre a escola, as meninas aqui tudo estudaram lá, ela frequentava a escola, foi assim, ajuda também, né? Esse Seu Barbosa foi que foi arrumando dinheiro, tinha usado sociedade aqui também naquela época, acho que era 2 reais, eu sei que foi juntando, fez a escolinha, não tinha escola pros filhos os pais iam lá e ajudavam, ele fazia reunião lá e pedia para as pessoas.

A política e os serviços na Vila Operária

O primeiro político daqui era Seu Barbosa. Ele não era ainda, ele deu isso aqui para... Eu acho que foi assim: ele deu isso aqui e aí ganhou na política, vereador, ele governou bem, tudo, mas na outra ninguém quis, ele começou assim a abusar um pouco, aí não ganhou mais não. Teve o Washington Reis que veio aqui construir a quadra, vinha o Zito, veio aqui também, deixa eu ver quem mais... Esse que morreu agora pouco.

Sobre o Tenório Cavalcanti, eu ouvi falar que a casa dele era não sei, quantos de, não era com tijolo só não, meu irmão que dizia isso, não sei se era verdade não. Parece que era meio valente. Eu sei que um dia fui ao médico lá em Cascadura, ele falava assim de Caxias: "Ah, lá em Caxias não era terra do Tenório?" Aí dizia: "Ah, não, Deus me livre." Diz que ele não era muito legal não, né, mas não sei da vida dele, falavam muito em Tenório Cavalcanti. Ele não vinha aqui não. Eu sei que tinha um também que era Armando Belo de França,[89] esse também era vereador. Esse eu conheci, ele e a esposa dele, não sei se ele ainda está vivo, parece que ele era ali de Brás de Pina, foi pra lá pra aqueles lados.

Aqui eu nunca me envolvi com política. Não, nunca. Eu me envolvia no norte. Porque, o prefeito que estava para ser prefeito ele dizia assim: "Me arrume 40 votos, que eu arrumo um lugarzinho para você dar aula." Aí lá eu me envolvia, conhecia. Aqui não, não me envolvia não. Aqui só tinha dois ônibus, assim mesmo não era ônibus, era aqueles carrinhos que, do início que era um ônibus mas pequeno, era dois, tinha até horário, pra lá e pra cá, só que era perto, só que até hoje às vezes eu vou a pé pra Caxias, pra dar força nos meus ossos das pernas, eu ia a pé e vinha, agora não, agora tem muito ônibus, está bom, antigamente que era difícil era por horário, era estrada de barro, cada buraco, aqui na entrada chovia, tinha um homem de chapéu de couro, que vivia ali na entrada com a carroça, quem quisesse entrar aqui ele vendia passagem, até minha irmã veio pra cá, até falei: "Zita, tu pegou o táxi, [risos] a carroça." Ela ficava puta comigo, a gente ria pra caramba, meu irmão ria quando vinha aqui, o começo a gente se distraía com essas coisas. Ele era um senhor que botava o paletó dele, vinha aqui, ele era quem mandava, achava que era o prefeito aqui de dentro, depois ele morreu. Era um buracão, chovia um temporal, até hoje quando dá aqueles "temporalzão" entra água na casa dos outros.

Eu sei que gostei do início, a gente não vivia sobrado nem nada, não sei se é minha idade que eu tenho medo assim à noite, foi depois que meu marido morreu, tenho uma enteada, que tava dormindo aqui, aí ela disse assim: "Passou dois caras aqui essa noite." E eu: "Que mentira, mulher, passou nada!" Ela: "Passou." Assim que eu entrei eles passaram, sempre ela falava isso, mas eu nunca acreditei; um dia ela foi pra festa com o marido, quando ela chegou e viu, os caras vinham por aqui, pulavam ali, iam direto aqui, aqui eu tinha um pé de planta, de flor de laranja, bem cheiroso, eles

---

89 Armando Belo de França era informante do delegado Amil Ney Richaid de Duque de Caxias. O delegado se elegeu deputado estadual pelo extinto Partido Social Democrático (PSD) nas eleições de 1962, levando seu informante a se eleger como vereador de Duque de Caxias.

trepavam, passavam e vinham dormir atrás do meu quintal, teve uma vez, não sei se era coisa que eles fumavam, ou era fio que queimava, eu disse: "Está um fedor de fio queimado, vamos procurar se é aqui na geladeira." Aí a gente desligava tudo, e nada, esses caras já dormiam muito tempo aqui atrás, aí quando ele viu, meu genro viu, só de meu genro ver eles tiveram medo, sumiram e não voltaram mais. Não precisou de guerra nem de nada.

Quando começou, quando vim para aqui, não tinha água, lá para baixo quem tinha água cedia para a gente, aí a gente ia lá e pegava as garrafas para beber e daqui eu tinha poço. Minha filha, esse pessoal do morro vinha tudo aqui para minha casa pedir minha água do poço e era meio seco, e energia o cara botou luz, não sei como que é o nome, não lembro como dá o nome, que a gente tinha depois tiraram e entrou a Light, depois entrou o correio e foi assim. Mas correio não tem mais hoje. Houve um negócio aí para cima, a polícia entrou trajada de correio, e pegou os caras que eles queriam. Já entrou mulher entregando carta, daí passa um mês já não vem mais. Diz que foi, que todo mundo agora tem celular, diz que é por causa do celular, tira conta pela internet e daí inventaram isso.

Não tinha briga de vizinho não, naquela época, eu nunca vi confusão. Logo no início não, no início não tinha não, briga. Aí depois foi aparecendo, agora é que está, né. Às vezes matam gente aí e a pessoa nem explica. Mataram uma vez aqui de frente para minha casa, que ele era proibido de entrar aqui, entrou e veio ver a mãe, quando ele desceu veio o tiroteio, ele se escondeu aqui dentre dois carros aqui mesmo na frente e mataram, mas isso já faz tantos anos.

A estrutura familiar

Minha neta, a Ivete, ela tinha de 4 a 5 anos, que ela veio aqui, aí ela estava meio doentinha, aí eu pedi para a mãe dela ela, aí ela disse: "Mas ela não vai ficar." Aí eu disse: "Ela fica sim, você coloca ela para dormir e quando ela dormir você vai embora [risos] e ela fica." Ela era pequenininha, passava até debaixo da mesa na escola, não era? Aí a mãe dela fez isso. Quando ela foi dormir ela nem perguntou pela mãe. Com o tempo a madrinha dela deu um cachorrinho a ela, ela sempre perguntava sobre o cachorro: "Eu queria meu cachorrinho." E eu: "Eu não quero cachorro aqui não, menina." Aí ela foi apanhar esse cachorrinho, o cachorrinho de plástico. Era um brinquedinho, foi até a sua madrinha que te deu, ficou até hoje.

Aí a outra, a Iraci, estava mais doente do que ela, aí eu disse: "Não, não vou querer outro menino não, não quero filho não, não, mas eu vou dar a madrinha dela, fulano não está tratando bem, não vejo muito em casa." Aí lá vai, aquela confusão toda, deixou, aí o menino fugiu de casa, e veio para cá, aí eu falei: "Não quero você aqui não, o menino é muito levado e você vai me dar trabalho aqui." Ele não saiu, entrou aqui à força, eu fui levar ele em casa, você acredita de quando eu fui levar ele, eu o deixei lá, ele pegou as roupas que tinha lá, porque ele tinha vindo sem nada, quando eu fui levar ele para casa, ele pegou uma bolsa daquelas de supermercado de papel, quando eu chego, minha filha, ele está dentro da geladeira rindo, aí ele disse: "Eu cheguei primeiro do que a senhora." [risos] "Eu não vou." Só saiu daqui quando foi casar [risos], morreu, minha filha, agora já tem uns dez anos, né?

Ivete: Nós éramos cinco, né, mas a mãe não tinha responsabilidade, né, ela separou, pronto, acabou, foi muito sofrimento como criança você ser filha de uma pessoa que não tem responsabilidade com casa, com comida, com nada. É complicado, é até hoje isso, até hoje. Eu soube que ela teve outros filhos também e deu todos eles.

Aliete: Agora, engraçado, ela adoeceu, a mãe dela, e mandou um recado que era para as meninas ir lá cuidarem dela lá, fazer qualquer coisa porque ela não estava podendo fazer nada, eu dei o recado para ela, dei o recado para outra, dei o recado para outra que o meu enteado cria, e eu dei para outra, aí ela disse: "Eu não conheço essa mulher." Eu falei: "Conhece sim, vai lá que é sua mãe." Ela: "Eu não." Ninguém foi, ninguém foi lá... Se ela pudesse ela já tinha me matado, ela já falou para mim na minha cara que o maior arrependimento que teve na vida foi de ter me dado essas meninas: "Mas antes eu tivesse deixado morrer de fome na rua", falou para mim, né? Aí eu falei: "Mas você fala uma coisa dessa." E ela: "Eu falo." E não vem, ela estava de resguardo do primeiro filho, eu falei: "Você vai ali na casa da Ivete que ela está de resguardo." E ela: "Não, quando eu vir da outra vez eu vou, porque eu vou ali e eu estou com muita pressa." E não foi. É um coração, minha filha, duro mesmo, que não tem jeito, não tem amor aos filhos e nem nada... Ela é professora, estudou, se formou, a outra não se formou porque não quis, mas estudou até o primário.

O menino também eu coloquei para trabalhar desde os 14 anos, pequenininho, não tinha nem tamanho, aí eu fui ali ao japonês, que ele tinha uma oficina. Aí ele disse: "Minha senhora, esse menino está bom é de estudar." E eu: "Ele estuda." É que eu tinha medo, que tinha uns bandidos brabos aqui, e eu tinha medo dele se envolver, aí, porque ele gostava muito de estar na rua, aí eu falei para o homem: "Ah, moço eu tenho muito medo daqui na rua esse menino fazer uma besteira." Mas graças a Deus, olha, ele foi trabalhar nessa oficina, sei que ia comprar peça de carro ali na 25 de Agosto, aí o homem falou assim: "Primeira vaga que aparecer é sua, porque só você é que tem esse cuidado de vir comprar a peça aqui." Minha filha, ele não tinha nem 16 anos, poucos anos ele foi trabalhar de carteira assinada e tudo, morreu quase no emprego, quando saiu de um já vinha outro em vista, graças a Deus!

Sobre as mulheres da Vila Operária

As mulheres aqui trabalhavam, né, essa senhora aqui, eu a chamo de Cabloquinha, ela não tinha o marido dela, sei lá, ela fez a casinha dela com o irmão, a família dela, né, ela trabalhando, arrumando aos pouquinhos. Aqui é assim, quando adoece um, as pessoas vão visitar e tudo, aqui não é fechado, trancado não, aqui vem visita perguntar como está, se preocupa com a pessoa. Essas mulheres são assim iguais a mim, não são nem rica e nem pobre. [risos]

Ivete: A Dona Cabloquinha aqui foi com uma filharada sozinha, trabalhando, lavando roupa para fora para criar essas crianças todas que ela tinha aqui também, eram cinco também, né? Assim, mulheres aqui, minha filha, eram fortes, a Dona Maria que morava aqui que ela estava falando que era a comadre dela tinha a Dona Maria, a mãe da Soninha também.

Aliete: As mulheres eram trabalhadoras! A falecida Cabloquinha aqui trabalhava em casa de família para criar os filhos, tinha a Dona Severina aqui que ela tinha um barzinho, essa já morreu. E ela criou até um boi [risos], eu não sei se foi raiva que o pessoal teve, deu uma tremedeira no boi e morreu, mas ela achou que foi veneno, mas um compadre meu que criava vaca, essas coisas, disse que foi raiva que deu no bezerro. Aí eu como é que uma pessoa na rua vai criar um bezerro, meu Deus?

Ivete: Mas ela criava muita coisa, né? Era cabra, era vaca, era tudo, quanto você pensava que não, estava passando um bicho aí. [risos]

Aliete: Mas naquela época as casas eram tudo de tijolo assim, não era asfalto, não era emboçada nem pintada e nem nada...

Ivete: Para você ter uma ideia, quando eu vim morar com ela a casa não era nem piso, era chão. Eu só te digo uma coisa, a primeira professora que teve aqui foi ela.

Aliete: Fui eu!

Ivete: Ela alfabetizou muita gente!

Aliete: Eu encontro com gente aí, com aluno, já caminho andado, né, me abraça: "Minha primeira professora." Eu fico morta de vergonha, às vezes no mercado está cheio de gente, aí eu digo: "Ah, minha Nossa Senhora." E eles: "Olha aqui, gente, essa aqui foi a minha primeira professora." Para mim, eu fico com aquela vergonha, parece que está todo mundo me olhando.

Entrevista com
Maria Cecília da Rocha

Datas: 14/10/2019

Local da entrevista: Sua residência na Vila Operária

Entrevistadoras: Lu Brasil e Juliana de Abreu Neves

Vídeo: Lu Brasil

Áudio: Lu Brasil

Origens familiares e vinda para a Vila Operária

Meu nome é Maria Cecília da Rocha, eu sou de 22 de novembro de 41. Nasci em Minas Gerais, em Fonte Nova. A minha infância foi muito... Trabalhar na roça, minha filha, eu não tive infância na roça, a gente trabalhava muito e na roça não tem... É muito difícil, é muito difícil mesmo... Minha casa era uma casinha de estuque. Meus pais trabalhavam na roça, eles plantavam lavoura, cana... A gente era pobre mas eram uns pobres muito unidos, era uma coisa muito boa, eu amava minha família, era muito unida... Nós somos doze irmãos. Tudo moravam na mesma casa. Todos trabalhavam na roça.

Quanto eu vim para cá, eu tinha 21 anos. O meu marido estava aqui, já tinha casado... Conheci ele em Minas Gerais mesmo, ele é de Minas também. Daí ele veio primeiro e depois eu vim para cá. Já tinha gente aqui, já tinha uns parentes, aí ele veio para cá, depois eu vim. Eu fiquei um ano casada lá, ele ficou uns dias lá e depois veio embora para cá. Eu tive a minha filha mais velha, depois que ela tinha um ano e seis meses, eu vim embora para cá.

Foi muito sofrido quando eu vim para cá, tinha amigo quase nenhum, só tinha uma prima que morava pertinho aí, sabe? Só tinha contato com ela, porque de resto conhecia nada aqui. Eu não conhecia a cidade, eu vim conhecer a cidade quando eu vim passar dentro da cidade para vir para cá... E eu não vim para cá para já morar com marido nada! Eu entrei em quatro casas, cada casa era uma chicotada... As casas eram abandonadas, mas a gente entrava na casa que as pessoas colocavam a gente, naquele tempo era Seu Barbosa que tomava conta... Então, quando ele, as pessoas não tinham necessidades de terem aquelas casas, mas o pessoal pegava assim mesmo, mas aí não ficava na casa, ficavam fechadas, eles abriam e colocavam a gente, porque a casa não podia ficar fechada.

Quando a gente entrava no meio da casa, eles viam e tiravam a gente, às vezes a gente não dormia nem uma noite... Na última casa, porque eu entrei em quatro casas aqui, na última quase que matam meu irmão, o cara chegou com o revólver para matar eu e meu irmão, pedi ele pelo amor de Deus e saí com a minha filha para ir para casa da minha comadre... Dali eu fui para o Seu Barbosa, ele arrumava outra casa para gente aqui na Vila Operária. A primeira rua que eu morei foi essa, eu morei em uma casinha aqui embaixo, mas ele me tirou, aí eu entrei nessa rua ali e tinha ali também um pessoal que tinha deixado ela, eu fui morar nela, quando eu entrei nela no outro dia ele chegou para me tirar, estavam com medo da gente tomar a casa, a gente não ia tomar a casa, tinham medo de a gente tomar a casa, né?

Olha! Eu trabalhava em casa de família, eu trabalhava na casa de família lavando roupa, de uma casa eu ia para outra. Era muito difícil naquele tempo, era difícil mesmo, eu passei muito sufoco quando passei para cá... Eu vivia muito triste, eu tinha vontade de pegar as malas e voltar para o mesmo lugar, mas eu não conhecia nada, os outros viam me trazendo, eu cheguei ao meu marido e na outra da viagem veio para cá. Eu não tive, na verdade não sabia, eu só conhecia a rua que eu entrava... Eu vim conhecer a cidade aqui no Rio de Janeiro, eu passei no meio da cidade para vir para cá. Eu não conhecia a cidade, eu morava na roça mesmo, no meio do mato.

Agora, quando eu cheguei aqui, a gente era muito humilhada pelos outros, né, às vezes as pessoas acham que a pessoa veio para aqui e acha que fica maltratando, né, fica maltratando, eu fui muito... Até quando a gente ia buscar água, não tinha água, ia buscar água e as pessoas ficavam maltratando, eu saía chorando... Era muito duro mesmo, agora não, mas aqui agora está muito bom, porque quando começou aqui era muito ruim mesmo, mas graças a Deus a gente conseguiu vencer, né?

Nós éramos a mala e a esteira, porque aquelas eram as nossas camas, a gente enrolava, colocava debaixo do braço para a gente sair de uma casa e entrar em outra. A nossa vida foi essa aqui! A última casa das quatro casas que a gente entrou, a quinta casa foi essa aqui que eu entrei e estou até hoje graças a Deus.

Eu fiquei uma noite só na primeira casa quando eu vim para cá, aí daqui eu entrei nessa rua aqui, eu acho que fiquei uns quatro ou cinco dias, aí dali eu saí e fui para outra casa, onde queriam sapecar a gente. Eu não conhecia ninguém, aí apareceu um cara... Pareceu um cara do Nordeste, aí a gente apareceu lá no Seu Barbosa porque o Seu Barbosa estava lá em cima, aí ele falou assim: "Dona Maria, eu vou arrumar um lugar para a senhora." Aí esse cara estava perto escutando, eu chorava muito, a minha vida era chorar, quando eu saí, o rapaz falou assim: "Seu Barbosa, eu vou dar a chave para esse rapaz para ele ficar lá na minha casa, porque eu estou consertando a minha casa, para levar ele e deixar ele lá o tempo que ele quiser, um nortista sabe?" Assim fez, ele me colocou, mas eu tinha muito medo, medo do pessoal fazer alguma coisa comigo ou com a minha filha.

Meu marido saía para trabalhar, o cara vinha e falava assim para o meu marido: "Eu não paro mais para emboçar a casa." E meu marido falava: "Por quê?" E ele falava: "Porque sua esposa não para dentro de casa, quando ela mexe uma panela lá quando eu vou ver ela está no meio da rua." Eu tinha medo, muito medo... Os outros falavam isso e aquilo, tá entendendo? Eu tinha medo de fazerem alguma coisa comigo ou com a minha filha. Então era um fundo de jacaré[90] assim pequenininho em cima de uma lata de óleo para a gente poder fazer a comida, então foi muito difícil, minha filha, o que eu passei eu não desejo nem para inimigo meu... Hoje eu sou rica, Maria Cecília aqui é rica graça a Deus! Porque eu sofri muito...

Eu tenho uma lembrança muito ruim da terceira casa que eu morei aqui. Da lembrança ruim que eu tenho e do cara tentando me matar, pegou o revólver para matar eu, meu irmão e minha filha, Deus não ia deixar, né, Deus não deixou, ele entrou no meio. Eu não conhecia arma de fogo, quando eu vi ele fez assim, mas não atirou na gente... Era um cômodo só que tinha na casa, eu varri assim, coloquei as minhas coisas, você pisava assim o mofo subia lá no telhado, de sujeira, mas eu coloquei as coisas dele, o sapato dele assim, e deixei, para poder arrumar a caminha da gente com o nosso fogão para fazer a nossa comida.

A compra e a reforma da casa

Essa casa aqui minha aqui é um rádio, ela é um rádio... Meu marido comprou um rádio, ganhou na rifa, aí o morador antigamente não podia brigar aqui, se brigasse ia embora, e o rapaz que morava aqui deu uma cacetada na vizinha, aí mandaram ele ir embora até 24 horas, aí eles, para não perderem a casa, tinha um rapaz conhecido da gente que estava junto com meu

---

90 Jacaré: marca de querosene, combustível muito usado em meados do século XX para iluminação e para acionar geladeiras e fogareiros no interior do país e pela população urbana de baixa renda. O "fundo de jacaré" era o fogãozinho Jacaré, vendido pela mesma distribuidora do querosene.

marido, aí perguntou ele assim: "Vamos lá na casa de fulano de tal do meu primo, vamos ver se ele vai querer porque talvez ele troca a casa, você entra de acordo com ele." Aí chegou lá, conversou com meu marido, começou ela perguntando: " Seu Antônio, o que o senhor tem para me dar?" Ele falou: "Eu tenho um rádio." Porque a casa era de estuque, muito ruinzinha, né, mas dava uma moral, melhor do que ficar na casa dos outros, né, aí ele trocou. A luz a gente não tinha, não tinha água, depois que a gente arrumou um jeitinho de colocar a luz, a luz saía lá da rua do Seu Barbosa, ajuntou muita gente e cada um ajudava para puxar para chegar aqui em casa.

Eu passava assim e eu pedia muito a Deus, meu Deus eu não quero morar para aquele lado, eu quero morar aqui, esse lado aqui, Deus falou assim: "Amém!" Aquele lado eu não gostava, eu gostava mais desse lado aqui, porque meu primo morava aqui embaixo. A vizinha que morava aqui tinha um comodozinho que ela vendia as coisas, sabe? Aí ela falou para o marido dela assim: "Aquela moça passa chorando quase todo dia aqui, vamos tirar essas coisas daqui, Francisco? E vamos colocar essa moça para dormir aqui nesse cômodo? Porque eu não aguento mais essa moça passando aqui chorando todo dia com essa criança no colo." Aí naquela semana aconteceu, foi a troca do rádio por esta casa, e aqui eu estou até hoje.

Minha família e eu ainda estamos arrumando até hoje. [risos] Fui arrumando, depois era de estuque, botamos laje nos cômodos e depois passamos para o outro, e assim foi levando, tá entendendo? Foi muito difícil para fazer... Meus filhos foram crescendo, depois que eu passei a trabalhar as coisas foram melhorando, né? Tudo isso é importante para os meus filhos, meus netos! Muito importante mesmo, o dia que Deus me chamar eu tenho boas coisas para largar pros meus filhos, o que eu passei eu não quero que eles passem.

Eu tenho três filhos... As minhas duas filhas moram comigo, só o meu filho que mora ali na outra rua... Aqui na Vila Operária! Ele é casado, tem duas filhas, tem duas netas, tem essa daí e a outra mais velha. Agora a mais velha sofreu muito, a mais velha, a Maria Aparecida, sofreu muito, eu deixava porque ia apanhar água lá em baixo, eu colocava ela aqui nas cadeiras e ia buscar água na cabeça, às vezes eu não aguentava mais e colocava-a sentada: "Filha, fica sentada aí que eu vou pegar lata de água." Lá na última rua levar ela, e ela ficava sentadinha, eu colocava ela, tempo dos outros pegarem a minha filha, mas graças a Deus nada.

A Igreja Católica na Vila Operária

A Igreja Católica tem uma relação muito boa, minha filha, muito bom! Não tivesse a Igreja na Vila Operária eu acho que seria muito mais difícil para a Vila Operária, eu acho... Porque, a gente tendo a Igreja rezando, né? É muito bom, muito bom mesmo! O Padre Orázio. Nossa! Padre Orázio foi a sementinha da nossa igreja, tudo que ele podia fazer aí na nossa igreja ele fez, ele plantou mesmo! Ele plantou e a semente está continuando graças a Deus! Tinha vários grupos! O grupo que tem aí é curso bíblico, né, tem o do batismo, da crisma, tem o outro da quinta-feira... Saiu da minha mente agora, tem vários! Tem o grupo de oração.

Eu lembro da Cruzada São Sebastião, do que é! Só que aqui não teve, né... Mas na Vila São Luís que a gente vai, né... Aqui tem a vigília, né, assim de todo mês, agora tem que o Padre Júlio vem, outro padre muito bom para gente é o Padre Júlio, ele não deixa, de 15 em 15 dias ele vem celebrar, às quintas-feiras uma vez no mês ele vem, muito bom mesmo!

A Igreja ajudou muito com a minha casa, ajudava sim! Me ajudou muito no começo, a Ana Paula era muito boa pessoa, ela ajudava. Me ajudou muito, não posso reclamar. No começo, também. Depois que eu comecei a trabalhar as coisas melhorou, sabe? Mas enquanto eu estava eu trabalhava muito e a vida era muito sacrificada mesmo, mas graças a Deus, ele me deu tanta força sabe? Eu não tinha preguiça não, eu nunca tive preguiça.

Associativismo e a situação jurídica da casa na Vila Operária

Muito boa a minha relação com a associação de moradores, eu não tenho o que reclamar! Mas eu não participava não, eu entrei uma vez, aí, mas eu não fiquei não. Eles me chamaram, eu fui umas três vezes, mas não fiquei sabe? Tinha um rapaz que veio para cá, que queria que a gente ficasse para ajudar ele. Tem gente! Tem mais, lá dentro mesmo eu nunca entrei não, ele era mais, e tinha uma casa de uma menina e ele sempre ia na casa para fazer reunião com a gente... Mas foi só uns quatro meses, depois ele saiu, não ficou não, porque era pouca gente, né, tinham que arrumar pessoas competentes, né, já viu, né, para entrar não é todo mundo que quer pegar uma responsabilidade, é muita responsabilidade... Eu não sei o nome dele não.

Eu tenho meus documentos todos da minha casa. Eu tenho assim, conta de luz, conta de água, tenho esse papel, porque eu ainda tenho que passar para o meu nome, né, porque está no nome do meu marido, meu marido morre e eu tenho que passar para o meu nome, né? Mas, eles falam que é bobagem, que aqui na Vila Operária não precisa fazer essas coisas. É difícil, minha filha, a gente mexer com papelada aqui, é muito difícil. Ah, porque a gente vai e eles falam um monte de coisa, aí é difícil. Eu comprei uma casa ali na frente, eu estou arrumando as papeladas e até agora não consegui, a gente não consegue! É difícil.

O comércio aqui era difícil! O comércio da gente era lá em Caxias, porque aqui não tinha muito comércio, aqui não! Era só ali perto da... Tinha sedas, tinha ali perto do correio só, aqui eu não lembro. Não tinha Carrefour, não tinha nada, aqui não tinha nada. Era o que tinha ali em baixo, que vendia material de construção. Como é que era? Como é o nome mesmo? Ali perto do Seu Barbosa? Era ali em Miguel Couto que a gente comprava as coisas. Naquele tempo, sabe o que eles faziam com a gente? Eles vendiam a metade do tijolo cru e do tijolo bom, você ia fazer uma casa, você pensava que não, mas quando via a chuva, caía aquela meleca assim com parede abaixo, tijolo ia tudo para o beleléu, assim que eles faziam, era tão difícil assim, com o pouco dinheiro que a pessoa trabalhava e ganhavam eles ainda faziam isso, era muito difícil mesmo. Hoje não, hoje está fácil, mas naquela época era difícil.

Quando eu vim morar aqui, não tinha nada de aluguel. Nenhum programa do governo ajudou a construir minha casa. Não, nada! Foi tudo meu suor... A última coisa que me ajudou foi, só tinha aqui isso que você está falando, o Seu Barbosa, ele que lutava por nós, que trabalhava aqui, ele e a esposa dele, ele foi até preso, por conta do povo aqui da Vila Operária, ele lutou muito!

Não me lembro do tempo em que ele ficou preso, não me lembro do tempo não, mas ele ficou quase eu acho, uns dois ou três dias preso, porque foi uma injustiça que fizeram com ele, ele ajudava a gente, naquele tempo era tão difícil, para você vê, né, ele já lutava pela gente e os outros ainda queriam sacrificar ele. Ele era muito bom, foi um homem que lutou muito, ele morria pelo pessoal aqui da Vila Operária.

Ele a gente chegava para conversar com ele, e o que ele podia fazer para nos ajudar ele ajudava, mas era muito morador e ele não podia ajudar todo mundo, ele já fazia muito, né, ele já fazia muito de dá um lugarzinho para a gente morar, ele ficava com pena da gente e falava "Você não vai embora não, você vai ficar aqui, você vai melhorar, seu marido vai te ajudar, depois você começa a trabalhar e vai levando." Assim foi crescendo e foi levando a vida.

Ah, teve muita remoção na Vila Operária! Teve muita, minha filha, no outro dia falavam que o pessoal vinha tirar a gente, muito! Eu acho que teve umas duas ou três vezes tirar a gente daqui. Eles tentavam remover todo mundo, chegava e não ficava ninguém não, queria tirar todo mundo daqui, mas não conseguiu... Por isso eu estou falando com você que aconteceu com Seu Barbosa, ele ia saber? Ele ia até o fim para poder não acontecer com o pessoal que estava morando aqui.

Não lembro quem queria tirar a gente, não lembro não! Eles falavam que apareceu o dono: "O dono apareceu." Mas não chegava, né, tal dia assim vai tirar todo mundo, você sabe também que o povo fala muito, né, mas graças a Deus não conseguiu! Não chegou, de vez enquanto tem uma piadinha ainda, o pessoal de vez quanto fala.

Igrejas e escolas na Vila Operária

Bom, a Igreja Nossa Senhora de Guadalupe começou mesmo lá no colégio, né. O Colégio Vinícius de Moraes, dali nós compramos uma casinha pequenininha e eles começaram a construir. Eles compraram ali, né, jogou no chão a casinha pequena e foi fazendo a igreja... Aí foi aumentando, né, depois foi aumentando um pedacinho para cá e hoje está aquela igreja lá.

Aqui em cima no cruzeiro, tem a Nossa Senhora de Belém, né, tem só o cruzeiro agora lá, o pessoal não aceitou a igreja ali, já tinha feito ela, a igreja estava enorme, mas não aceitaram a igreja. Não tinha essa igreja aqui não, só tinha essa de lá, mas eles não aceitaram. Aí levou a igreja lá para Miguel Couto, né? Para Pauliceia.

Quem não queria a igreja lá, não lembro não. Eu lembro que foi uma pinimba danada! Eles tiraram, como foi eu não sei. Eu sei que quando a gente viu, já tinham tirado a igreja de onde estava. Aí, para eles não ficarem, porque já tinham colocado a telha, eles colocaram para lá, e eles deram um pedaço lá em cima, aí, colocou lá, lá na Pauliceia.

Essa igrejinha da gente quando a gente começou a fazer essa igreja, a gente fazia muito angu, como é que se fala? Esse angu baiano a gente fazia sabe? Para poder vender para poder fazer, vendia cachorro-quente eu e a Natalina, a gente ficava até às vezes 2 horas da madrugada vendendo as coisas lá para poder dá dinheiro. O grupo de mãe, tem também o grupo de mãe nessa igreja nossa. Foi muito, sabe? Foi muito sacrifício, né, perdemos uma pessoa que morreu, caiu lá da igreja e morreu, seu Manel, fazendo a igreja, caiu lá de cima e morreu. É filha, é difícil.

Quando eu cheguei aqui já tinha já aquele colégio. Era mais pequeninho, eles aumentaram um pouco, né, mas já tinha quando eu cheguei aqui, o colégio já tinha. Agora aqui em cima eu nem sei, acho que já tinha, mas também o do Seu Barbosa, o primeiro colégio foi lá. Outra coisa também, colégio aqui a gente dormia na fila, final de ano assim para matricular as crianças, a gente dormia na fila para conseguir colégio, e não conseguia, era difícil... Hoje está fácil, está muito fácil, não precisa falar: "Não estudo porque está difícil." Não, está fácil. A gente dormia, minha filha, em dois, três colégio para conseguir vaga para colocar os filhos. É! Eu dormi muitas vezes em colégio ali embaixo ali, e dormia eu e minha colega, a gente levava um pano, colocava assim no chão e deitava e dormia, e não conseguia duas, três vezes: "Ah, vai ter vaga no colégio assim." Então a gente ia para lá, hoje não! Hoje está mais fácil né, muito mais fácil, porque tem vários colégios, antigamente não tinha, era lá em Miguel Couto, aqui no Seu Barbosa, e aqui embaixo, os outros era particular, quem tinha dinheiro estudava, quem não tinha... E aqui no Fluminense.

Entrevista com **Maria Elena Oliveira Santos**

Data: 26/01/2020

Local da entrevista: Sua residência na Vila Operária

Entrevistadoras: Débora Oliveira e Lu Brasil

Vídeo: Lu Brasil

Áudio: Lu Brasil

Origens familiares e vinda para o Rio

Meu nome é Maria Elena, estou com 68 anos [2020]. Meus pais são de Sergipe, Aracaju, meu pai e minha mãe. Eles se conheceram lá mesmo! Depois eles viram para a Vila da Penha, aí eu não sei como, porque eu era muito criança, ele veio para cá de lá, ele saiu para trabalhar, ele marítimo, mas ele não tinha muito estudo, aí ele saiu de lá muito rápido. Então, nós não tínhamos aonde morar, nós fomos morar na casa dele lá na 14 de Julho, que é aqui na Vila São Luís, aí nós moramos lá e depois ele conseguiu comprar esse terreno que ele até comprou dois, mas não teve como pagar os dois, daí ele ficou com esse aqui , construiu um barraco e nós ficamos morando no barraco, minha irmã mais velha veio de lá com 5 meses, parece, aí ela me falou que ela veio para cá com 5 anos, então depois que o meu pai comprou isso aqui ele fez um barraco, nós ficamos morando aqui, e aqui nós ficamos até hoje...

Aqui a gente nunca morou em casa alugada, foi casa própria, porque ele alugou lá na Penha, mas eu não lembro porque foi tão pouco tempo, não é, nós fomos morar lá no meu tio porque ele não podia pagar, daí ele começou a trabalhar, foi quando ele comprou esse terreno, e começou a construir devagar e tudo, não é, aí nós morávamos lá na casa do meu tio que era casa dele...

Eu lembro muito pouco de lá do Sergipe, eu sei que a minha irmã, eles moravam em um lugar aonde enchia muito, ela caiu até no riozinho que tinha lá, essa minha irmã... Aí é muita pouca coisa, eu não sou muito de lembrar das coisas... A minha família veio para cá eu acho que por causa de trabalho, para trabalhar aqui... Foi porque ele saiu de lá para viver a vida aqui, e naturalmente ele foi trabalhar lá na marinha, o meu tio ficou mas ele não ficou, então ele trabalhava como servente, entendeu, aí ele ficou trabalhando, ficou um tempo trabalhando na feira, vendendo as coisas na feira aqui porque ele não tinha condições, não tinha estudo...

A vinda para o Parque Felicidade e a infância

A Vila Operária veio depois de muito tempo, aqui quem deu esse terreno aqui foi o falecido Seu Barbosa, ele tinha uma sede aqui que ele se candidatou como vereador, então ele deu esses terrenos para as pessoas, entendeu? Aqui não é Vila Operária, Vila Operária é na parte de lá, aqui não é. Então ele começou a dar os terrenos, então aí que começou, que se criou a Vila Operária. Aqui é Parque Felicidade. Aqui o terreno é comprado, o meu pai tem tudo direitinho ali, agora lá ele deu o terreno, só que depois as pessoas começaram a legalizar, tem pessoas aí que são legalizadas, não é, então foi ele que deu esse terreno, quando eu vim para cá nem pensava em ter Vila Operária.

O meu pai vendia bala, ele fazia bala em casa, aí a gente apanhava lenha para ele poder fazer bala, porque a gente não tinha luz, não tínhamos nada, isso aqui era só barro, aí ele ajudava a gente fazendo bala... A gente tinha a obrigação de ajudar, aí pegava lenha, ia comprar açúcar, tinha que comprar açúcar cristal e manteiga, tudo, porque o que ele vendia era o que ele apurava para comprar outras mercadorias, outros produtos para ele poder trabalhar, aí saía essas briochinhas, que antigamente tinha muitas briochinhas, não é, e vendia a balas. Eu não sei se vocês chegaram a conhecer umas balinhas que são iguais uns travesseirinhos que vinham em um, tem lugares que ainda tem, fazia um travesseiro assim e elas eram todas listradinhas assim, tinha azul, rosa, entendeu, eu me lembro como ele fazia, ele fazia aquela calda de açúcar, depois ele colocava em uma pedra, passava manteiga e colocava em uma pedra, ele mesmo trouxe de Aracaju uma máquina que até hoje eu me arrependo de não ter guardado essa maquinazinha, porque a gente não tinha espaço não tinha nada, então tudo ia se estragando.

Mas ele sustentava a gente com uma maquinazinha que ele trouxe de Aracaju, era igual essas serras de colocar em terra para serrar as coisas, a parte de baixo era assim e a outra era assim, aí ele colocava um cabo de vassoura assim na porta, aí quando o açúcar ia esfriando ele colocava o açúcar ali e uma puxando, puxando e puxando, aí ficava branquinha da cor desse papel, quando ficava da cor desse papel ele colocava uma anilina, aí que ficava rosa, ficava verde, ficava azul, aí ele juntava tudo aquilo, fazia um canudo só, igual você vai fazer um nhoque, ele colocava aquilo e ia puxando, puxando e puxando, aí ficava branquinho.

Daí ele colocava a cor, depois ele ia puxando aquelas varetinhas e varetinhas aí colocava em uma pedra que se chama talco, talco de confeiteiro, colocava aquilo e então ele pegava aquelas tripinhas igual nhoque, botava ali e já caía no negócio, passava por esse talquinho, daí eles separavam uma por uma, e colocavam nos potes assim para vender...

Agora, lembrança da infância eu não tenho não, porque eu comecei a ser responsável muito cedo, não é, porque eu fui trabalhar muito cedo, eu me lembro aqui das pessoas, nós não tínhamos água, as pessoas pegavam muitas águas aqui no meu poço, entendeu? Fazia fila porque isso aqui sempre foi problema de água, agora melhorou, graças a Deus, também dessa praça que não tinha nada, depois eles fizeram essa praça, fizeram a igreja e também eu não tive muito tempo de curtir porque logo isso aqui não era dado para fazer uma igreja, daí eles tiraram a igreja... Então a gente não tinha divertimento nenhum. [risos]

Olha, onde eu fui trabalhar eu estava com 14 anos, como eu te falei, na lanchonete, de 13 para 14 anos... Não! De 17 anos, 17 anos eu fui trabalhar na lanchonete, então nesse período tinha a igreja, então a gente pode fazer uma conta: eu estava com 17 anos, hoje eu estou com 68, então tem 51? 51 com 17? Então têm uns 51 anos atrás, porque 51 com 17. 51, o ano em que eu nasci. [risos] É, há 51 anos [2020] tinha a igreja que ficou pouco tempo, porque eu lembro que eu já trabalhava aí com meus colegas, entendeu?

Eu me lembro de que um colega meu, ele falou assim para um rapazinho que queria me namorar, porque meu pai não deixava a gente se comunicar com muita gente, aquilo tudo, ele falava assim: "Tadinha, tão metida, mas trabalha em lanchonete." [risos] Aí, quer dizer, essas coisas eu gravo, então eu tenho uma noção do tempo...

Essa praça onde era a igreja se chama praça do Cruzeiro, porque como tinha o cruzeiro e de tanto que começou a cair o cruzeiro eles tiraram o cruzeiro e colocaram ali embaixo, você vê que tem uma cruz ali embaixo, então arrebentaram essa com medo de cair e dá algum problema, então foi e fez ali, então é dada como a praça do Cruzeiro que se chama até hoje...

Depois da infância, minha vida se resume a trabalho, porque eu estudei até a 4ª série, eu tenho o meu diploma porque eu fiz uma prova e consegui passar, mas daí para lá só foi trabalho, com 17 anos eu já assumi a minha carteira, meu pai era alcoólatra...

A infraestrutura na Vila Operária

Há pessoas que falam que é um lugar ruim, mas eu não acho, eu acho que das favelas a melhor é a daqui. Porque você vê o que acontece nas outras, e você não vê tanta coisa acontecer aqui, né, tem gente que sai daqui e até volta: "Ah, eu vou sair daqui, porque aqui é ruim." Mas eu não considero aqui um lugar ruim não, entendeu? Eu não tenho o que dizer não, nada não, porque problemas têm em todos os lugares, né, mas só que o ambiente é nós que fazemos, né, então se você faz um bom ambiente, você tem bons vizinhos.

Todos que moram aqui sabem que foi o Seu Barbosa que deu o terreno para eles, ele mora ali na sede, já morreu há bastantes anos, depois a esposa dele, eu esqueci até o nome dela, da esposa dele, morava lá aonde tem o colégio, sabe o colégio? Do Barbosa lá embaixo? Então, ela morou ali. Nossa convivência com ele era boa! Ele gostava muito do meu pai, se eu te falar, esse meu irmão, ele tem uma cicatriz aqui, que nós pegávamos água lá da mina, porque não tínhamos água, pegava lá no poço, se chamava Poço do Cavalo, então o poço não era fundo, mas ele tinha manilha, então meu irmão devia ter uns 6, 7 anos, eu não sei por que não lembro bem, ele caiu naquele poço, só que nesse período o Seu Barbosa tinha colocado uma ambulância que era para comunidade. Aí foi o meu irmão que inaugurou a ambulância do Barbosa, ele que inaugurou.

Ele tem aqui, a gente fala que ele até ganhou na loteria porque foram 13 pontos que ele levou aqui, tem marca, caindo lá ele estava puxando água, puxando não porque era caçamba, não é, quando ele estava tirando a caçamba, porque o poço era rasinho, a garotinha veio correndo, e ali era molhado, ele escorregou, tadinha, bateu nele e ele caiu lá dentro, e como tinha duas manilhas, ele cortou que quase morre, que vai à fonte, como fala, não é, quase que ele morre e foi a ambulância do Seu Barbosa que levou ele...

Tinha o motorista da época, eu não sei se era o Kaká, porque o Kaká morou muitos anos aí também, já é falecido também, aí ele tinha os motoristas da ambulância, graças a Deus não aconteceu nada sério com o meu irmão, ficou bom, então, quer dizer, a gente agradece, não é...

Associativismo e política na Vila Operária

Olha, minha família deve ter feito parte da associação de moradores, mas só que eu era nova, porque se tinha alguma coisa para pagar assim antigamente, eu já nem lembro, não lembro, mas todo mundo aqui fazia parte, não é, porque foi ele que deu os terrenos, o Seu Barbosa conhecia o meu pai de Aracaju, que eu estudei até no colégio que ele colocou, no coleginho ali, no colégio dele, mas era muito levada, muito levada, eu não aprendia nada, aí a minha mãe foi e me pegou, eu nem sei se posso ficar falando essas coisas que acontece quando a gente é nova e tudo que briga no colégio. [risos]

Então eu vou te falar, porque eu falo demais, então eu briguei no colégio com um coleguinha, aí a minha professora veio separar a gente, mas ela não conseguiu porque eu peguei no moleque, ele era magrinho e eu era magrinha também, ele era magrinho, mas eu não sei de aonde eu tinha força, aí ela foi lá à sede chamar o Seu Barbosa, só que foi cedo, foi logo que eu cheguei com um brinquedinho meu e ele botou a mão, pegou e eu não queria, mostrei para quem eu queria, mas não queria que ele pegasse, aí foi chamar o Seu Barbosa, ele chegou e mandou cada um para a sua casa.

Aí falaram para a minha mãe que ele tinha me expulsado do colégio, aí a minha mãe foi lá e tudo porque a primeira reclamação, a segunda e a terceira que expulsa, aí ele falou assim: "Dona Carmem", eu me lembro como se fosse hoje, "Dona Carmem, eu não expulsei nenhum dos dois, eu não tinha nem feito a minha higiene matinal e foram me chamar que tinha dois alunos atracados, eu vim e mandei cada um para a sua casa". Aí pronto, mas aí depois a minha mãe via que eu não aprendia, não aprendia nada, aí ele pagou uma gaúcha que dava aula perto da Paulista aqui, foi que eu aprendi, eu estudei até a 4ª série, eu só tirei meu certificado do primário porque eu fiz uma prova e passei depois que eu fui trabalhar na lanchonete, que naquela época eu precisava, aí eu sei que o Seu Barbosa não, ele gostava muito do meu pai e meu pai gostava muito deles.

Conheceu o meu pai eu acho que em Aracaju, depois ele veio para cá, né, e se meteu nesse negócio de política, quis ser vereador, ele foi fazendo as coisas aqui… Aí a minha mãe gostava muito dele, o meu pai também, Seu Barbosa, eu só não me lembro do nome da esposa dele, não consigo lembrar… Não sei nem quem morreu primeiro, se foi ele ou se foi ela, mas é isso…

Eu nunca me envolvi muito com a associação de moradores, porque a associação de moradores de lá, não é, de lá, porque aqui quando vai ter prefeito a gente vota e tudo, mas de lá a gente nunca se envolveu muito não. Mas é tudo um só, é tudo lá, é um só, a associação de moradores engloba lá e aqui, porque nós moramos aqui, só que quando nós viemos, você, que antigamente quando vieram as coisas, vinham Parque Felicidade, hoje em dia eles colocam Vila Operária, mas sempre foi Parque Felicidade, nunca foi Vila Operária, porque muito antes de surgir Vila Operária, existia o Parque Felicidade, aí depois que teve a Vila Operária, mas vem correspondência como Vila Operária…

Hoje em dia vem, aí as pessoas falam assim: "Ah, mas aqui não é Vila Operária." Mas a gente mora praticamente na Vila Operária, as pessoas têm uma restrição: "Ah, porque eu não moro na Vila Operária." A diferença, eu pegava água na Vila Operária, peguei muito água já, o meu pai ia pegar água era meia-noite, uma hora, porque o pessoal já tinha enchido tudo, e às vezes ele chegava lá e não tinha água, tinha que esperar minar, eu me lembro de que eu colocava uma folhinha em uma mina que tinha ali que quando desce por aqui tinha uma mina, aí a gente pegava uma folha grande e botava a lata e ficava embaixo e pegávamos aquela água minada na lata, e demorávamos, nós ficávamos no barraco lá porque nós éramos pequenas, eu e minha irmã, e aqui era cerca, muitas vezes meu pai falava: "Vocês não saiam na hora que eu for pegar água."

Porque era onze horas e meia-noite que ele chegava do trabalho, e esperava minimizar lá para poder pegar, aí eu me lembro que uma vez a minha irmã tinha mania de sair, e uma vez, minha filha, o meu pai tinha muita planta, e aqui tinha mato também, aí ele regava as plantinhas com regador, aí uma vez de lá de baixo a minha irmã viu o meu pai regando aqui, mas não era o meu pai, aí ela entrou, a gente colocou o monte de cadeiras com medo, não é, aí colocou as cadeiras na porta e depois de muito tempo que meu pai chegou.

Aí o meu pai disse assim, ele viu, não é, que a gente tinha aberto a porta, aí ele falou assim: "Mas eu não cheguei, eu estou chegando agora." Nunca mais ela abriu a porta, não sei, ela viu isso na cabeça dela e viu o meu pai entrando, até hoje ela não sabe, mas eu me lembro disso, eu era criança mas era só eu e ela, na época, aí ela via o meu pai regando a planta, mas não era ele...

Fazem essa diferença entre Parque Felicidade e Vila Operária é porque a pessoa não quer dizer que mora na Vila Operária, eu só posso crer que é isso, e muita gente fala: "Ah, mas eu não moro na Vila Operária." Mas eu: "Ué, que diferença faz a Vila Operária está aqui e você está aqui, que diferença faz?"

A atuação do governo aqui, ah, muito fraco [risos], muito fraco, essa linha de ônibus que eu pego aqui, quando começou aqui, eu não sei o ano que começou, mas era mais ou menos na época que eu comecei a trabalhar, mais ou menos, não teve melhora nenhuma, piorou... Piorou, porque antigamente tinha três ônibus na linha, hoje em dia, hoje só tem um, durante a semana são dois, sábado e domingo é um ônibus na linha, que melhora teve? Passa de uma em uma hora, como é que em um lugar desses, eu fico no centro de Caxias, eu vejo ônibus passando, passa dez ônibus que vai ali para, ai meu Deus do céu, que vai ali para onde tem a igreja de São Jorge, dez ônibus, onze ônibus para passar os Vinte e Cinco... houve época de ter Kombi, hoje em dia tem os carrinhos, não é, você não sabe porque você não mora aqui, mas deve saber, tem os carrinhos que pega a gente aqui em Caxias e cobra o preço do ônibus. Não, não é Uber não, são meninos que moram aqui, que conseguiram comprar um carrinho e ficam trabalhando, trazendo a gente por 4 reais, o preço do ônibus, eu tenho vale idoso, mas sexta-feira eu não utilizo porque eu não vou ficar esperando uma hora o Vinte e Cinco,[91] se

91 Linha de ônibus local.

ele passa agora 7 horas da noite ele só vai passar 8, então eu vou gastar os meus 4 reais, que eu vou com os carrinhos, eles deixam a gente aqui.

A luz não, eu coloquei a luz quando eu estava trabalhando, eu acho que no Café Pelé, que eu coloquei luz aqui na minha casa... A saúde, minha filha, tem esse postinho aqui embaixo, não é, tem esse aqui, mas que não são lá essas grandes coisas não... Ah, não dá para atender uma emergência não! Não dá não, só se vocês estiverem, assim, se você for fazer um tratamento que eu não sei o nome, porque eu já não uso, eu utilizo lá no Méier, porque como eu praticamente moro lá, a minha patroa me dá a conta de luz dela e eu faço meu tratamento na UPA lá do Méier, porque aqui tem lá o Sase mas é pago, aqui tem esse posto aqui, mas você vai às vezes, é só para dizer que tem e você ser atendido, para dizer para mim que tens médicos bons, eu não posso dizer o que tem e o que não tem, porque eu não utilizo, e teve um período da minha vida que minha irmã trabalhou na Unimed e ela pagou Unimed para mim, entendeu.

Só que quando ela saiu, ela não pôde mais pagar, e eu também não tenho, meu salário, não dá para pagar... Aí às vezes eu vou ali ao Sase, aí fazia um exame, pedia uma endoscopia, mas você tentava correr atrás de uma endoscopia para não pagar, às vezes não conseguia, entendeu. Já fiz umas e eu paguei, eu mesma paguei em dinheiro, uma eu paguei no cartão, porque saúde... Apesar de que quando eu caí que eu fui para Moacyr do Carmo, que eu falei que dei um corte, com uma semana eu estava em casa, eu fiz a minha fisioterapia no... Aqui direto, na rua direto lá em baixo, eu fiz todas as minhas fisioterapias, tinha dias que não era lá essas coisas, não media a pressão, mas deu para quebrar o meu galho, porque eu estou andando, não é, então a gente tem que ver o que foi bom e o que não foi. [risos]

Mas eu fui bem atendida lá, mas tudo é aquilo, foi porque eu fui indicada, não é, "não, ela caiu no posto e tem que ser atendida agora", ela falou, porque o posto lá era alugado por Zito, a minha amiga falou assim: "Ah, foi." Quando eu cheguei lá: "Mas tem que enfrentar fila." O rapaz falou assim: "Foi o cabeção que mandou." O cabeção era o Zito, era o apelido do Zito, aí eu fui atendida, também eu não posso reclamar, só tenho a agradecer, eu fui atendida e eu estou aqui andando com a perninha boa, quando eu fui para lá eu estava mais fraquinha, agora estou bem graças a Deus, aí é isso...

Foi, foi por causa do Zito, todo mundo falou, eu falei que foi, quatro pessoas que estavam lá e elas foram operadas, depois que eu operei, até puxou elas, não é, porque depois que elas falaram: "Ah, você não vai ser operada agora." Aí, depois que eu ouvi o zum-zum-zum, eu falei assim: "Não, é porque eu caí no posto médico." Mas também não coloquei na justiça, não coloquei em nada, eu queria mesmo era a minha saúde, porque graças a Deus eu tive, pessoas falaram que eu ia ficar tantos anos sem andar por tanto tempo, com um ano eu estava andando, graças a Deus... Peguei médicos bons também.

Olha, eu não tenho filho, então quem ver assim, as pessoas de educação assim, meus sobrinhos estudam, a Alice estuda lá em cima na Vila Operária, mas o Gabriel estuda aqui no colégio que a gente falava que era do Seu Barbosa, até hoje a gente fala que é o colégio do Seu Barbosa, mas não tem nada a ver mais, mas é aquilo, não é, nem muito e nem pouco, tem para servir a necessidade, ou às vezes tem pessoas, crianças que às vezes é mais inteligente, estuda, outras não são, não gostam de estudar, aí isso é relativo.

Tiveram muitos políticos que atuavam aqui, muitos, olha, mas eu não posso falar... Eu de política não sei de nada, na hora de chegar ali, que eu tivesse que votar eu tinha que vir pegar o papel e tudo, porque na minha cabeça, política não... Dizem que o Osvaldo que melhorou, não é, a situação da água, dizem que foi o Osvaldo que melhorou porque na época era precário mesmo... Osvaldo foi vereador, ele ganhou, mas ele morreu. Então, diz que quem melhorou aqui de água foi o Osvaldo...

A construção da casa na Vila Operária

É, eu comecei a fazer a casa quando eu fui trabalhar na Cacique de Alimentos, porque eu tive um salário melhor, eu saí do emprego ganhando 100 reais, na época era 100 cruzeiros, não é, não era real, aí eu saí de lá e fui trabalhar na Cacique ganhando 350, não, 325, quer dizer, aí eu tive um salário, aí eu comecei a comprar os materiais, aí eu comprava, eu tenho um colega que faleceu em agosto do ano passado e ele que construiu, nunca me cobrou nada, entendeu, eu agradeço muito a ele, eu gostava muito desse meu colega, mas ele que construiu aqui, não paguei nada, nada, ele vinha, ele trabalhava em obra, então ele vinha, fazia uma semana um pouquinho, aí depois fazia mais um pouquinho, aí foi fazendo a casa para mim... Deve ter ficado uns anos bem [risos], não sei dizer não, mas bastante tempo!

Não, nem tinha como ter sido feito de uma vez, não tinha como porque, além de eu sustentar a minha casa, eu tinha que comprar material, naquela época comprava pré-datado, não é, a gente comprava na Clebinha, aqui eles parcelavam para mim em cheque, porque a Cacique me pagava em cheque, fazia cheque pré-datado, aí fui fazendo, fazendo, aí depois a minha irmã começou a trabalhar, aí começou a me ajudar. Aí eu fui fazendo e fazendo, depois acabei, porque aí vai tendo mais problema na família, a família vai crescendo, a gente ajudando, mas graças a Deus eu não tenho o que reclamar não, Deus sempre foi muito bom para mim...

A compra do terreno onde a casa está, meu pai comprou, quer dizer, deve ter sido em 1953, 52, que ele comprou o terreno, o terreno ele fez uma meada de madeira, entendeu, depois a meada foi se acabando, se acabando, aí, quando começou a fazer a obra, a gente começou a morar no porão ali embaixo, até para poder a gente subir, porque não tinha, o barraco ficou muito ruim, porque era de madeira, foi se acabando na chuva... Meu cunhado mesmo ajudou, meus irmãos às vezes quando estava em casa, não saía, ajudava ele, entendeu, mas só foi o meu cunhado mesmo...

Assim no período da laje realmente alguém ajudou, porque sozinho não ia, mas como eu tenho um bom relacionamento por morar aqui muitos anos, sempre os vizinhos vinham ajudar, entendeu, os colegas vinham ajudar a colocar a laje, não colocou tudo em um dia só, entendeu, aí na época eu já trabalhava na Cacique, aí comprava as coisas assim, os meus colegas iam ao ferro-velho, aí dizia: “Ah, tem isso assim e assim?” Aí eles iam e traziam até na Kombi da Cacique mesmo, eles trouxeram para mim para botar a laje, aquele negócio assim, as tábuas, não é? Então veio a Cacique, deixou meu colega vir trazer de carro, entendeu, de Kombi, aí foi tudo ajudado por Deus, primeiramente, depois pelos amigos e colegas...

Propriedade é o que você compra, aquilo é seu... É e não é, não é [risos], nada é nosso, nada é nosso, só que a gente não tem que pagar um aluguel, não é, não tem que ficar alugando casa para lá e para cá, então é bom, é bom você ter o que é seu. Eu digo, porque eu estou aqui hoje, amanhã eu não sou dona de nada, não é? É nosso, por um tempo, não é, por as pessoas pegarem tanto, por exemplo, tem um terreno aí, não quer colocar um parente para morar, não quer dar um espaço para alguém, mas aquilo não é nosso, é só enquanto estamos ali, e depois não vai deixar? Vai deixar para qualquer um. [risos.

Ah, a casa significa muita coisa, é muito bom... É importante, para mim é muito importante, que é igual emprego, eu pedi tanto a Deus e eu arranjei um emprego e trabalhei por tantos anos sem nem sair de um e ir para o outro, entendeu, então a casa é assim, você vem, eu acho que só vou sair daqui quando eu morrer, não é, eu acho que também eu não posso dizer, a gente não sabe, a gente não sabe de nada, só quem sabe é Deus. [risos]

É verdade, é porque você vem pensando, nada é nosso, nada nosso, porque eu conheço pessoas que compraram uma casa perto de uma rede ferroviária, o governo foi, chegou lá e quis aquele pedaço, te indenizou lá com pouca coisa, você é dono daquilo dali? Então, praticamente você comprou, mas se um dia alguém quiser te tirar, vai te tirar, entendeu, você não é dono de nada, praticamente...

Bom, dizem que a Vila Operária é uma favela, não é, até hoje eu sei que é uma favela... Favela é o que eles criaram, não é, vamos supor, as pessoas não têm onde morar, eles dão aquilo ali e colocam "favela", não é, é favela e isso aí vai... É isso, é um lugar igual aonde todo mundo mora, todo mundo vive, não é, tem tanta gente boa que mora dentro de uma favela e tanta gente ruim que mora sem ser dentro da favela, concorda comigo?

Então, as pessoas têm manias de dizer, eu fico danada quando falam isso: "Você parece que mora na favela." E eu digo assim: "Por que vocês falam isso, mora na favela?" Quem mora na favela às vezes é mais digno de quem não mora na favela, eu não suporto quando falam isso, aí eu falo assim: "Você está parecendo mais favelado do que o favelado." Eu falo, até para parente meu eu falo isso: "Parece que mora na favela." O que é a favela? Favela é igual a todos os lugares, não é? Ou uma Zona Sul, ou Copacabana, ou Ipanema ou Leblon, a pessoa está lá: "Eu moro no Leblon, eu moro em Copacabana, moro lá no Vidigal, lá perto do Hotel Nacional." É uma discriminação, não é, eu acho que é uma discriminação.

Entrevista com

Suelene Ferreira Santos e Vera Lúcia Ferreira Santos

Data: 10/09/2018

Local da entrevista: Sua residência na Vila Operária

Entrevistadoras: Débora Oliveira e Lu Brasil

Vídeo: Lu Brasil

Áudio: Lu Brasil

Origens familiares

Suelene: Eu me chamo Suelene, tenho 54 anos [2018]. É um grande prazer falar um pouquinho aqui da Vila Operária. A história da minha mãe, da gente, do nosso bairro. Eu nasci aqui, minha irmã veio para cá com 3 anos. Eles chegaram primeiro e eu cheguei depois. Eu nasci depois, mas eles já estavam aqui. Aí a história é melhor você falar, irmã.

Vera Lúcia: Eu me chamo Vera Lúcia, tenho 59 anos [2018]. Minha mãe veio para cá através de um primo dela que já estava morando aqui, então ele viu que tinha muito espaço aqui, ele veio, pegou e resolveu para ela. Minha mãe veio da Bahia para cá sozinha, deu um jeitinho e fez uma casinha. Depois é que ela foi buscar os filhos dela, porque na Bahia nós lá ficamos cada um com um padrinho, madrinhas, entendeu? Depois que ela juntou todos nós. Aí, dali fomos passando dificuldades que toda gente passa, mas, é isso. Ela abandonou tudo lá e veio para cá com seus filhos.

Suelene: Como ela falou, ela veio para cá, reservou, montou um lugar para a gente morar, não é? Que não era uma casa. Era uma casa, mas com o único recurso que ela tinha que era madeira, essas coisas. Voltou para Bahia, pegou todos os filhos dela e depois ela conheceu meu pai aqui e aí que eu fui nascer, que providenciaram a carioca cara de baiana. Mas depois foi com muita luta, porque ela, além de esta, tinha meu primo, mas ela era sozinha, analfabeta, não conhecia ninguém aqui assim. Ela conseguiu emprego de doméstica, arrumadeira, passadeira, aprendeu a costurar sem estudo, costurava pra fora. Aos pouquinhos ela foi colocando tijolo, levantando as coisinhas.

Ela já veio da Bahia com esse espaço aqui reservado pra ela que meu primo reservou. Então, quando ela veio já tinha o loteamento, espacinho que muita gente estava vindo. E ela veio para cá. Meu primo viu essa oportunidade para ela, porque ela estava precisando, porque lá na Bahia não tinha condições para criar os filhos dela. Aqui no Rio, graças a Deus, deu certo. Na verdade, ele era primo dela, primo nosso, mas eu lembro que a gente chamava ele de tio por algum motivo que eu não sei. Acho que por causa da idade, e a gente também não tinha ninguém pra chamar de tio. [risos] A família toda da minha mãe ficou na Bahia, só ela que veio. Todos os irmãos dela ficaram na Bahia, a gente conheceu uma tia nossa só porque depois de muitos anos ela veio visitar a minha mãe, veio para o Rio de Janeiro aqui para casa da gente visitar a gente. Mas a gente não conheceu tio, só essa tia Maria, que já faleceu também, infelizmente. Mas a gente não conheceu nossos tios, nossas tias, nossos avôs, entendeu? Nossos primos, a gente tem até contato, mas só por telefone antes era carta, era muita cartinha com fotinhos, essas coisas... Agora é telefone.

Infância e primeiros anos na Vila Operária

Suelene: Eu me lembro muito. A gente passou assim, passou muito sufoco, não é? Mas eu me lembro que quando chovia as goteiras caíam e a gente se enfiava embaixo da mesa. Era uma mesa de madeira, a gente se escondia embaixo. Era muito complicado, foi uma infância difícil, mas a minha mãe nunca deixou faltar nada para a gente. Ela trabalhava na casa de família, era várias casas, tipo diarista. Tinha alguma festa, alguma coisa, ela sempre trazia para a gente. Roupas a gente já recebeu muitas, ela fazia também. Era um sufoco, mas não era assim de passar necessidade, fome, ela nunca deixou.

Ela deixava de comer nas festinhas para trazer para a gente. Trabalhava para botar o básico em casa. Ia no mercado e andava para caramba porque não tinha essas conduções que tem, e também não tinha condição. Ela ia no mercado e via uma promoção, aí voltava andando e ia em outro mercado, vê outra promoção. Quero dizer, ela ralou muito, batalhou muito para não deixar faltar nada para a gente, principalmente isso que ela ensinou para a gente, educação.

E de resto, que eu me lembre também, muita farra. Eu jogava bola, sempre gostei muito de jogar bola. E aqui era ótimo, tinha um campo de futebol. Não tinha esse colégio, isso tudo aqui era um campo. Aí, nos finais de semana, as famílias se reuniam, meus irmãos jogavam bola. Meu falecido irmão, o apelido dele era Garrincha, ele jogava muita bola, foi até chamado pra jogar no Vasco, mas tinha um problema de coração e por isso faleceu muito jovem. E tem meu irmão que mora aqui em cima, Galo, que jogava bola também. Todo mundo jogava bola. Final de semana era aquela maravilha, sabe. As famílias se reuniam lá em cima no campo para todo mundo jogar bola. Aí os familiares, os pais ou irmãos assistindo. Era confraternização, coisa que infelizmente não tem mais. É coisa de comunidade. Todos se conheciam, todos se davam bem.

Vera Lúcia: Era uma época muito boa, minha mãe saía e deixava a gente em casa, pedia só para uma vizinha que tinha do lado para ficar de olho na gente. A gente fazia a nossa arte aqui mesmo, bagunça. A gente tinha um horário, quando dava tantas horas, tinha que voltar para casa. Minha mãe foi pai, foi vó, foi tudo. Uma mãe muito boa.

Nós éramos felizes, mesmo com dificuldade. Há um tempo atrás não tinha essas coisas de hoje, brinquedo bom, videogame. Eu lembro que eu ganhei uma boneca que até hoje eu encontro, umas bonecas na loja que eu fico lembrando. Muito pequenininha, durinha, eu vejo as novas e fico lembrando, ainda foi comprar para guardar, pois parece. Hoje não, tem boneca até que fala. Foi uma única vez que eu ganhei uma boneca e ainda perdi.

Suelene: Mas isso que ela falou, quando a minha mãe chegava, a gente corria para arrumar a casa. Quando ela chegava em casa, queria a casa arrumadinha. E tivemos uma ótima infância! Nós tivemos infância. Aqui você podia correr, ficar na rua a noite toda. A noite toda não, tinha horário que sua mãe deixava, depois sua mãe chamava e você tinha que entrar, não tinha jeito. Mas enquanto deixava a gente brincava, a gente corria. Minha canela só vivia de barro até aqui, porque não era calçado essas escadas aqui, descer para pegar bola, subir. A gente brincava lá em cima. Era pique-bandeira, pique-esconde, pique não sei o quê. Entende? Então, foi uma infância maravilhosa, nós tivemos infância porque nós brincávamos de patinete, corríamos para lá, corríamos para cá. Tinha casas com árvores, eu me lembro que aqui em casa tinha no fundo. A gente pulava daqui para a casa do vizinho que nem Tarzan.

A gente buscava água lá naquele morro lá em cima. No morrão do lado do cemitério. A gente pegava água lá, subia o morro, botava a manilha na cabeça, colocava a lata d'água e subia o morro para encher os latões de água. Mas aí, nós éramos saudáveis porque fazíamos um treinamento físico [risos], e ao mesmo tempo a gente... Era para a gente beber, era para a gente tomar banho, era para tudo. Não tinha água encanada, não tinha nada disso, aos poucos que foram estalando as coisas aqui e melhorando. Pavimentando, calçando, isso daqui era... Nós praticamente vimos o progresso aos pouquinhos. Foram as calçadas, a enganação da água, iluminação, porque também era muito precário os postes. Mas, vou te dizer, era muito bom.

Vera Lúcia: A gente também brincava assim, depois que melhorou a casa, naquela época não era piso, era cimento... [Suelene: "Vermelhão que se fala."] A gente jogava água, botava sabão e escorregava. Um empurrava o outro. Nossa mãe separava as funções, as meninas faziam uma coisa e os meninos o mais pesado. Aí todos eles corriam para fazer a parte deles. Aqui ainda não tínhamos água encanada.

A infraestrutura na Vila Operária

Suelene: Sobre a luz aqui na Vila Operária, ela foi bem mais rápido. Eu acho que quando o Zito, posso falar dele? Foi o Zito que fez essas escadas, pavimentou aqui em cima. Foi ele. Isso eu não estou puxando sardinha para ninguém, mas todos prometiam. Quando chovia, olha, era terrível. A gente escorregava e se sujava. Para o colégio, às vezes, eu estudei lá no 25 de Agosto, não tinha mais 8ª série aqui e eu tive que ir para lá. A gente ia com saco na roupa, nos pés para proteger da lama, era tanta lama que a gente chegava no colégio todo sujo. Uma vez eu desci ali na Rua da Sepetiba e caí. A gente ria muito, toda suja de lama. Era tudo lama, aquele barro vermelho. Era triste, ficava cheio de lama ali em baixo. E vários candidatos prometiam, prometiam, e nada. Aí ele veio, prometeu e cumpriu. Hoje isso aqui é... Só falta um teleférico pra gente subir, eu vou adorar. Você sabe como sofremos pra subir.

Tinha um menino lá no meu trabalho, agora não, mas há alguns anos atrás ele falou: "Suelene, você tem um coxão assim saradão!" [risos] Vai morar aonde eu moro! Eu descia lá na praça e vinha andando. Subia esse morro todo dia e subia para ir trabalhar. Quer dizer, não tem como não ficar sarada, não é? Uma ginástica e tanto. E depois de calçar você tinha que ser atleta, porque era assim, tinha uma escada aqui, uma escada não, era uma forma de degrau mas de barro e o outro era lá em baixo. Aí você pulava os degraus. Tipo uma trilha. Você ia saltando.

Era horrível. Então ele (Zito) veio e saneou, calçou, fez essas escadas que foi uma maravilha. Isso foi uma melhoria e tanto, uma ajuda para os moradores. Somos muito gratos a ele por isso porque tem muitos que prometem, mas ele fez. A gente sofria muito com isso, nossa, a gente caía, se atolava, entendeu? Sair na chuva, na porta de casa já estava escorregando. Dentro de casa você não tinha também uma higiene, era muita sujeira, não tinha como tirar a roupa pra entrar dentro de casa. Fora a saúde. É uma água de esgoto, é uma água suja, não é? Sem contar isso também, o risco que a gente corria de pegar uma doença. Mas, graças a Deus, eu acho que nossos anticorpos antigamente era maior, porque hoje qualquer coisinha, não é? [risos] E você vê que a estrutura hoje está bem melhor, mesmo assim.

A educação na Vila Operária

Suelene: Eu tinha uma amiga, a gente ia descendo uma segurando a outra, descia sempre a minha amiga que estudava comigo. Somos amigas até hoje. A gente ia para a escola segurando a mão para não cair. E ela até hoje o apelido é "Vera risadinha" porque tudo ela ri. Ela ria, ria, ria. Eu dizia: "Para de rir, Vera, porque quanto mais você ri, mais a gente cai." Não tinha como não rir porque um tombo quando não se machuca é engraçado, não é? Mas e aí, você tinha que voltar, o que a gente faz? Íamos assim mesmo, porque tem prova, tem teste, tem algo importante. Quando a gente cresce, tem emprego, tem responsabilidades. Mas quando a gente é estudante, prova era a pior coisa. [risos]

Assim, a gente quando lembra, a gente percebe que era feliz e não sabia. Naquela época o problema era a prova. Tinha questão que a gente estudava na 25 de Agosto e tinha muitos alunos que moravam por ali, um bairro que era chique, urbanizado e aqui não. E a gente já tinha essa vergonha de chegar lá cheio de lama. “Não vou assim não, chegar lá eles vão rir da gente.” A gente voltava, às vezes tinha que voltar. E o uniforme também que a gente não tinha condições, a minha mãe não tinha condições de ficar comprando. Aí a gente vinha em casa e limpava eu mesma, eu era até mais pobrezinha que essa minha amiga. Aí a gente limpava e ia, tinha aula, prova, essas coisas. Mas era uma vergonha, tínhamos vergonha. A gente morava num lugar que tinha lama, não tinha asfalto, não tinha água. E o pessoal que morava, estudava com a gente, morava ali na 25 e tudo isso já tinha lá embaixo, porque primeiro vem para ali, porque era tinha a Zona Sul de Caxias. Bairro chique, bairro nobre de Caxias.

Eu estudei aqui em cima, minha infância mesmo foi no colégio Vinícius de Moraes. Que era o colégio Itaperuna, que é o daqui de cima, que eu devo muito a minha educação, a minha infância, a minha e de muitos moradores. Ali a gente tinha também, as professoras da época sabiam a dificuldade dos pais da gente, que a maioria tinha que trabalhar. Não era só a minha mãe, tinha a Dona Marli, que era tipo mãe solteira, ia trabalhar. Então o colégio e os professores eram segunda casa. Os professores tentavam conversar com a gente quando viam que tinha um coleguinha mais bagunceiro, que faltava aula e a mãe não podia esta ali em cima dele. Não tinha celular, não tinha telefone. Os pais iam trabalhar e não tinham notícias dos filhos.

Os professores eram firmes com a gente como segundo pai. Passavam para os pais quando podia, entendeu? E não tinha esse negócio de desobedecer professor, a gente obedecia. Sabíamos que quando os pais chegavam, eles ouviam o professor: “Fica quietinho aí que o professor está falando, respeita o professor.” Era assim que eles faziam. Os pais também podiam contar com os professores. Os professores sabiam que os pais precisavam deles.

A gente sabe que a educação vem de casa, não é? Quem educa é o pai e a mãe, e isso aí você vai pra escola para aprender mais alguma coisa. Mas se você não é bem educado pela sua mãe e pelo seu pai, você não vai respeitar nem o professor. Então a minha mãe dizia: “Você vai para o colégio, você respeite o seu professor e você vai estudar." É claro que, assim, chegava lá e alguns não estudavam, não gostavam de estudar, entendeu? Mas nunca desrespeitou o professor, porque a presença do professor antigamente aqui, não sei em outros lugares, mas acredito que era também assim.

Era uma pessoa que, o professor chegou, era respeito. Era admiração. Então, a gente sabia, minha mãe dizia: "Você tem que respeitar o professor. Você tem que respeitar os mais velhos. Não pode xingar. Não pode responder." Então a gente saía daqui e já ia para o colégio sabendo disso. E o professor fazia a parte dele, entendeu? Quando ele via que a gente estava fazendo uma baguncinha a mais, quando o pai chegava ele conversava e mostrava para a gente que os pais da gente davam um duro danado para sustentar a gente, que não podiam estar ali mas que a gente tinha que fazer por onde. Estudar pra ser alguém na vida, uma pessoa com boa formação, bom estudo. Ter um bom emprego, a meta da gente era essa, estudar para ter um bom emprego. Graças a Deus eu devo muito a esse colégio aqui, eu e minha mãe.

Vera Lúcia: Minha mãe fazia de tudo pra gente ter um estudo melhor. Não foi por falta de incentivo dela.

Suelene: Porque ela não pôde ter! Mesmo ela sendo... eu dizia assim: "Eu não tive estudo porque eu não tinha condições, mas vocês têm condições, eu quero que vocês estudem." Ela sempre... Eu, eu tenho uma tristeza muito grande de não ter feito faculdade, porque, não é, eu sempre gostei muito de estudar. Até hoje a Vera fala: "Faz faculdade, Suelene, você é tão inteligente." Mas ela que me dava cola. Eu falo: "Caraca, Vera, eu já tenho 50 e poucos anos." Mas assim, na época não tinha, era muito difícil.

Éramos seis irmãos. A vida da minha mãe dá uma novela. Ainda vou escrever um livro sobre ela. Então ela botava, ia nas oficinas. E em uma dessas oficinas que ela arrumou emprego para o meu irmão, ela arrumou emprego para mim também. Ela foi lá em São Cristóvão aonde eu estou até hoje. Estou lá até hoje, o que me colocou já faleceu, agora são outros donos. Olha, menina, eu fui para lá com 25 anos. Me aposentei e ainda estou lá trabalhando.

Vila Operária e mercado de trabalho

Suelene: Você sabe que hoje em dia a aposentadoria no Brasil é complicado, você tem três, quatro salários e quando aposenta não ganha nem dois. Então é complicado. Mas aí, voltando na minha mãe, ela que procurava emprego para os seus filhos. Hoje eu sei de mães que os filhos vão trabalhar e elas não sabem nem o endereço do trabalho dos filhos, não se preocupa em ter o telefone do trabalho.

A minha mãe trabalhou de doméstica na casa da Dona Rita, não é, Vera? Eu chegava a ir.

Vera Lúcia: Não era Rita, era Lúcia. Tinha mais, mas de nome eu não me lembro não. Minha mãe já trabalhou na Gávea, no Flamengo, em Botafogo.

Suelene: Eu ia para lá com ela. Às vezes ela não queria me deixar muito em casa. E os patrões dela assinaram a carteira dela bonitinho. Eles gostavam muito da minha mãe. Aí assinaram a carteira dela bonitinho. Depois ela ficou meio doentinha, de pressão alta, e eu comecei a trabalhar, aí a gente terminou de pagar o INSS dela para ela se aposentar. Ela trabalhou lá 11 anos. Acho que foi em 3.

Eu tinha uma boa relação com os patrões da minha mãe quando a gente ia lá, porque assim, às vezes a minha mãe, mais eu porque ela trabalhava. Mas eu ficava lá no meu cantinho e ela no cantinho dela com as patroas. Mas a minha mãe tinha um bom relacionamento com elas, sempre teve. Quando ela queria parar de trabalhar, elas não queriam. Não queriam deixar ela se aposentar: "Anastácia não pode deixar a gente." Mas eu falei: "Minha mãe não pode continuar trabalhando, tem passado muito mal, vai que passe mal na rua longe." Eu comecei a trabalhar e juntamos e começamos a pagar o INSS dela até ela se aposentar. Aí ela ficou dentro de casa costurando.

Vera Lúcia: Isso, aí a gente já trabalhava. Aliás, minha mãe era uma ótima costureira. Hoje eu vou nas lojas e sinto maior falta dela, não sei como esse povo, essas costuras retas, nem parece que gente vai entrar e usar aquilo. Minha mãe costurava muito para as patroas dela.

Suelene: Minha mãe fez meu vestido da formatura. Ela fazia roupa para a Zona Sul. E olha que ela não sabia ler, mas sabia medir, anotar os números. Eu dizia para ela que se ela estudasse, iria ser uma engenheira, uma coisa muito grande. Era uma pessoa analfabeta mas nas contas ninguém enganava ela. Ela boa na contabilidade. Aí compramos uma maquinha e ela ficava costurando ali, tinha muita cliente.

O nascimento da Vila Operária

Suelene: O que eu sei é muito pouco, não é? Como eu vim para cá, nasci aqui, mas aí já tinha a história aqui. Eu sei que aqui era mato, era muito mato, aí as pessoas tinham que capinar muito pra se chegar a algum lugar, entendeu?

Tem o Seu Barbosa, que ajudou muito a infraestrutura daqui, ele deu muito apoio para os moradores. Minha mãe gostava muito do Seu Barbosa, quero dizer, a maioria dos moradores, porque ele que ajudava a gente. Eu me lembro quando ele teve... Eu fui cabo eleitoral até dele. Ele tinha uma... Ali em baixo na Vila, no coração da Vila, ali aonde tem um posto. Ele tinha um... Como é que se fala? Eu me esqueci o nome. Acho que é o comitê. Eu trabalhei para ele, entendeu? A gente ia de casa em casa procurando saber no que as pessoas tinham mais necessidades. O Seu Barbosa foi um dos fundadores também da Vila Operária. Tanto que tem aquele colégio. O nome do colégio é Barbosa? [Lu Brasil: "É Vila Operária."] É? Mas ele é conhecido como Seu Barbosa, não é? [Lu Brasil: "É!"]

Vera Lúcia: Aqui em cima perto da igreja, eu sabia que tinha uma escola, não sabia o nome da escola. Eu estudei ali três anos, até a 3ª série. Aí fiz a 4ª aqui em cima e como não tinha a 5ª, que na minha época era admissão, aí eu fui estudar no Barbosa. Aí de lá eu fui para outros colégios, porque lá já não era mais, não tinha mais o 2º grau. Agora o daqui de cima eu não lembro o nome.

Eu só sei que tinha uma escola ali e eu fiz até o 3º ano, e quando inaugurou aqui eu vim pra cá na 4ª e não existia a 5ª série porque era admissão, ai eu fui pro Barbosa. Aí depois eu fui esquecendo, quando ela tocou no assunto, eu me lembro que eu já estava trabalhando.

Suelene: O Seu Barbosa era mais ajudar os moradores porque quando a minha mãe chegou, quando muitos chegaram, não tinha recursos, não tinha a quem recorrer na hora da necessidade, um hospital, médico, e algumas outras dificuldades que existia na época. Então ele era o cara que o povo recorria, que minha mãe recorria, a Dona Marli recorria, a Dona Maura recorria, são os moradores que são antigos. Então, e ele estava ali pra ajudar a gente, atendê-los de alguma forma, que ele podia. Agora a pavimentação aqui da rua, isso daí já foi o Zito, quando ele se candidatou. Acho que foi na primeira vez, infelizmente eu não me lembro o ano que foi, mas já foi o Zito. Então, para os moradores foi um prêmio.

Vera Lúcia: Eu falo assim mais ou menos porque já tinha uns dez anos que eu saí da empresa. Quando eu passei para cá já existia, então deve ser uma coisa assim, uns 15 anos atrás.

É porque passa muito rápido. Ontem eu fui fazer as contas, já vai fazer 12 anos que eu saí da empresa. Aí que eu tive mais chances de vir aqui, porque antes eu trabalhava e a gente vinha mais assim , uma vez no mês para ver a mãe ou no fim de semana. Já quando eu parei de trabalhar, eu passei a vir mais dia de semana, eu me lembro que achei lindo, muito bonito mesmo. Algumas pessoas já destruíram.

Suelene: É, infelizmente. Os moradores também não conservam. Logo no início cortaram corrimão, as pessoas, infelizmente, não é? Mas foi um trabalho muito bem feito. Tinha uma pedra, acho que na rua 20 ou na 21. Aquela pedra, ela ficava mais ou menos quase na subida. E era uma pedra que ela colocava em risco a vida dos moradores, e aquela pedra [barulho com a mão sinalizando que demorou tempo para tirarem]. E mais uma coisa, porque quando eles se candidatam, eles vão lá no ponto fraco da pessoa, do morador, da necessidade, e começa a prometer aquilo para ganhar o voto. Outros também falavam que iam tirar a pedra. Os próprios moradores pediam para tirar aquela pedra daqui porque ela corria o risco de rolar e passar por cima de casas, e matar pessoas, ferir pessoas. E ele foi e tirou aquilo, fez maior diferença, uma segurança, um alívio que deu para os moradores. Essa pedra é muito famosa.

Voltando à escola do Barbosa, eu não me lembro muito dela sendo construída não. Me lembro dessa daqui quando construiu, aí não tinha muro. Ela começou pequenininha sem nada. Aí não tinha muro, a gente brincava muito lá. Aí foram fazendo os muros, melhorando as salas de aula. Infelizmente eu não me lembro muito não porque foi há muito tempo, não é? E as memórias assim, você não registra.

A diretora na época era a Dona Nilza, tinha a Dona Elizete e tinha a Dona Erci. Nossa, eu acho que era a Dona Erci. Tinha a Dona Elizete, alta e loira. E uma baixinha... Erci, Nanci. Lembro da Maria, a Maria era merendeira. Eu sou tímida, mas na realidade eu gosto muito de escrever, então no colégio eu fazia muita redação, antigamente, eu não sei se hoje ainda tem, tinha partido verde, partido azul, tinha esse negócio aqui no grupo de quando você ajudava o professor a tomar conta do colégio. Aí em cima tinha muito isso na minha época. Representante de turma! Mas eu acho que tinha outro nome. Aí tinha a votação, escolhe o grupo.

A política na Vila Operária

Suelene: Olha, eu acho que o que ficou marcado pra mim na política foi o Zito. Teve o Hydekel. Agora há pouco tempo teve o Alexandre Cardoso, que pra mim não foi um bom governo. Tinha o Dica, que ainda está candidato a deputado. Também tem o tio Maninho da fisioterapia, que tinha um posto que ali fazia fisioterapia e tem atendimento, tinha, mas foi fechado, ele também ajudou um pouco aqui nessa questão de saúde, muita gente foi beneficiada com o posto dele. Agora assim, realmente eu não consigo lembrar muita coisa dos outros não.

Eu conheci o Barbosa através da minha mãe, porque a minha mãe, como moradora antiga, ele ajudou muitas mães aqui, muitas pessoas daquela época que tinha alguma dificuldade, que precisava de algum auxílio tipo um médico, uma ajuda em questão de colégio, essas coisas. E era através do Seu Barbosa, ele que ajudava os moradores, ele foi um marco na Vila Operária. Ajudou muita gente mesmo.

E aí, eu completando 18 anos teria que votar, a maioria das pessoas começam a trabalhar como cabo eleitoral. Antes era 18, não é, agora já é 16. Aí eu trabalhava, era um ajuda de custo também para mim, não é? A gente ganhava era 100 reais, eu acho. Você começa a saber um pouquinho da necessidade do bairro porque ele trabalhava em cima disso. Aí a minha mãe falou para eu trabalhar com ele e eu fiquei lá fazendo. Acho que ele se elegeu foi para vereador. [Vera Lúcia: "Eu não lembro!"] Acho que foi a vereador sim, que ele se candidatava sempre.

As lembranças da primeira casa

Suelene: Foi aqui nesta casa que tudo começou! A casa era madeira, a princípio foi para segurar o lote, aí minha mãe construiu com madeira. Acho que era até com caixote. [Vera Lúcia: "Tábuas!"] Tábuas, não é? E aí depois construiu um cômodo de cimento, né? Com aqueles barros vermelhos, tijolos. Depois foi melhorando e construiu um quarto. Depois construiu outro.

Chega um certo momento que os filhos começaram a trabalhar e foram ajudando minha mãe, a minha irmã, o meu irmão. Aí juntava o dinheiro e fazia uma obrazinha maior. Aí dava para você fazer tipo assim, um cômodo. Agora vamos fazer outro cômodo. Entendeu? E por aí que era porque a minha mãe nunca tirou férias, ela só trabalhava, trabalhava, trabalhava. E era só pra investir aqui, nos filhos dela, na casa dela.

Vera Lúcia: No final de ano com aquela bolada do 13°, férias, a gente ajudava. Sempre ajudando os filhos. Esses quartos aqui, um para lá e outro para cá, são porque era para os filhos.

Suelene: Aqui nessa sala morava a minha irmã. Ela construiu aqui e minha irmã morou aqui durante uns anos com os seus filhos até comprar também um terreno aqui na mesma rua. Aí a minha irmã também construiu uma casinha para ela e agora quem mora lá é meu sobrinho com o filhinho dele. Ali morava meu outro irmão com as filhas dele e a mulher dele, tudo junto. Um em cada cômodo, a gente tinha um espacinho nosso. Depois eles foram se acertando, terminando as casinhas deles, e ela pôde ficar com a casa.

Vera Lúcia: Esse meu irmão que mora aqui em cima ele também depois morou aqui, porque nisso meu irmão havia falecido, aí a minha cunhada quis voltar pra casa da mãe dela, aí já ficou com o meu irmão. Construiu lá em cima para ele enquanto ele ficava aqui, aí depois passou lá para cima.

Suelene: Ela nunca quis sair daqui. Nunca quis. Eu cheguei a comprar um apartamento pela Caixa Econômica, ele está alugado, é ali em Bonsucesso. Eu falei: "Mãe, vamos sair daqui." Você que mora aqui sabe a dificuldade, apesar de eu adorar esse lugar, mas muita coisa acontece aqui que não é bom para o trabalhador, para o estudante, para o idoso, para os jovens, para as crianças. Então eu: "Mãe, vamos sair daqui, vamos para um lugarzinho mais longe daqui." Aí, comprei e ela não quis porque: "Eu moro aqui, nasci aqui e não vou sair daqui, eu gosto do meu lugar, gosto da minha igreja, meus filhos estão todos aqui, tem meus netos aqui. Eu não vou sair daqui não, minha filha. Eu só saio daqui quando eu morrer."

E foi o que aconteceu. Ela realmente não quis ir, aí eu também não fui e fiquei com ela, porque eu não ia abandoná-la aqui. Como ela me criou, eu tinha como obrigação e até prazer de cuidar dela. Ela estava precisando de mim, eu não podia deixá-la. Se não era bom para mim e para ela, imagina ela sozinha. Quer dizer, não é bom, mas chegou um momento que não estava um lugar tranquilo para se morar, para se viver. Eu ficava preocupada, às vezes eu chegava correndo e não podia subir porque tinha esses eventos de tiro, aí não podia entrar. Eu ficava muito preocupada porque ela ficava sozinha, entendeu?

Não, eu nunca morei em outro lugar. Comprei, mas desde o momento que ela não quis ir, eu aluguei e até hoje é alugado. Eu nunca saí daqui também. A minha vida, a minha rotina é essa: Vila Operária, meu trabalho, aí dava umas voltinhas, porque depois que ela adoeceu ficou difícil e eu não podia deixá-la sozinha em casa, então eu tive que parar de sair, de viajar para ficar cuidando dela. Ficava eu e ela aqui, ela no sofazinho dela vendo a TV dela e eu tomando conta dela.

A situação jurídica da casa

Suelene: Quando minha mãe chegou aqui, esse loteamento já estava reservado para ela.

Mas escritura, não, escritura a gente não tem não. [Vera Lúcia: "Eu acho que não deve ter não."] Teve até uma reunião aí com o Osvaldo, eu acho que tem uns dois anos isso, que ele falou que ia regularizar. A gente pagou muitos anos IPTU, eu tenho os carnês. Minha mãe pagava tudo direitinho até eles falarem que ficou isento, que estávamos isentos, talvez por morarmos em área de risco, acho que é esse o motivo. Mas tem todos os carnês guardados direitinhos, a gente pagou tudo por muitos anos, muitos anos mesmo. Agora questões de escritura falaram que ia regularizar, foi na reunião da quadra com Osvaldo, só que não deu nada, pelo jeito não deu em nada.

Veio até uma senhora aqui, Dona Maria, Maria do Socorro, sei lá. Até através dele mesmo para saber de morador, veio até aqui por eu ser mais antiga, tudo por causa do que teve aí... Como é o nome do que teve aí dos grafiteiros? Mof,[92] não é? Aí ela: "É que eu vi sua entrevista, podemos conversar?" Pode. Ela veio aqui à noite e conversou comigo, disse que a ideia dele era regularizar isso tudo, né? Eu acho que ela estava trabalhando junto com Osvaldo. Era regularizar tudo, ficar tudo bonitinho, e eu falei que era ótimo porque as pessoas que começaram aqui, fundaram aqui, têm o direito, não é? E eu esperando, pois seria o ideal cada um ter uma escritura, não é?

---

92 Mof é a abreviação de Meeting of Favela. O Mof é o maior evento voluntário de grafite do mundo, e acontece uma vez por ano, desde 2006, na favela da Vila Operária (BRASIL, 2016).

Sobre a Associação dos Moradores e os sentidos da propriedade

Suelene: Minha mãe nunca se associou a nada, o negócio dela era com ela e o trabalho. Ela nunca gostou de se envolver nessas coisas, e eu também nunca quis, nunca tive de ir na associação. Há pouco tempo teve... O correio não vem aqui, aí vão lá para a associação as correspondências, aí você tem que buscar no correio e tem dias e horários. Quartas e quintas ou quintas e sextas, a partir de 14 horas às 16 horas, isso é um absurdo. Mas muitos tinham que ir lá pegar as correspondências na associação.

Vera Lúcia: E quem é que pega lá nos correios? A associação?

Suelene: Não, eu acho que tinha uma pessoa aqui que ia lá no correio e pegava de todo mundo e trazia aqui para associação e os moradores iam lá. Só que muitos reclamavam, chegava lá e não tinha, num sei o quê. Eu mesma, particularmente, eu mandava lá para o meu trabalho. Eu colocava o endereço de lá até porque eu não fico em casa. Botei até da minha sobrinha e do meu sobrinho, a correspondência vai para lá. De associação a gente não tem envolvimento, a rotina nossa é essa.

Agora, sobre propriedade, é algo que é próprio seu, não é? Então, no caso, se você está se referindo à casa, acho que essa casa é nossa porque temos o direito a partir do momento em que pagamos imposto, fomos os primeiros a chegar aqui, a fundar aqui, pelo tempo que estamos aqui. Acho que é o direito nosso ela ser nossa moradia, entendeu? Acho que todos que chegaram aqui naquela época, não só eu e minha mãe, e fundaram isso daqui, construíram isso daqui há anos e anos. São 54 anos, não, 50 e... porque você tinha 3, não é, Vera?

Vera Lúcia: Você é 54, eu 56.

Suelene: Então, por aí, são 56 anos morando e cuidando, até porque nós construímos algo em um lugar que não tinha nada, não era de ninguém.

A gente não invadiu. Muitos têm direito à escritura, que é o certo, não é? Aqui não tinha nada! A gente buscava água lá no morro do outro lado do cemitério, botava lata d'água na cabeça. A gente cantava assim: "Lata d'água na cabeça, lava lá." Subíamos o morro com a caçamba. A gente botava assim como balança e vínhamos. Depois foram os poços, foram cavando. Por exemplo, lá em baixo a dona cavou poço.

Vera Lúcia: Lá na primeira casa da rua.

Suelene: Primeira casa da rua lá embaixo, aí cavaram poço. Deu bastante água e ela dava para os moradores daqui. É aqui mesmo, no final da rua. Aí a gente ia buscar água lá na casa dela, ficava mais próximo, não é? Em vez de vim lá do morrão, atravessar a rua do cemitério para subir aqui, a gente pegava daqui. Depois a minha irmã na casa dela fez um poço, mas não foi muita coisa. Do lado da rua tinha a rua da Dona Maria que era nos fundos da casa da minha irmã, também tinha poço. Muitos fizeram. Da onde a gente pegava água era dos poços daqui, aí a gente carregava água da casa da Dona Maria, da minha irmã. Da minha irmã não deu muito não, tanto que depois ela fechou, tampou o poço. Mas da casa da Dona Maria a gente pegava ali e trazia pra casa.

A água chegou aqui em casa a partir do saneamento, aí ele botou água. Aqui atrás tem valas, ele também botou manilhas.

Vera Lúcia: Foi quem? Eu não me lembro.

Suelene: Eu não me lembro não, sinceramente.

Vera Lúcia: Acho que não foi o Zito, foi bem antes. Realmente não me lembro.

Suelene: Tem outro político. Tinha um Euclides também, não é, Vera? Tentava muito fazer alguma coisa pela Vila Operária, se lembra, Vera?

Vera Lúcia: Mas ele não era nada, não é?

Suelene: Acho que ele só apoiava os candidatos. Olha, história de política é muito complicado, entendeu? E eu peço até desculpa se eu estiver sendo injusta com algum governante aqui da Vila Operária, porque realmente o nome que ficou para mim é Seu Barbosa. Eu me lembro muito dele como pessoa, trabalhei com ele, gente muito importante aqui, muito honesta, muito bacana, um grande homem, e o Zito que realmente fez essa obra aqui que muitos disseram que ia fazer e não fizeram. Então tem muito morador que é muito grato ao Zito. Se eu estiver sendo injusta com alguém outro.

Eu também tenho uma grande admiração pelo Osvaldo, entendeu? Sempre esteve aqui com a gente. Temos esse cemitério aqui que antes eu acho que era da Prefeitura, não sei como se fala. Hoje em dia ele é privado, então uma das coisas desagradável é quando falece uma pessoa e você não ter condição, não ter onde enterrar. O Osvaldo sempre esteve à frente de muitos moradores, ajudou muitas pessoas nesse trâmite aí. Outra coisa, também é água, faltava muita água mesmo tendo encanação aqui. Faltava muita água, e em época de política, época de eleição era uma complicação. Não sei se era uma jogada política, a gente não pode afirmar coisa que a gente não tem certeza, mas que acontecia muito, e ele estava sempre na frente, entendeu? Tentando ajudar, tentando resolver, tentando escutar o morador.

Eu sinceramente, eu gostava do Osvaldo. Se as outras pessoas têm outra opinião dele, a minha opinião é essa, para mim ele ajudou. Infelizmente ele faleceu, até principalmente para a família dele, não é? Porque é um ente querido que se vai, e pra gente aqui que ficamos um pouco órfão. É o que eu penso. Ele estava até vendo a questão dos ônibus aqui, que é um falta de respeito, falta de consideração essa linha União[93] tem com os moradores da Vila Operária. A impressão que nós temos é que aqui não tem ninguém que preste, porque tratam a gente como eles querem e sem respeito e dignidade nenhuma. Ficamos no ponto do ônibus esperando o ônibus por meia hora, 40 minutos, 50 minutos, entendeu?

É criança, é idoso com dificuldade para subir com compras, e está lá esperando o ônibus que passa a hora que quer. Ele estava à frente disso aí

---

93 Empresa de ônibus localizada no município de Duque de Caxias.

tentando resolver. Foi lá na garagem da União, tentou resolver algumas coisas e aí, infelizmente, aconteceu, ele faleceu. Que Deus o tenha em bom lugar! E o ônibus continua uma porcaria, você fica ali em cima esperando o ônibus, fica em Caxias, e não tem 25 de Agosto. Como se nós fôssemos nada, aqui em cima tem trabalhador, estudante, tem gente do bem, entendeu?

Tem criança, tem idoso, tudo isso que precisa, mas eles não estão nem aí. Os motoristas muitas das vezes com má vontade. Eu sei que o trânsito daqui, de Caxias para cá, é complicado, o itinerário que eles fazem é complicado, as ruas são apertadas, tem moradores que põem carros aonde não é para pôr e dificultam o motorista também de dirigir. A gente tem que ver isso também. Sabe que ali vai passar o ônibus, não põe o carro ali. Aí o motorista do ônibus fica, coitado, com uma dificuldade para passar o ônibus na rua, e acaba ficando estressado também. Tá ali trabalhando já com dificuldade, sabe se lá o que ele está sentindo, e ainda vem uma pessoa que não tem um pingo de educação e coloca o carro aonde não é pra pôr e atrapalha, aí o motorista já não quer trabalhar na linha e fica com falta de motorista e embola tudo. A fiscal segura o ônibus, entendeu? Já fui até para outra questão. [risos]

É porque eu estava falando do Osvaldo e o Osvaldo estava tentando rever isso para a gente, mas é o Osvaldo, não estou falando do partido do Osvaldo, eu estou falando do Osvaldo em pessoa e o que ele ajudou, tentou ajudar e fazer aqui pela a gente. Eu tinha o Osvaldo como um amigo, entendeu? Não de bate-papo, de ficar sentado, porque eu nunca tive esse tempo com ele, nunca tive tempo também e nem ele. Mas era uma pessoa que você podia chegar até ele, mesmo ele eleito, podia chegar até ele e ele te escutava, ele te ouvia, tentava te ajudar, entendeu? Pra mim, na minha opinião é essa sobre ele.

Eu não acho que a Vila Operária seja uma favela, apesar que as pessoas dizem que é hipocrisia ficar falando que é comunidade, mas eu tenho uma visão diferente de favela. Aqui é um morro, favela, pelo que eu entendo, é um monte de barracos, tudo apertado e aqui não. Aqui é um bairro, até, eu acho que não é.

Vera Lúcia: Eu concordo, não vejo como favela.

Suelene: Aqui não tem só favelado!

Vera Lúcia: É morro porque, aliás, a Vila Operária e a 25 de Agosto tudo é, tem esse sobe e desce. Então para mim, é um morro. Porque tudo é assim, não é? Até se você quiser ficar lá na parte de cima, Zona Sul, 25 de Agosto, é horrível, é ladeira. Tu sobe, tu desce, tu olha lá em baixo. É a mesma coisa aqui, a diferença é... Tanto que nas outras ruas ali em cima. Então, para mim, só morro!

Suelene: Para mim, assim, eu penso muito na minha mãe para falar da Vila Operária. Minha mãezinha Anastácia, que Deus a tenha no céu descansando em paz. Beijo mãe, te amo. Ela amava esse lugar. "Minha filha, a Vila Operária é muito boa." É o que ela dizia. "Aqui é o paraíso, não vai para outro lugar, aqui nós somos amigos, todo mundo se conhece, é bom para viver." E olha o que eu vou te dizer, eu acho que aqui é um lugar bom para se viver mesmo, tem lugar pior que aqui. É bom você acordar, passar ali na barraca e: "Oi, bom dia, Seu João, bom dia Dona Maria. Bom dia, vizinho." Todo mundo se conhece, entendeu? Tem umas pessoas que vieram para cá para estragar um pouquinho, mas... [fala interrompida]

Vera Lúcia: Essa parte que eu ia falar, eu acho que a Vila Operária é um lugar muito bom pra se morar. Era muito diferente das outras, não é? Dos outros lugares que chamam de favela.

Suelene: Tem a família toda aqui. A minha família praticamente toda aqui, mora aqui. Meu sobrinho casado aqui, minha irmã aqui, minhas sobrinhas moram ali. Então, todo mundo acorda, você pode ir e vir a hora que você quer, pegar um sol desse lindo. Você vai lá em cima, anda de bicicleta e vai na barraca. Você faz churrasquinho na sua casa com a sua família. Aqui é a casa da vó, da Dona Anastácia, é aonde se reúne todo mundo. É porque vocês estão aqui hoje e ninguém apareceu, mas você chega aqui sábado, você vai ver essa casa aqui, não tem espaço para as pessoas sentarem, a minha irmã falou: "Nossa, compraram mesa com seis lugares [risos], é exagero." Ué, mas vem todo mundo para cá, porque as pessoas gostam daqui, se sentem bem aqui.

Não tem coisa melhor do que você sair do trabalho e saber que você pode ir pra sua casa, principalmente num momento hoje que está tranquilo, tudo em paz aqui. Você chegar na sua casinha, se quiser parar pra tomar um guaraná e conversar, assim, parou, bate um papo, fala de futebol, da família, o Botafogo da minha mãe, que ela era botafoguense doente, doente não, saudável, aí um zoa o outro, um fala do Fluminense, outro do... Para mim é uma maravilha. Se melhorasse um pouquinho a condução, que é o ônibus 25 de Agosto. Deixa muitas pessoas que precisam fazer fisioterapia, senhoras, crianças que estão indo para o colégio, pessoas idosas, doentes que às vezes querem subir, a gente tem que subir a ladeira a pé. Ficaria ótimo! E a segurança, que é muito importante, não é? Você tem que ter paz aonde você mora para você viver bem, viver até saudável, não é? Porque sem isso aí você fica até doente.

Entrevista com
Jane Márcia dos Santos

Data: 24/07/2019

Local da entrevista: Sua residência em Santa Cruz da Serra (Duque de Caxias)

Entrevistadoras: Débora Oliveira e Lu Brasil

Vídeo: Lu Brasil

Áudio: Juliana de Abreu Neves

Infância na Vila Operária

Meu nome é Jane Márcia dos Santos, tenho 59 anos [2019]. Meu padrasto, José de Jesus Barbosa, a lembrança que eu tenho atualmente é que ele era vereador, e quando fazia campanha, a gente ia fazer junto, andar pelas ruas distribuindo panfletos, fazendo propaganda sobre a eleição, a respeito dele, só isso que me lembro bem. É o que está mais forte na minha memória, as campanhas, quando eu vejo as eleições por aí, vejo as meninas fazendo campanha, eu me lembro bem, me lembro da época, não é.

Eu sempre fui assim, alegre, contente, brincalhona, brincava muito, moleca, não é? Cuidava dos meus irmãos e ao mesmo tempo brincava com eles, ensinava eles a brincar, a dividir as tarefas dentro de casa, depois de brincar, estudar. Devido a minha mãe sair de manhã e chegar de noite e eu ter que cuidar, porque eu sou a mais velha, dos meus irmãos, então eu tive que ter aquela responsabilidade de mãe, eu, criança, tinha responsabilidade de mãe, então toda aquela responsabilidade que minha mãe tinha que ter com os filhos dela, quem teve foi eu, eu que cuidava deles tudinho, ela tinha o neném, deixava lá, e ia trabalhar, quem tomava conta? A mais velha!

E eu dava conta, cuidava dele direitinho, mesmo sem saber, cuidava deles, a vizinha falava: "Ah, não sei como essa criança aguenta cuidar desse menino tão gordo assim, ninguém diz que é ela quem cria, magrinha toda 'coisinha'." Cuidava dos meus irmãos direitinho, não é, quando minha mãe chegava estava todo mundo dormindo, quando ela chegava perguntava: "Tudo bem, Jane?" "Tudo, mãe." Só isso que ela perguntava, o resto... Só eu que tomava conta, tudo era eu, quando um ficava doente, eu ia no médico com eles, quando a minha mãe chegava: "Tudo bem?" "Ah, mãe fulano furou o pé, levei no médico." "Está bom, foi medicado?" Aí pronto, ela só trazia o remédio e dava para eles, quando era aquelas doenças de criança, catapora, sarampo, essas coisas todas eu cuidava, a mãe só me dava o remédio: "Dá esse remédio aqui tal hora, tal hora." "Está bom, mãe." Eu que fui a mãe e a irmã deles.

Os vizinhos ficavam meio com pena, não é, falavam assim, aquela garota não tinha infância, fica tomando conta dessas crianças, e devido às condições, muito pobrezinha, carregava lata d'água na cabeça, e subia morro e descia, pra dar banho neles, fazer comida, essas coisas, aí eles ficavam com pena. "Essa bichinha tão magrinha não brinca, essa menina só vive dentro de casa..." Aí, quando eu brincava um pouquinho, tinha umas vizinhas que ficavam assim meio, sei lá, não sei o que elas achavam: "Aí, essa menina parece que é moleque macho." Porque eu só gostava de soltar pipa, brincar de bola, de bola de gude, mas era pra ensinar meus irmãos para brincar com eles, entendeu?

E umas vizinhas levavam isso mais a sério, eu sem maldade, sem saber o que significava, e na época "moleque macho", eu descia de patinete até lá em baixo, sai da frente, aí meus irmãos, naqueles rolimã, e aí eles achavam que eu era "moleque macho", e para mim moleque macho era isso, que era fazer brincadeira de homem, pipa, bola, brincava com os meninos, e aí elas não deixavam as filhas brincar comigo, porque achava que eu era moleque macho, mas eu nem tinha maldade, pensava que significava outra coisa, e eu criança nem me liguei. Às vezes eu ia brincar com elas, e elas recuavam: "Não vou brincar com você não, minha mãe não quer que eu brinque." Aí eu: "Ué, por quê?" "Minha mãe ficou dizendo que você é moleque macho." Aí eu: "Ah, tá bom, então não brinca, eu vou brincar com os garotos." Aí eu ia brincar com os meninos.

Eu ia brincar com os meninos, soltava pipa em cima da laje, vamos andar de patinete, vamos embora descer morro, olha que o morro da minha mãe era assim ó, descia lá de cima até lá em baixo na padaria, "sai da frente", aí me chamavam de maluca, a maluca vai passar, é doida, é doida, porque eu ia em frente mesmo e meus irmãos, eu não deixava ninguém encostar neles, porque eu tinha aquela coisa de tomar conta, então eu não deixava ninguém brigar com eles, quando alguém batia no meus irmãos eu: "Quem bateu nos meus irmãos, 'pera' aí que eu vou lá!" Ia, batia, "popopo", pronto, resolvia.

Hoje esse meu irmão é advogado, o Jorge Luiz, e ele passou uma fase da infância dele bem precária, bem precária mesmo, ele era moleque e saiu de casa, novinho por causa do padrasto e foi virar moleque de rua, pivete mesmo, minha mãe coitada... Eu acompanhava o entristecimento dela porque ela passava de ônibus e via ele no viaduto de Caxias, igual morador de rua, largado sujo, e é lá que ela descia, quando ela chegava em casa ela não passava para mim, mas eu sentia que minha mãe estava triste, eu via os olhos lacrimejando, ouvia ela conversando com a vizinha: "Ah, eu vi meu filho largado lá, ele não tem necessidade disso, vivia solto em casa, tem cama, tem pouco ou mal ou ruim, mas tem o que comer." Mas ela não queria saber por causa do meu padrasto, aí eu ficava segurando, cansava de passar o viaduto e estava ele lá em baixo. Então ele teve uma infância, assim, bem difícil, mas ele não admitia por causa do meu padrasto, que cismava que meu irmão parecia meu pai e que maltratava ele, então criança sendo maltratada, o que fazia, ia procurar a rua, brincadeira, e aí minha mãe se virava por ali, até que, um dia, um pivete jogou gasolina nele, queimou ele, minha mãe correu com ele, todo machucado, tem a marca até hoje, cicatriz e com isso ela foi indo, foi indo, e conversou com ele: "Vou te falar uma coisa, se dessa vez você não ficar dentro de casa, você esquece que tem seus irmãos e sua mãe, você vai viver sua vida lá na rua."

Foi aí que ele voltou, começou a estudar, mas fugia da escola, a gente corria atrás dele: "Seu irmão fugiu da escola", "Seu irmão fugiu da escola." Aí corria atrás dele, quando ia ver ele já estava lá em Caxias igual pivete, então quer dizer, foi uma infância meio atordoada, e a gente sempre acompanhando. Até que ele tomou jeito, foi indo foi indo, foi estudando, até que hoje é formado advogado, não deu para o que não presta, não é? Foi essa vida a minha infância, eu cuidei dos meus irmãos, mas eu cuidei deles, assim, na base da brincadeira, era infância, e foi assim, cuidando deles, cuidando da casa, ajudando minha mãe e do meu padrasto, nas eleições, "vamos todo mundo distribuir panfletos", aí todo mundo ia fazer propaganda dele. Não gostava não, eu gostava na hora da comida: "Tem laranja, tem pão com mortadela, aí, então vamos fazer campanha!" Se tinha pão com mortadela a gente ia, mas a gente fazia direitinho, que todo mundo já conhecia, a filha do Seu Barbosa, filha do Seu Barbosa, vereador daqui.

Eu era moleca brincalhona, brincava muito, eu sempre ajudei os vizinhos também, que na situação que minha mãe se encontrava, às vezes não tinha um pão para comprar, minha mãe saía, não falava nada, aí eu ajudava na casa do vizinho, pintava uma casa, capinava o quintal, aí já ganhava aquele dinheirinho, já passava na padaria comprava um pão e levava toda boba pra casa: "Jane, mas não tem café." "Pera' aí que eu vou buscar." Aí ia lá, fazia as coisas na casa do vizinho, rapidinho, ia para casa, comprava pão para eles e dava café com pão, minha mãe chegava lá e nem perguntava, sabia que eu tinha feito alguma coisa pra eles: "Tem coisa aqui para a senhora, mãe." Até para ela tinha, procurava sempre manter, sabe. Aí, meus irmão foram crescendo, aí eles iam na feira, faziam carrinho de caixote para levar para as moças, pegar o dinheiro com a moça e trazer para comprar pão, macarrão, carne, eles iam, faziam as coisas, foram crescendo, tudo assim. Aí depois passaram a ser flanelinha, lavar carro.

Aqui tinha muitos coitados, muito pobrezinhos, mas trabalhava, era empregada doméstica, faxineira, sempre elas procuravam fazer alguma coisa pra ter o que comer dentro de casa. Toda molecagem vinha, fazia bagunça na rua, mas eles gostavam, me chamavam que eu fazia direitinho, procurava, sempre fui assim de querer fazer as coisas direito, então eu procurava, procurar ver os outros pintando e ficava olhado, aí eu vou pintar, pintava na minha casa, aí dava certo, aí lá vou pintar, eu pinto, aí eu pintava uma casa todinha, teve uma senhora lá que morreu, de uma casa que eu pintei, antes dela morrer ela falou: "Não pintei minha casa até hoje desde que você pintou." Alguns vizinhos que sabiam das condições da minha mãe ajudavam, os que tinham condições de ajudar, perguntavam, sempre ajudavam a gente em alguma coisa, foi assim que minha mãe criou os dez filhos dela.

Aqui tinham muitas faxineiras, feirantes, trabalhavam na feira, muitas também trabalhavam em casa de família, eram babás, cuidavam de criança, era tudo assim. Nessa época eu não via isso de preconceito não, era tudo igual, ninguém tratava ninguém assim, com diferença, se tinha era escondido, porque a gente, crianças, as pessoas sabiam que a gente rebate tudo e sabiam ainda mais que tudo eu falava. Muita coisa eles faziam escondido, poderia até ter alguma coisa, como no meu caso, de "moleque macho", muitas não mostravam para mim, só falavam assim: "Filha, olha, não brinca com ela não que ela é moleque macho."

Então é um tipo de preconceito, não é, mas aí elas não falavam para mim. Os filhos delas falavam: "Ô moleque macho, ô moleque macho." Aí eu falava para minha mãe: "Mãe, a garota me chamou de moleque macho." Ela falava assim: "Você fica brincando de pipa, brincando de coisa de menino, por isso que chamam de moleque macho." Mas isso não me afetou, quanto mais me chamavam, mais eu era moleque. [risos]

E eu era muito "moleque macho", não é? Até hoje minha amizade é mais com homem do que com mulher, falavam que eu era "sapatona", como fala hoje em dia. Se alguém me via, ia dizer que eu sou sapatona, eu não me arrumava, não gostava de ficar botando lacinho, essas coisas, meu cabelo era em pé, era bagunçado, minha mãe cortava: "Vem cortar esse cabelo." Entendeu? Eu ia para o canavial com os garotos pegar peixinho, as mães ficavam doidas: "Essa menina é maluca." Tinha um lugar que antigamente era mata, pedra e um lago, só garoto que ia para ali, a única menina era eu. Minha mãe ficava doida porque ouvia: "Sua filha está indo para o outro lado do canavial com os moleques, a senhora isso, e isso, e isso." Minha mãe falava: "Não vai não que lá tem tarado." Eu tinha medo de tarado, mas não adiantava nada, eu ia, adoro peixe, gostava de pegar peixinho para botar na água e ficar brincando, agora você vê, coisa de infância mesmo.

Teve um tarado perto da minha casa, que minha mãe saía pra trabalhar, em uma época que meu padrasto teve um derrame, aí o vizinho de baixo estava botando as coisas para fora, e a gente na maior inocência, sem saber. Minha irmã me chamou assim: "Jane, vem cá ver." A cozinha da gente era de tábua, tinha um buraco assim, e estava o homem lá, eu falava: "Não fica aí não, vem para dentro de casa." A vizinha soube, a vizinha viu, falou com minha mãe, foi quando a assistência social foi lá na minha casa, levou a gente para o colégio interno que a gente ficava sozinha em casa, ela tinha que trabalhar, não é?

Aí foi dificuldade, ela botou os filhos mais velhos, eu, Marcos e Jorge Luiz, no colégio interno. Jorge Luiz e Marcos em Volta Redonda, nós ficamos depois em Araruama, depois em Niterói. Ficamos três anos, nesses três anos foi uma dificuldade imensa, porque os dois, os pequenininhos ficaram em casa, a minha preocupação não era porque eles iam ficar em casa, era o tarado pegar eles. Mas aí a minha mãe na época também teve uma moça, uma mineira que ela arrumou para tomar conta deles, enquanto meu padrasto ficou internado, até minha mãe levantar uma casa decente, porque nossa casa era tábua e zinco. Depois de três anos a assistente social liberou a gente para poder voltar para casa, mas foi uma dificuldade imensa, o medo, o tarado ali, minha mãe falava não vai para o canavial que vai ter tarado, e tinha um tarado pertinho de casa, está vendo.

Lembranças da casa na Vila Operária

Eu nasci em Niterói, eu vim de lá para cá, com uns 4 ou 5 anos, ou 6. Não me lembro a idade que eu vim, vim bem novinha para cá. A construção da casa foi que meu padrasto, ele tinha coisa com a prefeitura, foi vereador, ganhou as eleições, coisa assim. Eu me lembro que minha mãe queria construir, aí ele falou assim: "Olha, vamos pegar um terreno ali do lado, pegar um terreno ali, pela prefeitura." Ali, do lado do colégio,[94] achou um terreno, começou a comprar material para construir uma casa direito para a gente, e a gente continuou lá na outra, na primeira. Aí ele foi construindo, construindo e comprando material, até que ele foi na prefeitura, botou o nome dela [sua mãe], legalizou tudo direitinho, e a gente foi morar lá.

Ah, nessa casa estava em companhia dele, ele teve derrame em um período eleitoral, foi um drama entre ele e ela, que minha mãe já estava grávida do nono filho, que é o Beto. Eles tinham um escritório, esse escritório estava precisando de uma secretária, como ela estava grávida e estava trabalhando, ela combinou com meu padrasto de pegar uma. Apareceu essa portuguesa, Dona Maria, Maria dos Prazeres, dizendo que era recém-casada, que estava precisando trabalhar, que estava morando ali há pouco tempo. Minha mãe com pena, ela tem coração mole, gosta de ajudar as pessoas, minha mãe chamou o Barbosa: "Apareceu uma moça, ela está precisando trabalhar, vamos colocar ela no escritório, estamos precisando de uma secretária." Aí ela foi e botou essa mulher.

Essa criatura, minha mãe saía de manhã para o trabalho, 5 horas da tarde minha mãe vinha do escritório para pegar o nome do pessoal que ia fazer título e levar o pessoal para o fórum para fazer título. Aí, minha mãe deu essa tarefa para essa senhora, e o que aconteceu? Ela ia, cobrava o título do pessoal, sem minha mãe saber, sem meu padrasto saber, e levava o pessoal para fazer o título, que não pode ser cobrado e foi cobrado, mas minha mãe e meu padrasto não sabiam. Conclusão, um dia, uma outra

94 Escola construída pelos moradores no ano de 1962 tendo como nome Barbosa, já que foi ele quem teve a iniciativa da construção. Porém, a construção dessa escola deve-se ao Centro Pró-Melhoramento do Parque Felicidade. A data da inauguração foi 31/03/1963. Com a municipalização da escola em 1967, passou a ser chamada Escola Municipal Vila Operária.

senhora apareceu e falou para minha mãe: "Olha, aquela senhora está cobrando título do pessoal, mas não fala nada não que eu vou pegar ela."

Aí, um dia minha mãe não foi para o trabalho, mas alguém contou para ela que minha mãe estava sabendo e ela não foi mais trabalhar, ela já tinha ido à delegacia dar parte dizendo que minha mãe e meu padrasto cobravam o título de eleitor. Foi quando deu derrame no meu padrasto, os repórteres falando verdade ou mentira, muita coisa mentira. Então, a mulher que deu à luz no cárcere, a minha mãe, que tinha passado mal do choque que foi ver a polícia entrando na sua casa, com arma como se estivesse atrás de bandido, minha mãe com maior barrigão, prestes a ganhar meu irmão, com maior barrigão, eu e meus irmãos chorando. Minha mãe se escondeu atrás da máquina, com aquele barrigão, e os homens alucinados para pegar ela, que não viram ela ali. Eu falei: "Minha mãe não está aqui não, moço, você está assustando meus irmãos."

E eu de olho na minha mãe e segurando a situação toda, até que eles saíram. Quando eles saíram, minha mãe se arrumou e foi na delegacia, quando ela chegou lá, meu padrasto já tinha sido preso, mas ele passou mal e não chegou a ir preso mesmo. Minha mãe começou a passar mal da barriga, foi para o hospital Santo Antônio, e os repórteres dizendo que minha mãe tinha dado à luz no cárcere, que minha mãe foi presa, então eu digo que meu padrasto teve um "derrame eleitoral". Os repórteres dizendo que foi mentira, não sabia que eles mentiam tanto, inventaram muita coisa, minha mãe nervosa, meu irmão nasceu com problema, e a gente dentro de casa sozinho, nessa época, minha mãe no hospital, meu padrasto internado e a gente sozinho dentro de casa.

Aí, o irmão dessa portuguesa tentou invadir a porta para estuprar eu e minha irmã, que eram as mais mocinhas. Eram meia-noite e 15, eu não esqueço essa hora, meu irmão mais velho perguntou: "Quem é?" Aí ele se afastou, não sei, por medo, ele se afastou. Foi aí que no dia seguinte meu tio levou a gente para Irajá, na casa da minha tia, nessa época minha mãe já estava tendo alta do meu irmão. Minha prima Ivaniza pegou meu irmão para criar, ela teve um problema de saúde que não conseguia, um problema que passou a infância toda no hospital. Aí, como o médico falou que se ela tivesse uma criança ela ficaria boa, curada e tal, foi aí que ela foi curada, aí ela cuidou dele, criou ele, mas foi o drama de infância que eu tive nessa casa, “o sofrimento da minha mãe”.

Rádio, TV também, e nos jornais vinha escrito assim: a mulher que deu à luz em um cárcere, derrame eleitoral de José de Jesus Barbosa. Não sei se Dona Djani ou Djanira que chamavam ela na época, a companheira ou secretária foi pega fazendo isso, aquilo, e eu com ódio dos repórteres: “Isso é mentira, isso é mentira, não aconteceu nada disso, minha mãe está no hospital!” E ninguém queria acreditar. Foi uma coisa, ia para a casa da minha tia, queria saber da minha mãe, queria ver minha mãe, que eu era muito agarrada com ela, e eu preocupada, meus irmãos: “Eu quero ver mamãe.” E eu: “Mamãe já vem, mamãe já vem, mamãe foi ao hospital, mamãe foi ganhar neném.” Aí eles ficavam na deles, sempre perguntando: “Oh Jane, cadê a mamãe?” Eu ficava dando desculpas para eles ficarem calmos. Os meus irmãos sentiam falta da minha mãe.

Situação jurídica da casa

Seu Barbosa, através dele, tudo certinho no nome da minha mãe, as escrituras, essa casa é sua, o terreno e sua casa, dou para você, o terreno era o colégio, aí depois do colégio tinha outro terreno, que a prefeitura queria pegar aquele terreno pra fazer o colégio. Aí ele pediu para dar esse terreno para ele, ele pegou o terreno para ele, ele tinha posse para pegar, não é, ele foi o fundador dali da Vila Operária, ele queria terreno para todo mundo, não ia deixar minha mãe de fora, ele pegou e deu esse terreno para a minha mãe, e legalizou tudo e foi na prefeitura, tanto que eles brigavam o tempo todo. Toma o terreno, mas não queriam dar a escritura e ele: “Eu quero a escritura para fazer segurança do que é meu.” E ela tinha medo, era a visão dela, e ele brigando, brigando, ela foi lá e conseguiu a escritura. Ah, muitos duvidavam da escritura, tinha muita gente que duvidava, porque até hoje tem muita gente que ainda não tem escritura do terreno e ela tem, eu acho que ela é a única moradora dali da época, que tem o terreno, que tem legalizado direitinho, que tudo ali é terreno de posse. Mas dado pelo Barbosa, que foi o fundador...

Essa casa significa tanta coisa boa, mas já passei tanta coisa ruim ali, essas tramas, essas coisas, que eu vivi foi 11 anos ali, 12, 13 anos ali, casei, saí logo e fui morar em outro canto, saí logo dali, achava meio pesada, vim morar para cá. Quando saí de Niterói e vi a casa aí em cima, eu falei: "Mãe, não gostei não, vamos voltar, mãe, essa casa é feia." E eu era pequenininha, tudo que eu falava que não gostava ia acontecer alguma coisa e de fato aconteceu, todo esse drama, foi indo, foi, então eu vim morar aqui embaixo, melhor, não é, era bem melhor que a outra, laje, a outra era telha, zinco, madeira, aqui era alvenaria, chão. O banheiro que a gente não tinha... Então para gente que era criança foi melhor, mas foi pesado. Quase 13 anos morando lá.

A mudança para a Vila Getúlio Cabral

Ainda fiquei lá mais uns anos, depois que minha filha Kelly dos Santos Pessoa nasceu, eu tive ela, depois tive Paulinho, aí, depois de já crescidinho, a gente comprou um terreno em Santa Lúcia, Imbariê, aí eu falei que só saio da minha casa se for para minha casa, negócio de aluguel eu não quero, quero sair para um lugar que é meu, aí eu ganhei esse terreno lá, eu fui toda boba para Imbariê, disse que era o terreno de macumba, de uma dona que foi embora e largou o barraquinho lá, aí entrei naquele barraquinho ali. Não foi aluguel, foi dado, o fundador de lá, Getúlio Cabral, que é o nome do lugar, a rua que eu morei foi 23 de Fevereiro.

Meu marido trabalhou na Viação Jurema, na prefeitura, ele ia trabalhando e comprando materialzinho, e nós fomos construindo e construindo aos pouquinhos, até que conseguimos, mas aí estava tudo bem até que começou negócio com bandido, boca de fumo, a outra filha era pequenininha e eu não tinha feito a inscrição dessa casa, porque quem é da prefeitura tem direito à casa, ele fez inscrição, foi aí que ele fez. Minha irmã Martha trabalhava lá, também ajudou. Foi aí que com dois, três anos, eu dei graças a Deus, vou sair daqui, conseguir minha casa. Praticamente foi um alívio, eu vivia lá com medo, ele saía de madrugada, com tiroteio, bandido e minha neta totalmente traumatizada... ficava com medo, e olha que eu nem tenho medo de nada, mas eu ficava com medo por causa deles.

Isso tem 15 anos. Se Deus quiser aqui eu não desfaço, não vendo, se eu tiver que sair, alugo, mas não desfaço de jeito nenhum, porque isso aqui é meu patrimônio, meu patrimônio, isso aqui foi com meu suor, que eu lutei, passei lá pra construir e tive que dar de mão beijada minha casa lá com dois quartos, medindo enorme, minha casa, toda murada, de laje, pronta para levantar três andares que era para meu filho e minha neta, para construir para eles e não tive esse prazer de fazer isso, por quê? Por causa das bandidagens, saí de lá rapidinho.

Eu não dei minha casa não, eu quis vender para construir aqui, para fazer a cisterna de água, aí eu falei: "Não, vou vender, vou vender." Acabei vendendo barato, porque assim, uma casa daquela ali deveria custar uns 20, mais de 30 mil, eu dei ela por sabe quanto? Cinco mil só para poder sair de lá. Para não sair de graça, porque não podia deixar sozinha, porque os bandidos invadem e tomam, olha aí, então é melhor pegar um dinheirinho, para fazer um investimento, esse investimento que eu fiz, fiz a cisterna da água para não faltar água aqui, logo no início com a dificuldade de faltar água, aí o que que eu fiz, construí a cisterna, fiz uma cisterna enorme, não fico mais com problema de água: "Ah, está faltando aqui, aqui, toma." E dou, com maior prazer. Adoro, adoro ajudar as pessoas. Sou como minha mãe, o que eu ganho divido com quem não tem.

Política, mobilização e associativismo na Vila Operária

Olha, a associação dos moradores era minha mãe e meu padrasto, aí quando os vizinhos bebiam e batiam nas mulheres, vinha Seu Barbosa. Os vizinhos diziam: "Seu Barbosa, fulano está batendo em fulana." Aí ele ia correndo, levava o marido para delegacia e prendiam [risos] e depois as mulheres chegavam lá e falavam: "Solta meu marido, solta meu marido porque eu gosto do meu marido." Aí soltava, entendeu... Começou a fazer essas coisas que teve a secretária para fazer negócio de título, documentação, essas coisas, aí começou a evoluir, mas foi minha mãe e meu padrasto, eles que foram os fundadores da Vila Operária, aí foi indo, foi indo e ficou nisso aí.

Era isso a associação... Era documento das pessoas, certidões, documentos que não tinham, porque as pessoas não tinham nada: "Ah, eu vim do nordeste, perdi tudo." Meu padrasto dava coisa, dava comida, dava casa, dava documento, dava emprego. Tinha lá o Seu Barbosa, adquiriu a Light na época, para botar luz para o pessoal, cada um pagava sua luz direitinho.

Não, eu não me envolvi. Nessa época eu era criança, ajudava muito minha mãe, minha mãe que ficava mais na secretaria, e eu como sempre tomando conta dos filhos dela. Ela, ela e meu padrasto, eles é que resolviam tudo na secretaria. Orgulho deles por terem sido essas pessoas, pessoas importantes, agora tem muita gente nova lá, mas na época, eu era a filha da Dona Jane, filha do Seu Barbosa, eu não era filha dele, era enteada, mas os filhos dele lá eram a gente, ele tinha a mulher dele lá, os filhos dele, mas ninguém conhecia aqueles filhos, então os filhos do Seu Barbosa e Dona Jane eram a gente, então era orgulho para mim, e eu gostava, porque minha mãe tem um coração bom e eu puxei a minha mãe, ela gosta de ajudar as pessoas, ela fazia com satisfação de ajudar as pessoas.

Para mim é orgulho, eu gostava de ver as pessoas evoluindo, trabalhando, construindo suas casas, todo mundo tem casa de alvenaria lá. Vila Operária agora é uma cidade, porque lá na época era tudo de barraquinho de madeira, de plástico, entendeu? Foi a época que a gente começou, agora está evoluído, então eu tenho orgulho, infelizmente ele faleceu, não é? Mas ela está aí para contar a história da Dona Djanira, está aí para contar a história.

Isso me emociona muito, muito porque devido a ela fizeram essas coisas, e ela sofreu muito, ela passou por muita coisa, então isso é um orgulho muito, muito mesmo, possa ser que meus irmãos não sintam tanta, mas eu que sou a mais velha, que apanhei ali junto com ela, todo sofrimento dela. Ali fui eu, sempre tive saúde, sempre fui magrinha, saúde graças a Deus eu tenho, eu sempre me apego ao sofrimento dela, então tudo eu estava de frente, então hoje em dia, meus irmãos, tenho um irmão que é travesti que deu problema na eleição, ele é gay, travesti não, gay, se veste de homem, mas é gay, ele não conhecia o problema, ele não queria saber da minha mãe, ele chamava de mãezinha mas não queria saber da minha mãe, porque ele soube de muita coisa que não tinha nada a ver com a história dele, depois de adulto ele chegou aqui em casa e perguntou: "Jane, você que é minha irmã mais velha, vai me explicar realmente como foi meu problema com Dona Cida?"

Expliquei tudinho para ele, tudinho, essa minha prima que criou ele, eu disse: "Ela está com vida graças a sua mãezinha, se não fosse ela você não estava vivo, você não tem que ter raiva da sua mãe, ela sofreu muito para ter você, quando você nasceu, ela sofreu muito por causa de você, entendeu? Então muita coisa que você ouviu pela boca dos outros foi fofoca, você não sabe de nada, pensa e deduz, e falam para você, mas não sabe, e você mais na onda, fica maltratando sua mãezinha, ela é sua mãe de sangue." Foi aí que ele colocou a cabeça no lugar.

As tias, as primas diziam: "Ela te deu, ela não quis saber de você, criou os oito mas não quis você." Tinha uma caçula que mora aqui e foi criada com uma outra prima que não podia ter filha, e minha mãe não podia criar, aí essa prima deixou, mas minha mãe pediu para trazer ele todo dia para ver. Aí minha mãe deu e sumiram com a garota e ela foi crescendo assim, não conhecia minha mãe. Ela teve uma filha, a neta veio aqui hoje conhecer minha mãe, Raquel, veio aqui na minha casa, ela mora no outro condomínio, ela é a caçula.

Mas me marcou muito essa mudança de político que meu padrasto perdeu as eleições, aí ficou com problema de saúde e se aposentou, não sei bem, aí tinham uns vereadores que eram doidos para pegar a Vila Operária, e cada um foi evoluindo, fazendo suas campanhas, e chegou aonde chegou. Ninguém fez nada, só meu padrasto mesmo, aí quando meu padrasto começou a fazer, vinha vereador para dizer fiz isso, fiz aquilo, tudo mentira, quem fez foi meu padrasto. Mas hoje em dia ninguém quer saber, quem está ali está ganhando fama, mas a maioria das coisas ali foi o meu padrasto quem fez, ninguém mais fez.

Mas o posto de saúde foi melhoria de algum político. A praça merecia um busto, mas até hoje... Merecia bem mesmo, acho isso uma injustiça, dado o que ele foi ali dentro, mas fazer o que a gente não pode, se meter com a política deles... Nem quero saber. E o colégio lá em cima, que se chamava escola Itaperuna, que foi através dele, nem sei se ainda existe, aquele colégio ali na entrada da vila.

Muita coisa mudou ali, muita coisa mudou mesmo, a prefeitura, quem precisava mesmo, dela não tem nada, agora é só quem pode que está lá dentro. Agora, Vila Operária virou o quê mesmo, como é o nome, aquele negócio de bandido, que esqueci o nome como é que é, comunidade, Vila Operé até comunidade, sabia? Eu nem sabia disso, virou comunidade, isso para minha mãe é uma tristeza, eu falei: "Mãe, deixa para lá." Ela está doida pra sair de lá, não aguenta mais, ela que era fundadora dali passou por coisas horríveis, agora mesmo ninguém respeita, não sabe quem é ela, aí bota som, fica na calçada, e ela fica agoniada, já está com certa idade, não querem saber da idade, e ela está doida pra sair dali, porque fica se incomodando com isso. Se fosse em outra época, pessoal respeitava: "Não mexe aí que é a casa da Dona Jane (Djanira), não mexe aí que é filha da Dona Jane (Djanira)." E a gente descia e podia ter o bandido que fosse: "Não mexe não, aquele ali é filho do Seu Barbosa." Respeitavam, os bandidos da outra época, porque dessa os bandidos estão demais, está totalmente diferente.

Hoje em dia não tem não, ninguém para os moradores recorrerem, eu creio, porque olha, hoje em dia é difícil, que eu saiba é difícil, por incrível que pareça tem uma associação lá em cima, na escola Itaperuna, que eles abriram um dentista para facilitar o povo, e isso aí foi alguma coisinha que eu sei que foi benfeitoria.

Lembranças pessoais e da pesquisa sobre *O mito da marginalidade*[95]

O meu padrasto, não, ele era muito assim... Sei lá... Que ele tinha outra mulher com filho, porque minha mãe era praticamente como amante para

95 Pesquisa coordenada por Janice E. Perlman, socióloga norte-americana e autora de *O mito da marginalidade*: favelas e política no Rio de Janeiro (PERLMAN, 2002). Fruto de sua tese de doutorado, que fez uma crítica da política de remoções dos anos 1960 e os estereótipos sobre moradores de favelas que a embasaram, a obra foi publicada em português em 1977. Uma das favelas que o estudo aborda é Vila Operária. A autora publicou em português, em 2020, o livro *Favela*: quadro décadas de transformações no Rio de Janeiro (PERLMAN, 2010), no qual aborda a trajetória das famílias que ela estudou para seu primeiro livro, incluindo moradores da Vila Operária.

ele, porque ele tinha mulher, era casado e tudo, ele morava na General Mitre, 115, do lado da Cotefil.[96] E ele ficava com a esposa e ficava com minha mãe, entendeu, e então ficava aquele vai e traz, e minha mãe não gostava disso, minha mãe queria que ele ficasse ali e ele não queria que a gente o chamasse de pai, que ele tinha vergonha, ele era vereador e as pessoas o conheciam com outros filhos, ele casado. Então ele foi onde meu irmão Jorge Luiz foi para rua, porque ele não gostava que chamassem ele de pai, os filhos dele mesmo ele falava: "Não me chama de pai no meio da rua não." Ele era meio grosso, meio ignorante, e minha mãe sentia isso, aí eu falava: "Deixa para lá, mãe, ele é pai mesmo, deixa para lá."

Aí ela dizia: "Não, não, ele é pai, tem que chamar de pai sim." E ele não queria que chamasse ele de pai no meio da rua, então quando chegou o prefeito que estava ali fazendo as coisas na Vila Operária, os pequenininhos, os bichinhos filhos dele, abraçavam: "Pai, pai!" E ele ficava... Chegava em casa e isso era motivo de briga com minha mãe, e eu não gostava, porque eles brigavam feio, briga feia mesmo, aí eu pensava como que vai ser, aí quando viam chamavam de tia, "vem tia, vem tia", para eles não ficarem com medo, apavorados dentro de casa, e minha mãe ouvindo "vem tia, vem tia", pronto, se trancava dentro do quarto, começava a briga.

Sobre a Janice, menina, eu achei muito bacana, interessante, a Janice ficava assim: "Gente, que moça bonita, quem é essa moça bonita, mãe?" "É a repórter, aquieta, é a repórter, fica lá dentro, vou conversar com ela." Aí a gente ficava tudo olhando, ficavam adorando ela lá, muito bacaninha ela. Nunca imaginava que a gente ia ficar amiga, nunca, eu virava: "Mãe, e aquela moça lá?" E minha mãe: "Ah, ela mora lá nos Estados Unidos, ela é repórter." Aí eu falava: "Pô, será que não vai vir aqui não, mãe?" E quando ela veio fiquei toda alegre, fiquei contente, nossa, quantos anos, ela era bonita, nova, bonitona, mas continua, não é, continua mesmo senhora, continua, aí eu falei: "Nossa, Janice aqui na minha casa." Foi na casa da Janice, minha irmã, foi na casa do Raldo, meu irmão, agora tem que vir aqui, aí meu pensamento firme: "Ela vai bater aqui." Aí veio e bateu aqui, e eu gostei muito, adorei muito a Janice. E eu tenho

96 Cotefil: Centro Ortopédico Traumatológico e Fisioterápico, localizado no bairro Jardim 25 de Agosto.

a Janice amiga da minha mãe como uma amiga também. Tem o ditado da minha mãe que ela falava assim: "O doce que adoça a boca dos meus filhos, a minha mela."

Caderno de fotos

Acervo pessoal: Djanira Lopes dos Santos

Imagem 1 – Trabalhadores que ajudaram a construir a Vila Operária

Imagem 2 – Construção da praça José de Jesus – 1982

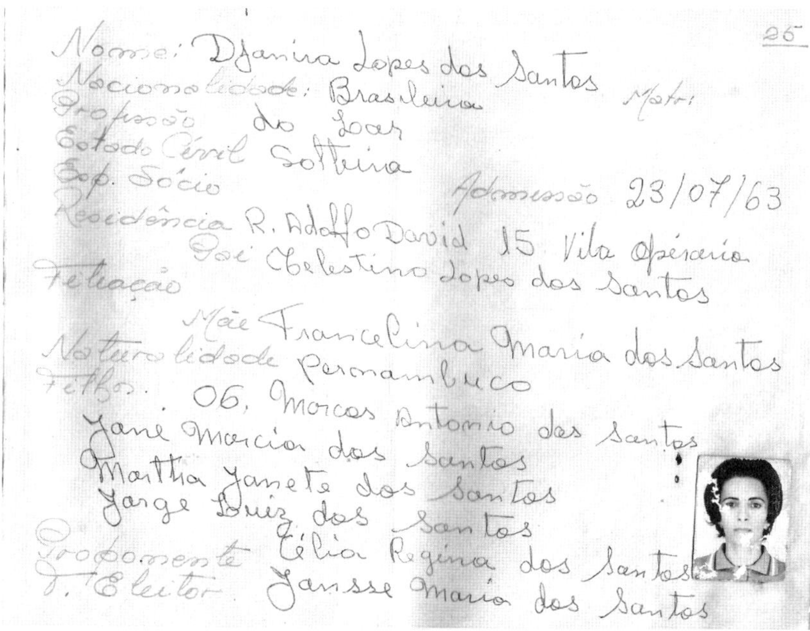

25

Nome: Djanira Lopes dos Santos

Nacionalidade: Brasileira — Matr.:

Profissão: do Lar

Estado Civil: Solteira

Esp. Sócio — Admissão 23/07/63

Residência R. Adolfo David 15 Vila Operária

Filiação — Pai: Celestino Lopes dos Santos

Mãe: Francelina Maria dos Santos

Naturalidade: Pernambuco

Filhos: 06, Marcos Antonio dos Santos

Jane Marcia dos Santos

Martha Janete dos Santos

Jorge Luiz dos Santos

Proponente — Élia Regina dos Santos

T. Eleitor — Jansse Maria dos Santos

Imagem 3 – Cadastro de Djanira Lopes no Centro Pró-Melhoramento

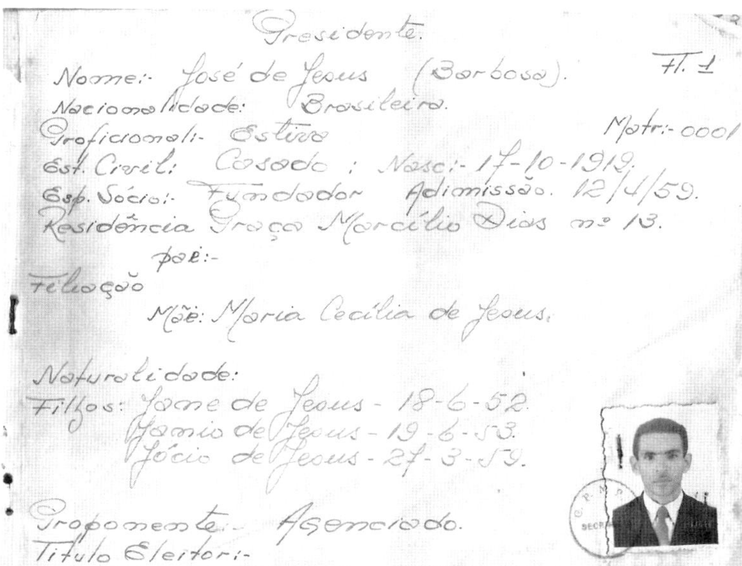

Presidente.

Nome:- José de Jesus (Barbosa). — Fl. 1

Nacionalidade: Brasileiro.

Proficional:- Estivo — Matr.:- 0001

Est. Civil: Casado ; Nasc:- 17-10-1919.

Esp. Sócio:- Fundador — Admissão. 12/4/59.

Residência Praça Marcílio Dias nº 13.

Filiação — Pai:-

Mãe: Maria Cecília de Jesus.

Naturalidade:

Filhos: Jane de Jesus - 18-6-52.

Jamio de Jesus - 19-6-53.

Jócio de Jesus - 27-3-59.

Proponente:- Associado.

Titulo Eleitor:-

Imagem 4 – Cadastro de José de Jesus no Centro Pró-Melhoramento

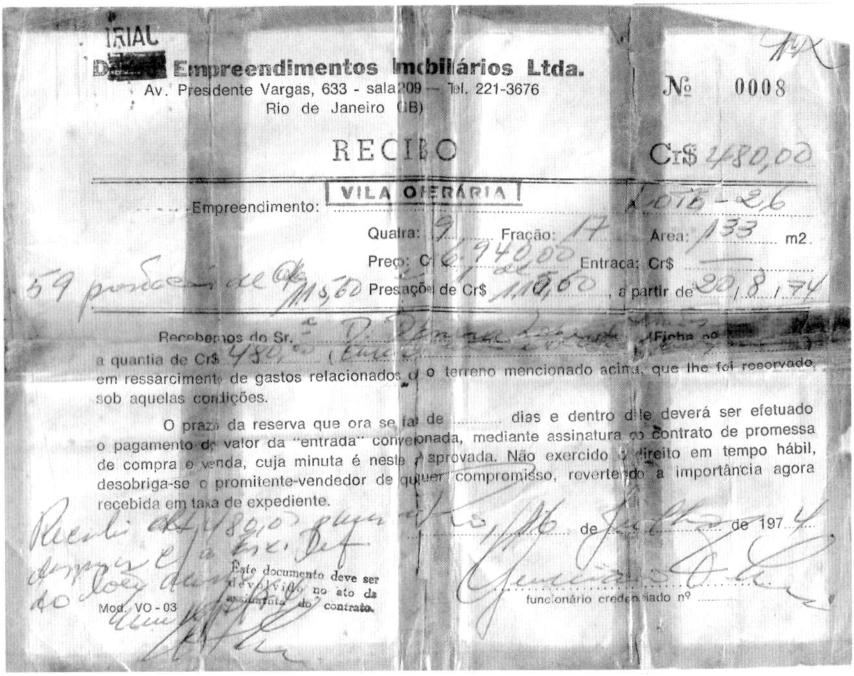

[illegible] Empreendimentos Imobiliários Ltda.
Av. Presidente Vargas, 633 - sala 209 — Tel. 221-3676
Rio de Janeiro (GB)

Nº 0008

RECIBO

Cr$

Empreendimento: VILA OPERÁRIA

Quadra: Fração: Área: m2.

Preço: Cr$ Entrada: Cr$

Prestação de Cr$, a partir de

Recebemos do Sr. (Ficha nº

a quantia de Cr$

em ressarcimento de gastos relacionados c/ o terreno mencionado acima, que lhe foi reservado, sob aquelas condições.

O prazo da reserva que ora se faz de .... dias e dentro dele deverá ser efetuado o pagamento do valor da "entrada" convencionada, mediante assinatura do contrato de promessa de compra e venda, cuja minuta é neste aprovada. Não exercido o direito em tempo hábil, desobriga-se o promitente-vendedor de qualquer compromisso, revertendo a importância agora recebida em taxa de expediente.

de de 197

Este documento deve ser devolvido no ato da assinatura do contrato.

Mod. VO - 03

funcionário credenciado nº

Imagem 5 – Recibo de compra e venda da casa de Djanira Lopes

Acervo pessoal: Euclides Viana Oliveira

Imagem 6 – Rua Marechal Bento Manoel – 1976

Imagem 7 – Muro do cemitério Nossa Senhora das Graças – Rua Marechal Bento Manoel – 1976

Acervo pessoal: Flávio Anjos

Imagem 8 – Imagem da construção da Igreja de Nossa Senhora de Guadalupe – 1981

Imagem 9 – Imagem da construção da Igreja Nossa Senhora de Guadalupe – 1989

Acervo pessoal: Lu Brasil

Imagem 10 – Moradora Suelene ao lado do graffiti realizado em de 2017 no evento *Meeting of favela* em homenagem à sua mãe. Grafiteiros: Isac, Juan Pablo, Carlos e Jonas , vindos de Valparaíso, no Chile

Imagem 11 – Visita da escritora Janice Perlman à Djanira Lopes – 2019

Imagem 12 – Placa da casa Família Breder

Imagens da exposição *O que a favela tem?... Caminhos*, de Lu Brasil

Imagem 13 – Imagem do Cruzeiro e de longe a torre que fica no alto do morro na praça Paulo Biar

Imagem 14 – Obra *Favela por um fio* – Parte do morro da Vila Operária

Imagem 15 – Obra Caminhos da infância 60×30 – Rua João Goulart (onde acontece a feira) e a vista da Rua da Mina, localizada no famoso Areal

Imagem 16 – Obra Degrau de cada dia 60×30 – Escadaria que permite ver o cemitério Nossa Senhora das Graças (Tanque do Anil)

Imagem 17 – Obra No alto do sonho 60×30 – Rua Fontoura Xavier (antiga Rua Badgé) vista da parte alta e da parte baixa

Imagem 18 - Obra O encontro entre a favela e o asfalto 60×50 - Rua Marechal Bento Manoel

Imagem 19 - Rua Joaquim Tenório - Início de um dos lados da Rua Joaquim Tenório

Este livro foi impresso em agosto de 2022
na Gráfica Rotaplan, no Rio de Janeiro.
As famílias tipográficas utilizadas foram a Acumin e a Alegreya.
O papel utilizado foi o offset $75g/m^2$ para o miolo,
e o cartão $250g/m^2$ para a capa.